© *Vicente Garrido Genovés, 2001*
© *Algar Editorial*
  Apartado de correos, 225
  46600 - Alzira
Portada: *E. Solbes con imagen de F. Hernández Marzal*
Maquetación: *Xavier Tortosa*
Impresión: *Romanyà - Valls*

1ª edición: *marzo, 2001*
3ª edición: *abril, 2001*
ISBN: *84-931382-7-4*
DL: *B-19341-2001*

PAPEL ECOLÓGICO
TCF LIBRE DE CLORO

Vicente Garrido

AMORES QUE MATAN

Acoso y violencia contra las mujeres

AlgaR
EDITORIAL

Las mujeres interesadas en contactar con la Asociación ARISTÓS (que significa «la más valiente»), cuyo fin es promover la prevención de la violencia contra la mujer y ayudar a evitar situaciones de desamparo psicológico y socio-económico, pueden escribir a:

Proyecto Aristós
Balmes, 391, 5º, 1ª
08022 Barcelona
Telf.: 600 302 182
        934 122 133

El Dr. Garrido atenderá, gratuita y confidencialmente, todas las consultas de sus lectores.
Vicente.Garrido@uv.es

En el periodo que va desde septiembre de 1999 hasta noviembre de 2000 tuve la oportunidad de entrevistar a 35 mujeres. Algunas de sus historias están en este libro, pero todas ellas me enseñaron muchas cosas, y me sirvieron en gran medida para escribirlo. Quisiera agradecerles su tiempo y el interés que tuvieron en hablar conmigo. Cualquier dato de sus testimonios que pudiera afectar a su seguridad (nombre, lugar de procedencia, empleo, etc.) ha sido modificado.

También deseo agradecer a diferentes profesionales la ayuda que me están prestando en la elaboración del proyecto Acoso: Lola Ramírez, Óscar Strada, Mari Pau Rosas, María José Campo, Yolanda Martínez, Paola González, Natividad Castelló y Raquel José Cháfer.

Quisiera agradecer al fiscal de Sevilla Luis Fernández Arévalo su siempre entusiasta colaboración en todo lo que le propongo.

A todos los lectores de mi libro anterior, *El psicópata,* les debo un reconocimiento, por animarme a escribir de nuevo.

A Paola González Gil, gran amiga y profesional, por sus acertados consejos e ideas al hilo de la lectura que tuvo la amabilidad de hacer de varios de los capítulos del libro.

A Reyes Hortigosa, quien ha dado sugerencias valiosas para la redacción final.

A María José Campo, que en una sesión de *brainstorming* en mi casa tuvo la idea que andaba buscando desde hacía meses: un título para este libro, riguroso y fácil de recordar.

Y a mi editorial, Algar, en la persona de Manel, un editor de los de antes, y a José Félix, por «descubrir» al psicópata, mi libro anterior en esta editorial.

1. INTRODUCCIÓN

En 1996, un hombre de la ciudad italiana de Terni, cien kilómetros al norte de Roma, fue detenido por la policía cuando paseaba a su ex mujer por la calle *atada con una cuerda*. Este hombre, Dario Palenga, tenía 46 años, y había esperado pacientemente a que su mujer, que había buscado protección en un centro de acogida junto con sus dos hijos, saliera a la calle para abordarla. Entonces ató a Rebeca Arco, de 26 años, con una soga por la muñeca y se la llevó consigo a la fuerza. La mujer lloraba desconsoladamente, y los viandantes llamaron a la policía, quien encontró a la pareja esperando el autobús.

Esta escena es pura tragicomedia, porque al dolor y al miedo de la mujer se une un comportamiento ridículo y cruel por parte del hombre. Desgraciadamente, como sabes, estas escenas, y mucho peores, son pan de cada día en Italia, en España y en todo el mundo. Este libro trata de ayudarte a comprender cómo son estos personajes ridículos, crueles *y muy peligrosos*. Y, lo que es más importante, quiere enseñarte cómo debes protegerte de sus ataques y cómo puedes utilizar tus recursos personales para detectarlos y evitar, cuanto antes, unas conductas que están íntimamente relacionadas: el acoso, el abuso emocional o psicológico y la violencia física.

A finales del año 2000 todos pudimos observar en los medios de comunicación una campaña de «concienciación» acerca de la agresión contra las mujeres en el hogar. Constaba de anuncios en la radio y en la televisión que ponían los pelos de punta (y donde los padres, de modo genérico, no dejábamos de sentirnos incómodos ante la acusación de violencia que se lanzaba, sin mayores explicaciones, a los hombres violentos que eran asimismo padres), y también incluyó anuncios en la prensa en los que se presentaba la siguiente relación de medidas para «combatir la violencia contra las mujeres».

El lema general era «acabemos con la violencia» y la propuesta incluía los siguientes puntos:

1. Educar desde la infancia en la no violencia.
2. Cambiar las ideas culturales erróneas.
3. Denunciar los casos de violencia y maltrato.
4. Compartir los trabajos domésticos y el cuidado de los hijos e hijas.
5. No discriminación en el trabajo. Igualdad de oportunidades.
6. Que el trabajo doméstico de la mujer no sea menospreciado.
7. Hacer grupos mixtos para que nos relacionemos y aprendamos a estar juntos y respetarnos.
8. Tomar decisiones conjuntas hombres y mujeres respetando las distintas opiniones.
9. No considerar a la mujer como una esclava ni objeto sexual del hombre.
10. Ley mundial que prohíba la mutilación genital femenina.

Dejemos a un lado el punto 10, que se excede de lo que vamos a discutir en este libro, y reflexionemos sobre el resto. Aquí aparecen dos tipos de medidas distintos, atendiendo a la inmediación con la que se pueden poner en práctica. En efecto, algunas parecen posibles mañana mismo, si hubiera voluntad en los responsables políticos (no discriminación en el trabajo e igualdad de oportunidades) o una mayor capacidad de decisión en mujeres, familiares y vecinos (denunciar los casos de violencia y maltrato).

Pero el resto se me antojan medidas a muy largo plazo en cuanto a sus efectos (educar desde la infancia en la no violencia y cambiar las ideas culturales erróneas) o meros desiderátum, como los buenos deseos contenidos entre los puntos 6 y 9.

Así pues, para acabar con el problema *ahora*, ¿lo único que podemos hacer es denunciar con más ahínco al agresor y pedir una política laboral no discriminatoria? Sé, por supuesto, que «acabar» un asunto como la agresión hacia las mujeres es sólo una forma de hablar; estos problemas nunca se «acaban», y lo que se quiere decir en realidad es que precisamos detener esta violencia inagotable (en dolor y muerte), y disminuirla de modo sustancial.

Pero aun así, francamente, estas medidas me parecen claramente insuficientes para dar una respuesta a la mujer que, *en el presente,* está en una época de su vida en la que corre riesgos de iniciar una relación violenta con un hombre. ¿Cuáles son esas mujeres? Todas. *Todas las mujeres, en mayor o menor medida, corren ese riesgo*. Y desgraciadamente, denunciar más —algo que sucede *después* de la agresión— no es eficaz para prevenir ese riesgo.

Este libro tiene la decidida vocación de resultar útil a toda mujer que piense que el amor lo puede todo, que su corazón «no se puede equivocar», o que todo hombre es realmente lo que aparenta. Plantea que la justicia, por su propia naturaleza, nada puede hacer para prevenir la mayor parte de las agresiones a las mujeres, y que las medidas educativas generalmente propuestas para conseguir una sociedad más igualitaria y menos sexista no darán su fruto hasta dentro de muchos años —si es que desde ahora nos ponemos manos a la obra en llevarlas a la práctica—, cuando tú, querida lectora, y tus hijas, ya no las necesitéis realmente.

En mi opinión, muchas de las cosas que se dicen sobre la agresión a las mujeres, aunque bien intencionadas, son de dudosa efectividad, cuando no contraproducentes. Por ejemplo, consideremos la sempiterna llamada a que denunciemos. Una denuncia puede provocar, en determinados casos, la precipitación de un acto de violencia furiosa hacia la denunciante, y en otros muchos no parará la agresión continuada. *Una denuncia, si no hay una protección efectiva de la mujer, puede ser una mala decisión.*

Sé lo que piensas: «Bien, esto ocurre porque la justicia no actúa, realmente, en consecuencia, y el agresor se queda en su casa mientras que su víctima tiene que ir —en el mejor de los casos— a una casa de acogida». Estoy de acuerdo. Como explico en el capítulo «La respuesta a la violencia», la justicia ha de ser más expeditiva, más humana, ha de estar más en consonancia con los conocimientos criminológicos que tenemos sobre esta cuestión. Pero aun así, no podemos pedir a la ley que ponga entre rejas de por vida a alguien que ha dado un puñetazo y ha empujado a su mujer, dando inicio, de este modo, a un proceso de violencia habitual. La ley, en un Estado de derecho, ha de guardar una proporcionalidad y unas garantías procesales. Pero, de todas maneras, lo que quiero decirte es que no podemos, no debemos depositar en una justicia más dura la esperanza de intentar mitigar *de modo importante* la agresión a las mujeres.

¿Cuál es la opción, entonces, si la respuesta actual no está en la justicia y las reformas educativas y sociales no surtirán efecto hasta dentro de muchos años? Ésta es la cuestión central que se discute en este libro. Lo que yo te propongo es algo menos rimbombante pero más eficaz: aprende a reconocer quiénes son los hombres peligrosos, dispón del conocimiento que poseemos sobre los hombres que tienen la mayor probabilidad de agredir psicológica o físicamente a sus parejas.

Quizá lo que propongo no sea muy espectacular, pero intentaré demostrarte que es el mejor sistema que ahora puedes poner en práctica (no dentro de veinte años), *el que ahora puede ahorrarte años de sufrimiento y violencia, el que, en algunos casos, puede salvarte la vida.*

El siguiente caso —el de Covadonga Roseta, fundadora junto a Carmen Domingo de la asociación Tamaia contra la violencia familiar—, lo considero un ejemplo perfecto de los errores tradicionales que suelen darse en el manejo de la relación que acaba en una agresión sistemática hacia la mujer.

Covadonga Roseta era una joven ingenua y religiosa cuando sucumbió ante *la fascinación* de un hombre que encarnaba su antítesis. De alguna manera, Roseta creyó que debía «salvarlo» de sí mismo y su afición a las drogas, al alcohol y al juego. Entre los 18 y los 28 años, vio y vivió lo inimaginable. Igual que un día su casa se transformaba en un laboratorio de manipulación de cocaína, al otro acogía a mujeres atrapadas en una red de prostitución. El menudeo de droga era constante, tanto como las palizas.

Nunca lo denunció, ni cuando intentó tirarla por el balcón, ni cuando llegaba al amanecer preso de un ataque de celos y la despertaba para maltratarla: «Aguantaba porque no veía cómo salir y también porque cada vez se mermaba más».

Un día acudió a una trabajadora social para pedir ayuda para él por su toxicomanía y la derivaron a una psicóloga, que la «despertó». Su marido abortó su primera fuga con «el secuestro de las niñas». Covadonga Roseta volvió a convivir dos meses con él, ya con la firme idea de preparar una huida sin retorno: «En el juicio me dijo que la muerte era poco para mí, pero luego nos dejó en paz, sólo llamaba para pedirme dinero».

Los puntos que quiero destacar de esta terrible historia, «modélica» en demostrar la dinámica del abuso, son justamente las tesis centrales de este libro. En primer lugar, el caso de Covadonga ilustra la importancia de contar con un sistema de justicia y de protección social al alcance inmediato de toda mujer que lo precise. Covadonga «despierta» cuando la psicóloga le abre los ojos y la convence para que acabe con esa pesadilla (capítulo 9).

En segundo lugar, podemos observar que su marido, como respuesta a la fuga de su mujer, la somete a acoso llevándose a los niños y amenazándola —explícitamente, o como mínimo de manera velada— con dañarlos si ella no aparece. Yo creo que hay dos grandes tópicos desconocidos en el universo de la violencia de género. Uno es la personalidad psicopática de los agresores más sistemáticos, de la que más abajo hago una pequeña presentación, y el otro es el acoso. Espero poder demostrarte en relación con el acoso que: *a)* es, en sí mismo, un impresionante método de terror psicológico; y *b)* que en determinadas circunstancias es un predictor muy importante de la violencia física e incluso del asesinato (capítulos 2, 3 y 8).

En tercer lugar, vemos cómo ella fue incapaz de reconocer las innumerables señales de peligro que presentaba esa relación para su salud psíquica —como mínimo— y física. ¡No estoy echándole la culpa! Asevero que la falta de conocimiento en las mujeres de los indicadores de violencia en las personas que conocen y de las que se enamoran es un elemento decisivo para evitar que entren en esa relación (capítulos 4, 5, 6 y 8).

En cuarto lugar, Covadonga comete el error de creer que la fuerza de su amor lo puede todo (¡una creencia de la que yo también participaba!); cree que puede cambiar a la persona que ama, y comete un error mayúsculo porque *ella no puede conseguir que la gente haga lo que no quiere hacer.* Esta creencia irracional está detrás de los orígenes de muchas relaciones de violencia: la mujer no hace caso a su instinto, que la avisa (de modo más o menos sutil, pero lo hace) de que «ahí hay problemas», y sigue adelante, hacia dentro del «corazón de las tinieblas» —título de una novela de Joseph Conrad que narra un viaje hacia el horror— (capítulo 7).

En quinto lugar, el problema además se acrecienta aquí, porque muy probablemente su marido era (es) un psicópata, y en estos casos estamos ante el depredador de mujeres (en realidad, de cualquiera) más implacable (capítulo 4).

Finalmente, la historia de Covadonga nos dirige hacia el punto de salida de la pesadilla: el fin de ésta se acerca cuando ella comprende cuál es realmente su situación y, pese a todos los obstáculos, toma la firme decisión de romper con sus cadenas. En el libro sostengo *que el conocimiento y el coraje* son absolutamente necesarios para que la mujer se enfrente al hombre violento (capítulos 7 y 9). Las reformas sociales, la justicia y la educación no son suficientes para enfrentarse al fenómeno de la agresión a las mujeres. Son elementos necesarios, pero no suficientes (capítulo 10).

Éste no es un libro contra los hombres, ni quiero alarmarte. Los hombres son los principales agresores de las mujeres, pero también de otros hombres. Las principales víctimas de los agresores/hombres son otros hombres. Por otra parte, la mayoría de los hombres no agreden a sus parejas, ni psicológica ni físicamente. Y, por supuesto, es cierto que hay hombres que sufren la violencia de sus parejas. No obstante, esta violencia es principalmente psicológica, y cuando incluye actos físicamente agresivos, suelen ser mucho menos frecuentes e intensos que en los casos donde los agresores son varones.

Las mujeres, se mire por donde se mire, son menos violentas que los hombres (retomo esta cuestión en el capítulo 10). Esto, entre otras razones, *implica una psicología peculiar que las hace especialmente vulnerables ante la agresión en las relaciones afectivas.*

Lo que este libro te propone es que intentes compensar esta desigual preparación para la violencia no siendo más violenta, sino aprendiendo a reconocer durante la etapa del cortejo cuáles son los indicadores que deben ponerte sobre aviso. Para ello necesitas dos armas: un conocimiento mejor de la dinámica de la relación y cómo la agresión puede ser presentada y predicha, y poner tu voluntad y tu energía bien para terminar con una relación antes de que se convierta en algo consolidado, bien para escapar de un círculo vicioso de miedo y violencia en el que quizás habites. *Conocimiento y coraje.* Estos dos son los grandes objetivos de esta obra que tienes en tus manos. Y ésta es mi tesis fundamental: la sociedad debe prestar apoyo para ayudar a salir a las mujeres que sufren violencia; la justicia ha de ser más eficaz en su respuesta, *pero lo más importante que puedes hacer para luchar contra una violencia futura o presente es disponer de conocimiento y coraje.* Conocimiento para saber dónde están los peligros y prevenirlos; coraje para actuar del modo más conveniente.

Cuando publiqué en esta misma editorial el libro *El psicópata,* quedé sorprendido por la reacción que había provocado en muchas personas. Había un denominador común: muchas de ellas habían vivido o trabajado con uno de ellos; o lo que era peor, *todavía* vivían y trabajaban en compañía de psicópatas.

Ciertamente, no todos los casos que me describieron encajaban con este trastorno, si bien podían compartir algunos rasgos (al fin y al cabo, mis lectores no tienen que hacer un diagnóstico especializado). Pero fue para mí una sorpresa comprobar con cuánta frecuencia los casos que me exponían se ajustaban, al menos en el conocimiento —incompleto muchas veces— que yo adquiría de los mismos, con el perfil del psicópata.

«Psicópata». Es curioso que en las discusiones y foros de «violencia doméstica» o «de género» apenas escucho este término. Esto contrasta con la vehemencia que mostraban mis interlocutoras cuando me explicaban de qué modo habían reconocido entre las páginas de mi libro a la persona que había arruinado o estaba arruinando buena parte de sus vidas o la de seres queridos. Es posible que se deba a puro desconocimiento; la ignorancia que envuelve a este trastorno es mayúscula, confinado muchas veces a ser un cliché en películas de Hollywood de variado presupuesto.

Pero la investigación dice que entre un 20 y un 40% de los agresores físicos de las mujeres son psicópatas. Y me temo que si pudiéramos cuantificar a los agresores exclusivamente psicológicos o emocionales, el porcentaje en este grupo sería incluso superior. Otra realidad es que la mayoría de los agresores de mujeres más crueles y sistemáticos serán psicópatas.

Creo que, además del desconocimiento, ha habido un énfasis —bienintencionado, pero no siempre de buenos resultados— por parte de las mujeres líderes en la discusión en destacar los aspectos sociales del problema, por encima de cualquier otra consideración. Yo creo que esto era necesario y, es más, todavía lo es. Sin embargo, es mi opinión que no hay ninguna incompatibilidad entre subrayar las circunstancias sociales que pueden fomentar la violencia contra las mujeres y, al mismo tiempo, reconocer que determinados tipos de hombres tienen mucha más probabilidad de ser los agentes de esa violencia.

17

Es mi firme convicción que una neutralización de la conducta de los psicópatas debe ser una de las prioridades de toda mujer interesada activamente en combatir la violencia de género.

2. EL ACOSO

¿Qué es el acoso?

Todos entendemos de una forma intuitiva lo que es el acoso. «No me acoses», decimos, cuando queremos dar a entender que alguien nos está precipitando a hacer algo que no queremos, que está forzando nuestra voluntad en una determinada dirección. En cierto sentido, esta definición popular resulta correcta. Un acosador pretende *que yo haga algo que no quiero hacer.* Lo que *yo no quiero* es que una persona determinada me imponga su presencia y, mucho menos, tener una relación sentimental con la persona que me lo está exigiendo. El que me acosa quiere imponerme su presencia. Y para ello me persigue y me causa temor.

Una definición más concreta es la del psiquiatra norteamericano Meloy: «El acoso comprende diferentes comportamientos de persecución de una persona a lo largo del tiempo; este seguimiento se vive como una amenaza para la víctima, y es potencialmente peligroso». «Potencialmente peligroso» significa que el acosador puede hacerme objeto de una acción violenta y, en algunos casos, puede intentar matarme. Pero el mero hecho de sentirme perseguido ya es algo dañino, porque es algo capaz de afectar a mi vida de modo profundo, como veremos repetidamente en este libro.

En general, los elementos que se dan en el acoso son tres: 1) un patrón de comportamiento intrusivo y no deseado en la vida de la víctima; 2) una amenaza implícita o explícita, puesta de manifiesto por esos actos; y 3) la persona amenazada ha de experimentar un miedo razonable. O lo que es lo mismo: alguien se mete en mi vida (intrusión) sin yo quererlo, esa intromisión en mi vida supone para mí una amenaza de que voy a ser dañado, y como resultado de todo ello tengo miedo; miedo de ser golpeado, robado, o perjudicado de alguna forma, o bien ese miedo lo tengo por personas a las que yo quiero, como mi familia.

En ocasiones los profesionales de la salud mental hablan del acoso como de una «persecución obsesiva», para destacar que una persona dedica muchas energías, en ocasiones durante mucho tiempo (meses e incluso años), a seguir y atemorizar a otra.

En vista de lo anterior, no debemos considerar el acoso como un acto aislado, como quizá podemos hacerlo en nuestra conversación cotidiana. Si hoy alguien ha estado detrás de mí todo el día para que hiciera algo, puedo decir: «Hoy fulano ha estado todo el día acosándome para que le diera el cliente de Barcelona», pero no es ése el acoso, como entidad psicológica, del que hablamos aquí. El acoso de este libro (y que se relaciona con la mujer) requiere de varios actos («bastantes», según dicta el sentido común), normalmente realizados en el transcurso de, al menos, varios días, pero usualmente más tiempo. De hecho, salvo que alguien lo impida, el acoso suele durar meses o años.

En España no tenemos estadísticas sobre el acoso. Una de las razones es que en nuestro país el acoso no está considerado un delito como tal (sobre este punto volveremos más adelante en el libro). Otra razón es que el acoso hacia las mujeres apenas ha sido estudiado, toda vez que la mayor parte de los esfuerzos en los últimos años se ha dirigido a analizar los malos tratos físicos contra las mujeres, prestando una menor atención a las agresiones psicológicas (y el acoso es una agresión psicológica porque produce temor y ansiedad, cuando no terror, que puede llegar a convertirse también en agresión física e incluso en un asesinato). No obstante, en el capítulo siguiente haremos una cierta estimación basándonos en datos derivados de los estudios de malos tratos en España.

A modo de referencia, es interesante comentar aquí un estudio de 8.000 mujeres y 8.000 hombres, representativo de Estados Unidos, el cual indicó que el 8% de las mujeres adultas y el 2% de los varones habían sido acosados alguna vez en sus vidas. Igualmente se halló que un millón de mujeres y 400.000 hombres son acosados anualmente. La mitad de las víctimas denuncian el hecho a la policía; pero sólo un 12% de los casos resulta en un procedimiento penal.

¿Qué conductas comprende el acoso?

Las formas de acosar son muy variadas, y muchas de ellas pueden combinarse. Quizás las más habituales sean llamar por teléfono, pidiendo una cita, amenazando o buscando escandalizar a la mujer con palabras obscenas, y buscar el acercamiento físico siguiendo a la víctima por la calle, esperándola a la salida de algún sitio, etc.

Ahora bien, hay que decir que los acosadores evolucionan al tiempo que lo hace la técnica, y la llegada de Internet ha supuesto una oportunidad extraordinaria para todos los amantes de la persecución. A pesar de que no hay investigación, sabemos que existe el acoso en el *ciberespacio*, siendo lo más común dejar mensajes electrónicos maliciosos y amenazantes.

Internet como medio de acoso puede tener dos propósitos: 1) adquirir información sobre un sujeto para lue-

21

go acecharlo, y 2) comunicarse con la víctima para, implícita o explícitamente, amenazarla e inducirle miedo. Por otra parte, es difícil rastrear el origen del acoso, y legalmente es una incógnita si ese comportamiento tendría una adecuada respuesta penal.

En resumen, la idea de que «todos estamos conectados» puede tener un componente siniestro si tal comunión virtual sirve a los propósitos de sujetos que pretenden perseguirnos, amenazarnos o dañarnos de cualquier modo. Y en efecto, en el mundo virtual la gente tiene los mismos deseos y emociones que en el mundo real, así como las mismas capacidades para atacar a otros. Pero hay algo más: las fantasías de dominación de los acosadores pueden verse impulsadas por el hecho de que el agresor no ve ni siente a la víctima y por el anonimato del que disfruta, un anonimato que lo ayuda para provocar el sufrimiento en los otros.

Pero en la actualidad el acoso en la red es sólo algo para unos pocos. Los comportamientos de persecución obsesiva más habituales aparecen en el siguiente cuadro:

1. Llamadas de teléfono.
2. Vigilancia en el hogar.
3. Vigilancia en el trabajo.
4. Seguir por la calle.
5. Envío de cartas.
6. Envío de correo electrónico.
7. Daño a la propiedad.
8. Amenazar con dañar a otros (familiares —excepto hijos— o amigos).
9. Amenazar con dañar o llevarse a los niños.
10. Entrar en la casa.
11. Enviar regalos no solicitados.
12. Empujar, golpear.
13. Amenazar.
14. Insultar.
15. Agresión/abuso sexual.
16. Retener un tiempo (detención ilegal).
17. Maltratar/matar animales domésticos.

18. Envío de paquetes conteniendo cosas extrañas.
19. Incendiar algo *de* o *en* la propiedad de la víctima.
20. Hacer denuncias infundadas a la policía/juzgado.
21. Robar algo a la víctima.
22. Molestar a amigos/familiares (llamadas, peticiones absurdas, etc.).
23. Revisar o robar el correo.
24. Amenazar con el suicidio.
25. Usar a otras personas como medio para acosar.

Fíjate en que algunos de los comportamientos son delitos en sí mismos, como la agresión física o sexual, o el robo. La razón por la que figuran aquí es que están dentro u ocurren en el proceso de una acción sistemática y prolongada de acoso. Imagínate que una persona te ataca en la calle, te golpea y te roba, y que luego te llama y te sigue con frecuencia cuando sales porque dice que le gustas y quiere que seas «su chica». Tú estás siendo acosada, y en el transcurso de esa persecución él ha cometido varios delitos (agresión y robo). En estos casos la justicia no tiene problemas: los delitos que ha cometido son graves, por lo que será arrestado —con suerte— y condenado.

Ahora bien, ¿qué pasa si el sujeto «sólo» te persigue, te hace saber que «está ahí», pero ni siquiera parece claro que te amenace?

Francisca es una chica de 23 años que trabaja en una tintorería, y tres veces a la semana está sola las dos primeras horas de la tarde. Éstas son, precisamente, las tardes que una persona, a la que Francisca no conoce, elige para estar parada delante del escaparate. No hace nada particularmente ofensivo o amenazante. Se la queda mirando, hace gestos con sus labios y lengua (como de besos o de saborear) y, en ocasiones, la sigue a distancia cuando ella sale por la noche del establecimiento. Ella está muy atemorizada, pero en realidad tiene poco con lo que ir a la policía. Se han producido llamadas telefónicas de madrugada en su casa; ella cree que es él, pero no puede estar segura, ya que ni siquiera sabe cómo es la voz del desconocido que la contempla, de forma incomprensible, desde hace tres meses a través del escaparate.

Este comportamiento de acoso es un buen ejemplo de la capacidad destructiva que tiene aun cuando no haya agresión o ni siquiera una amenaza explícita. Cuando la entrevisté estaba muy nerviosa; tenía pesadillas y había perdido varios kilos. Estaba seriamente asustada.

¿Cuál es el objeto del acoso? ¿Por qué hay personas que dedican parte de su tiempo a perseguir a otras y a atemorizarlas?

Cualquiera puede acosar a cualquiera, incluyendo a niños y a mujeres (de hecho, en una categoría de acoso la mujer es predominante). Pero, como ya te he dicho, en este libro estoy interesado en explorar la violencia y el acoso contra la mujer y, por otra parte, la mayoría de los acosadores son hombres, mientras que la mayoría de las víctimas son mujeres. Tanto los agresores como las víctimas suelen ser de más edad que los que intervienen en otros muchos delitos, ya que se sitúan mayoritariamente en el decenio de los 40 años.

Podemos distinguir distintas situaciones en las que se da el acoso. Para nuestros efectos, hacemos la siguiente división: el acosador es una persona desconocida para la víctima; el acosador conoce a la víctima por motivos laborales o por compartir alguna actividad, pero no hay una relación sentimental; el acosador es un ex compañero o marido, es decir, la relación se ha roto pero el hombre la persigue; y finalmente, el acoso que se produce dentro del matrimonio o de la vida en pareja. Nos ocupamos a continuación de las tres primeras situaciones. Dejaremos para el siguiente capítulo el acoso dentro de la relación de convivencia y cuando ésta se ha roto.

El acosador desconocido para la víctima

El ejemplo de Francisca, la chica que trabaja en la tintorería, es un caso de acoso por un desconocido. Te sorprendería saber cuántos casos hay de este tipo. Resulta increíble. ¿Por qué alguien que no te conoce te va a perseguir? Pero ciertamente ocurre.

Ángeles tiene 32 años, dos hijos de su matrimonio, y trabaja de cajera en un supermercado. *Prepárate para leer una pesadilla.* Mi colega Óscar Strada nos relata los hechos más sobresalientes (he intercalado palabras de Ángeles):

> Los hechos se inician hace nueve años en una finca de campo dentro del término municipal en el que yo trabajo. Acaba de irse a trabajar su marido. Ángeles se ve sorprendida por un hombre joven que le aprieta el cuello, la amenaza, y a continuación la viola en la parte exterior de la casa, aprovechando la falta de vecinos. La amenaza con rajarla si cuenta lo sucedido, amenaza que también incluye a su marido [«no podía decirle nada a mi marido porque pensaba que saldría a buscarlo y lo mataría, y que aún sería peor»].

Los efectos de la agresión son devastadores. El Dr. Strada anota en su ficha: depresión, amenorrea, ideas insidiosas de culpabilidad y episodios de pérdida de conocimiento: «Yo me sentía mal, me caía redonda al suelo, no podía salir de casa, lloraba todo el día…». Durante varios meses Ángeles oculta lo sucedido a su marido, que es quien la lleva a la consulta.

25

A partir de entonces comunica al marido lo sucedido e inicia un tratamiento psicoterapéutico que se extiende varios meses, al término del cual se considera superada la fase aguda. Después de un periodo sin síntomas, sin embargo, retornan los desajustes menstruales y comienzan a tener lugar conductas agorafóbicas [miedo a los espacios abiertos] que condicionan su actividad laboral. Se muda de domicilio y mejoran los síntomas durante dos años.

En el mes de agosto [de 1999] Ángeles se tropieza de nuevo con su agresor, a las afueras de la urbanización en la que vive en esos momentos. Su agresor la persigue y comienza el acoso: toca el timbre de su casa, le deja flores en el rellano de la escalera, la sigue a todas partes y, sobre todo, se presenta en su domicilio una vez que él comprueba que su marido ha ido a trabajar [«Golpea la puerta de mi casa, miro y no hay nadie»].

Ángeles y su marido denuncian a este sujeto a la Guardia Civil, y lo reconocen en una fotografía de los archivos. A partir de entonces el acoso se hace más insistente [«dice que me quiere, que quiere *hacerlo* conmigo (…). El otro día me dejó un libro de amor»], y el marido comienza a faltar a su trabajo para vigilar al agresor. Para atraparlo, frecuentemente se hace acompañar por un compañero de trabajo y amigo. Llegan incluso a perseguirlo una vez dentro de la urbanización, pero al final logra despistarlos.

La situación actual es mucho más desesperante, porque el acosador sabe que ha sido denunciado y amenaza a Ángeles de dos maneras: primero le dice que el que va a ir a la cárcel será su marido si no quita la denuncia, porque es el marido quien le ha pedido que la viole. Ante el fracaso de esta estrategia, la amenaza actual es que violará a su hija de 14 años [«me llamó por el telefonillo y me dijo que ahora, por haberlo denunciado, lo *va a hacer* con mi hija»]. Ángeles continúa peregrinando por juzgados y por la Guardia Civil, poniendo denuncias, no acude a su trabajo y acompaña a su marido a la obra donde él trabaja, permaneciendo en el coche o afuera, a la vista de su marido, porque se halla indefensa de otra manera.

Por los datos policiales sabemos que el acosador tiene 34 años, con antecedentes penales por robo de coches e intimidación (que se sepa). Tiene un hermano que presenta conductas similares, y es sospechoso de haber abusado de su propia hija, también de 14 años.

Este caso, sin embargo, es algo especial dentro de la categoría de acosador desconocido. Se trata generalmente de un *enamorado obsesivo,* alguien que «se cuelga» de otra persona, la persigue y, en ocasiones —como este caso— la agrede. Mi hipótesis es que el agresor de Ángeles la había estado espiando con anterioridad y sabía cuándo iba a resultar vulnerable ante su ataque. Es sorprendente, sin embargo, que su primer contacto con ella implicara una agresión tan brutal como una violación. Fíjate que él se cree enamorado, y le regala libros de amor y le dice que la quiere. Al sentirse «traicionado» por la denuncia, la vuelve a amenazar añadiendo esta vez a su hija como futura víctima, lo que sin duda va a aumentar el terror de Ángeles.

No obstante, lo habitual en esta categoría es que el acosador conozca a la víctima a través de los medios de comunicación, ya que se trata de alguien popular. Hay casos en que la víctima es anónima, como lo es Ángeles, o lo puede ser cualquiera (una camarera, por ejemplo, que el sujeto conoce por haber ido alguna vez a su establecimiento).

El caso más frecuente es, no obstante, el primero, cuando la víctima es una celebridad. De modo típico, el acosador sufre de una esquizofrenia o de un trastorno bipolar (grave enfermedad mental en la que alternan periodos de depresión y periodos de gran euforia o manía), y es característico que vivan socialmente aislados, sin que nunca hayan desarrollado una relación significativa con alguien. Tal sujeto puede emocionarse al ver, por ejemplo, a una locutora de televisión, llegando a creer que si ella le conociera entonces sin duda se enamoraría de él. A partir de ahí empieza su patrón de acoso, enviándole cartas, llamándola por teléfono, al tiempo que cada vez se enoja más porque —como es lógico— ella parece no corresponderle. La situación puede alargarse mucho en el tiempo, y muy probablemente debería recibir algún tipo de atención para evitar que llegue a una agresión física.

En los casos donde se involucra a un ciudadano corriente aparece con frecuencia la figura del sujeto que llama obstinadamente a una mujer sin que haya una razón aparente. Quizá pretenda citarse con ella y, al verse rechazado, actúe de modo agresivo, insultando y amenazando a la mujer. Un caso representativo es el siguiente.

Alfredo está en un club nocturno, y se ha fijado desde hace rato en una mujer —Elena— de aspecto agradable y de edad madura. Ella tiene pareja y se dispone a ir hacia la salida, cuando ve a un amigo. Alfredo se acerca a ellos, y permanece un rato en su compañía, aprovechando que la gente dificulta el paso. Tiene tiempo de escuchar el número de teléfono que ella le da a él. Al día siguiente Elena recibe una llamada de Alfredo: «No me conoce, pero yo tuve la oportunidad de verla hace poco. Me gustó su sonrisa. Creo que tenemos muchas cosas en común. Me gustaría invitarla a cenar esta noche…». Ella, sorprendida y confundida, rechaza la invitación, y se siguen otras llamadas, ahora claramente agresivas. En una de ellas: «Sé que te gusta poner dificultades; conozco a las zorras de lujo… No me quieres ver, pero te abres de piernas con otros tíos; esto no me gusta cómo va. ¿No soy lo bastante bueno para ti?». Elena va a tener que soportar, casi cerca de un año, otras llamadas parecidas.

Otra variedad de acoso por desconocido se denomina *erotomanía*, y se diferencia de la anterior en que el acosador (o acosadora, ya que en esta categoría abundan las mujeres) cree realmente que la víctima lo ama de veras, pero que hay algo que le impide manifestarlo (la oposición de la familia, sus responsabilidades profesionales o políticas —suele ser alguien importante el objeto del amor— no herir los sentimientos de un tercero, etc.).

En un principio, este trastorno se describió como algo típico de mujeres enamoradas de personajes famosos, monarcas y nobles perseguidos por mujeres maduras. Médicos ilustres escribieron sobre él. Pero lo cierto es que los antiguos ya hablaron de ello, como Hipócrates, Galeno o Plutarco, y aparecen referencias en el *Decamerón* de Bocaccio. Con el desarrollo imparable del mundo moderno en Estados Unidos, pronto se observó allí este trastorno, pero los estudios no se concretaron hasta los años 70.

Ni que decir tiene que el *erotomaníaco* vive en un delirio, es decir, tiene creencias firmes e irrebatibles acerca de su relación amorosa, y actúa en consecuencia, buscando contactar con quien lo ama pero no puede demostrárselo. El enfermo de este trastorno puede que lo presente como la condición principal, o bien que tenga delirios de amor dentro de una condición patológica mental más amplia, como una esquizofrenia. La diferencia es sustancial: en el primer caso (denominada erotomanía primaria) hay un funcionamiento general bastante ajustado; el dislate sólo se revela en la exploración de esas peculiares creencias amorosas. El afectado por esta condición hará cosas que lo acerquen a su amor, pero no tiene por qué dejar de trabajar, o de relacionarse correctamente con otras personas. Sin embargo, es bien sabido que un sujeto con delirios de amor, pero que tiene una patología tan grave como una esquizofrenia (alucinaciones, otros delirios ajenos al amor, grave desarreglo del pensamiento), difícilmente puede tener un comportamiento integrado en la sociedad si no recibe un tratamiento permanente y atenciones especiales en una institución o por su familia.

El acosador conocido por la víctima

Aquí hay una relación, pero no es de índole sentimental, ni la ha habido nunca. El acoso puede pretender establecer esa relación, pero puede dirigirse también a otros objetivos, como por ejemplo la extorsión económica y, principalmente, el deseo de vengarse. El siguiente caso ilustra esta posibilidad, tal y como se recoge en una sentencia dictada en Sevilla.

Eva imparte clases en un centro de adultos, y allí conoce a Manuel Ayora, mayor que ella, de 35 años. Manuel es uno de los tres alumnos del curso de Eva, con una personalidad violenta y con una historia de adicción a las drogas. No obstante, el espíritu generoso de Eva la empuja a tratar de integrarlo dentro del grupo, y él parece que va prestando cada vez más interés a las clases. En realidad, el propio Manuel le dice a Eva en una nota que va a intentar cambiar con el mundo de la droga, con la cárcel y con todo el pasado que tenía. La clase parece darse cuenta de su esfuerzo, y también le brinda todo su apoyo, como lo hace el novio de Eva.

Pero antes de los carnavales, hay un cambio brusco en la conducta de Manuel. Un día, cuando Eva se marcha, es abordada por Manuel, que le dice que le duele la cabeza y que le dé dinero porque tiene que comprar heroína. Ella se niega, y él la llama puta y ramera, pega patadas a las sillas, la empuja con mucha agresividad y al fin logra su propósito. Antes de irse la amenaza: como diga algo, matará a su novio y hará daño a su familia.

A los dos días vuelve y le pide más dinero, profiriendo nuevas y terribles amenazas («tengo todos tus movimientos controlados», «sé que tu novio vive solo...»).

Todo esto es injusto y descorazonador. Tanto Eva como su novio lo habían ayudado de un modo desinteresado y personal, intentando que estuviera poco tiempo solo, para que no viviera el ambiente de la droga. Así, unas veces ella y otras su novio, lo acompañaban los fines de semana, le escribían notas de ánimo para que las leyera cuando se encontrara mal, y lo ayudaban de otras formas. Pero nada de esto contaba para Manuel.

El día 8 de abril Manuel llama por teléfono a Eva y le exige verla; si no lo hace, comprará una pistola y matará a toda su familia, a su novio, y a ella misma. Al fin Eva no puede aguantar la tensión, y cuenta todo lo que sucede a su padre. Éste se entrevista con Manuel, y como le reprocha su conducta, Manuel le contesta del siguiente modo: «Voy a acabar con vosotros», «¡Sois unos cabrones, hijos de puta, perros, sinvergüenzas!».

El acoso de Manuel hacia Eva se recrudece. Así, después de esa entrevista, y por haber contado lo sucedido a su familia...

En repetidas ocasiones, Manuel se dirige a Eva diciéndole, sin exigir ya la entrega de cantidades de dinero: «Me las vas a pagar, vais a arder los dos en casa...», refiriéndose a su novio, al tiempo que la insulta. Manuel llama por teléfono numerosas veces para amenazarla, realiza pintadas humillantes en el exterior de su domicilio, al tiempo que la vigila y la sigue cuando sale de su casa.

Hazte una idea del estado psicológico de Eva. Una persona con antecedentes penales, que ya había probado ser violento antes, la amenaza y la persigue. No sirve de mucho, para su desconsuelo, que durante unos meses ella y su novio se empeñaran personalmente en ayudarlo. El acosador tiene una furia brutal, un deseo de hacer daño que lo hace muy peligroso. Y en efecto...

El 1 de julio de 1997 la ataca dos veces. Primero, al salir de su domicilio, Manuel la aborda, la insulta y le propina una patada en el vientre. Posteriormente, rompe el parabrisas de su coche con el candado que llevaba su motocicleta. Dos semanas más tarde, cuando Eva se encontraba en la carretera junto a su vehículo particular, que se había averiado, el acosador se aproximó, le dijo que lo pagaría por haberlo denunciado, que la mataría a ella y a su familia, y finalmente le dio un golpe en la cara.

Eva estuvo nueve meses de baja por depresión, y Manuel fue condenado a cuatro años de cárcel. Este caso —y hay infinidad de ellos— pone sobre la mesa la escasa protección que la justicia da a la mujer que está siendo acosada. Ella puede denunciarlo por amenazas, pero esto difícilmente intimidará a un hombre encolerizado y deseoso de vengarse. Las órdenes de protección con un seguimiento estricto deberían ser mucho más fáciles de lograr. Como repito en otras ocasiones, la norma general ha de ser ésta: *si ha de intervenir la justicia, ésta debería ser lo más rápida y contundente posible*.

Observa que lo sucedido a Eva podría ser considerado como un «gaje del oficio», un «accidente de trabajo». Si tú eres educadora de adultos y admites como alumnos a sujetos con historiales antisociales y de consumo de drogas, tienes una mayor probabilidad de ser objeto de amenazas, de extorsiones y de acoso. Quizás la accesibilidad de Eva y su novio influyeron en su elección como víctimas: chicos jóvenes altruistas que no ayudan en aquello que quiere su agresor, y éste se vuelve furioso.

Pero están documentadas otras situaciones de acoso en el ambiente laboral, y no me refiero al sexual. Un caso típico es el del empleado que resulta despedido y empieza a acosar a su supervisor porque lo cree responsable de ese hecho. Aquí las probabilidades de violencia son grandes *si aparece un patrón de escalada en el acoso.* Otro caso habitual es el del empleado que intenta establecer una relación íntima con una compañera y resulta rechazado. De modo semejante a lo que sucede en una relación externa al trabajo, la admiración se torna odio e ira debido al rechazo, y ello da lugar al comienzo del acoso.

Existen otras posibilidades de relación dentro de este tipo de acoso. El grupo más numeroso incluye las relaciones profesionales entre un cliente y el especialista, como abogados, médicos, terapeutas o profesores. Otros grupos no amorosos incluyen a compañeros de escuela, amigos, individuos que tuvieron relaciones con una misma persona, vecinos, etc. En todos estos casos, el acosador puede actuar movido por el deseo de tener una relación emocionalmente íntima o por vengarse de una afrenta real o percibida.

El acosador es un ex novio de la víctima

Hemos visto que la obsesión por alguien suele tener dos motivaciones principales. La primera es querer que alguien nos quiera; alguien nos gusta y hacemos lo posible para que se dé cuenta de que no podrá ser más feliz que a nuestro lado. La segunda es la venganza, el deseo de satisfacer un ego que ha sido herido. Muchas veces el acoso para dañar, para la venganza, nace de que consideramos un insulto que la persona que amamos nos rechace (los psiquiatras suelen hablar de una «herida narcisista»). Con el acoso y la violencia queremos demostrar a la persona que nos ha dicho «no» que, en realidad, ella es un ser perverso, alguien que debe pagar por habernos despreciado: la vergüenza y el odio que sentimos por haber sido abandonados *los proyectamos* en la persona que nos abandona, y la consideramos en nuestra mente como merecedora de un castigo.

El caso que te voy a presentar ahora es el responsable de que yo me decidiera a escribir este libro. Las circunstancias del mismo afectaron mucho mi ánimo, y me empujaron a que considerara el acoso como un comportamiento que puede situar a una mujer en una posición de extremo riesgo.

Llamad a cualquier puerta... y nadie os abrirá
(el caso de Mar Herrero)

Fue una lástima que nadie prestara atención al informe elaborado por dos psiquiatras —Tomás Ortiz y Asunción Abril— sobre la persona de Luis Patricio Andrés, el cual había disparado cuatro veces a su novia embarazada. La conclusión fue que padecía «un trastorno narcisista de la personalidad, en todo equivalente a una psicopatía», y en otro momento de su informe se leía que «el informado es una personalidad psicopática en el sentido clásico del término».

Pero lo cierto es que nadie reparó en este informe. Ni Instituciones Penitenciarias, que le concedió el tercer grado penitenciario (en el que el interno sale a trabajar y re-

34

gresa a la prisión para pernoctar), ni posteriormente el Juzgado de Vigilancia Penitenciaria cuando aprueba la libertad condicional de Luis Patricio (en la libertad condicional el penado ya goza de completa libertad, con la salvedad de cumplir con determinadas reglas de conducta que le impone el juzgado especializado, que se denomina de Vigilancia Penitenciaria).

Quizás, aunque lo hubieran conocido, hubiera dado lo mismo. Como expliqué en mi anterior libro, *El psicópata,* el desconocimiento que existe sobre este trastorno, incluyendo a los profesionales, es sobrecogedor. En este caso, como en otros, imperaron las reglas habituales para que un preso alcance la libertad condicional: que sepa un oficio, que disponga de una familia en el exterior, que obtenga un trabajo... De acuerdo, ¿y qué sucede si alguien tiene esos requisitos *pero es un psicópata muy peligroso?* Déjame decirlo de un modo rápido y sencillo: *resulta absolutamente intolerable* que ni el centro penitenciario ni el Juzgado de Vigilancia Penitenciaria (que cuentan con psicólogos especializados) detectaran esa psicopatía. En el libro hablo extensamente de los psicópatas, pero deja que te apunte ahora únicamente que son los delincuentes más peligrosos que existen: implacables, sin conciencia, sin capacidad para comprender el sufrimiento de sus víctimas, sin vínculos reales con la gente, con una gran disposición para perder el control y recurrir a actos de gran violencia; amantes del alcohol y las drogas, de la excitación, de la promiscuidad sexual y del engaño y manipulación. Esto último los hace ser especialmente dañinos: como suelen tener una inteligencia al menos media, *la emplean para presentar una cara amable y seductora con la que engañar y manipular a sus víctimas.* Anglés es uno de los psicópatas más recientes, Javier Rosado —el responsable del «crimen del rol»—, otro.

Su psicopatía criminal, como suele ocurrir, ya se había evidenciado desde joven en el modo en que Luis Patricio trataba a las mujeres. Un amigo suyo —Javier— contó que, cuando ambos tenían 19 años, se llevaron «a una chica que conocimos en la Gran Vía al monte de El Pardo. La atamos a un árbol y la dejamos allí. Sola. Tendríamos 19 años». Un vecino que lo conoció bien, declaró: «Sólo [su violencia] le pasaba con las chicas. Tenía un problema con ellas porque con el resto de la gente se comportaba bien». «A las cuatro novias que ha tenido —declaró otro vecino— las ha atizado» (fíjate que «sólo tenía problemas» con la mitad de la humanidad, que está compuesta por mujeres). Con estos antecedentes resulta sorprendente que su amigo Javier se quedara atónito al comprobar lo que había hecho a Mar Herrero. ¿Por qué hay tanta gente que no puede ver más allá de sus narices?

Prepárate para leer una historia que me causa una gran angustia cada vez que la relato o la escribo. Con la ayuda del periodista Manuel Marlasca, te paso a contar lo sucedido.

El 11 de agosto de 1993, Luis Patricio Andrés, nacido en Madrid el 13 de abril de 1963, es detenido bajo la acusación de haber intentado matar a su ex novia, Rosana M. G. Fue un acto de una violencia inusitada. Ella estaba embarazada de Luis Patricio, pero a pesar de ello tenía muy claro que no quería seguir la relación con él. El día de los hechos, Rosana se deja convencer por Luis Patricio para que la acompañe a una clínica ginecológica. Él está obsesionado con que Rosana ha de volver a su lado, pero Rosana se niega. Así las cosas, el agresor le ordena que salga del coche en una vía de doble sentido de Madrid (dos carriles en cada dirección), y cuando alcanza la mediana, Luis Patricio saca un revólver y le dispara cuatro veces, alcanzándola en dos ocasiones. Rosana salva milagrosamente su vida.

En el momento de su arresto trabajaba como ayudante de producción, aunque antes había desempeñado diversos trabajos (ebanista, empleado de un hotel en Arabia Saudí, camarero en los cines Renoir…). Nunca hasta entonces había pisado una cárcel, aunque en agosto de 1991 fue denunciado por Ana Isabel T. A., una joven con la que mantuvo relaciones sentimentales durante algún tiempo. Tras la ruptura, Luis Patricio remitió a varios vecinos del pueblo en el que residía su ex novia unos fotomontajes en los que ella aparecía practicando felaciones, manteniendo relaciones lésbicas… Junto a las imágenes, mandó una carta en la que tachaba a Ana Isabel «de ser una de las putas más finas de España», adjuntando su teléfono. Al ingresar en prisión se confiesa consumidor de cocaína, LSD, alcohol y heroína por vía intravenosa durante nueve meses.

El 13 de febrero de 1995, Luis Patricio es condenado a dieciocho años y cuatro meses de prisión como autor de un delito de asesinato frustrado y de otro de tenencia ilícita de armas. Rosana, la joven a la que disparó, respira tranquila. Su abogado, al escuchar la sentencia le dice: «Tranquila, a éste ya se le han quitado las ganas de volver a hacer algo así».

El 22 de marzo de 1999, Luis Patricio obtiene la libertad condicional. Abandona la prisión de Meco (Madrid), donde había permanecido en los últimos meses de reclusión, tras pasar buena parte de su tiempo efectivo de condena —cinco años y siete meses— en la cárcel de Valdemoro, donde se integró en varios talleres culturales.

En abril de 1999, Luis Patricio busca una maquilladora para un proyecto cinematográfico. Asegura tener una oferta para realizar una película producida por Canal Bus. Conoce a Mar Herrero Pacheco, de 24 años, a la que ofrece trabajo en este proyecto. Pronto entabla una relación sentimental con ella e, incluso, pernocta varios días en el domicilio de los padres de Mar. La relación se deteriora progresivamente, especialmente cuando la joven se da cuenta de que no existe tal proyecto y se siente engañada.

Ese deterioro tiene mucho que ver con la posesión y control que muestra nuestro personaje. Luis Patricio acosa a Mar, y ella empieza a sentir agobio y miedo. «La llamaba más de cuarenta veces al día, la seguía por la calle, mi chica tenía pánico», dijo la madre de Mar.

A un amigo, Andrés G. R., fotógrafo de profesión, le confiesa en el mes de julio que tenía problemas con su novio, ya que era excesivamente celoso, no paraba de hacerle preguntas sobre con quién había estado y la llamaba constantemente por teléfono. A finales de julio, Mar decide poner fin a la relación, pese a que tenían fecha de boda: el 4 de diciembre de 1999.

Llamad a cualquier puerta es el título de una película clásica, en la que asistimos al duro futuro que tienen los delincuentes juveniles en una sociedad indiferente. La conclusión de la tesis del film es: «Llamad a cualquier puerta... y nadie os abrirá».[1] Esto es justamente lo que le ocurre a Mar Herrero. Es todo un relato de terror. Lo que me indigna profundamente de todo lo que pasó es que *Mar hizo todo lo que se supone que debía hacer, y a pesar de eso nadie hizo nada eficaz para salvarle la vida*. No puede haber un fracaso más patético por parte del sistema de justicia.

El 14 de agosto de 1999, Mar Herrero acude a la Comisaría de Policía de Alcobendas (Madrid). Denuncia que Luis Patricio la amenaza continuamente por teléfono en términos como «zorra, lo vas a pagar». En las dependencias policiales se entera de que su ex novio la ha denunciado por quedarse con las llaves del coche de su padre y que lo amenaza poniendo en peligro su situación de libertad condicional. Mar, tras una conversación con la madre de Luis, se entera del verdadero motivo por el que su ex novio había sido condenado, ya que él le dijo que había tenido una pelea y que actuó en legítima defensa.

---

1. *Knock on any door,* de Nicholas Ray (1948).

El 2 de septiembre de 1999, Mar acude a un despacho de abogados para pedir ayuda. Las amenazas telefónicas continúan y ya sabe que Luis disparó a su ex novia.

El 14 de septiembre de 1999, el abogado de Mar entrega en la Fiscalía del Juzgado de Vigilancia Penitenciaria una serie de escritos y copias de denuncias en las que Mar relata el acoso y las amenazas que tanto ella como sus familiares están sufriendo. El letrado pide la revocación de la libertad condicional «o cualquier otra medida para proteger su vida».

El 19 de septiembre de 1999, Mar vuelve a la Comisaría de Alcobendas. El texto de la denuncia empieza a ser desesperado: «Estoy constantemente recibiendo llamadas de amenazas al teléfono móvil desde cabinas de Alcobendas, la localidad en la que resido. Las amenazas son de muerte, motivo por el cual temo que en algún momento dado Luis Patricio pueda llegar a materializar dichas amenazas». Adjunta un documento en el que se reflejan todas y cada una de las llamadas y el contenido de las mismas.

El 1 de octubre, el asesino comienza a tramar su siniestro plan: se pone en contacto con un taxista, Germán N. V., para que le haga de intermediario y cite a una serie de personas que iban a participar en un supuesto proyecto televisivo. Entre ellas está Mar. El plan aún no tiene fecha.

Desde hace unos días, Mar no sale de casa sola. El 4 de octubre de 1999, acude con un amigo, escolta de profesión, al Juzgado de Vigilancia Penitenciaria con la intención de ver a la titular, que se niega y la remite a una psicóloga, que no da demasiada credibilidad al relato de Mar. La propia psicóloga manifestó posteriormente: «mantenemos una entrevista con ella en la que se refleja que tiene miedo, no aclara la situación que provoca la ruptura y la denuncia, y mantiene un relato bastante embrollado».

El mismo día, Luis Patricio ordena a su involuntario cómplice que recoja a Mar a las seis y cuarto de la mañana del día 6. La sentencia de muerte ya tiene fecha.

El 5 de octubre, por razones aún desconocidas, Luis decide aplazar su siniestro plan y pide al taxista que llame a Mar para posponer la cita hasta el miércoles siguiente, día 13. A la joven le queda una semana de vida.

El 6 de octubre, la psicóloga del Juzgado de Vigilancia Penitenciaria se entrevista con Luis Patricio. Se le emplaza para que acuda allí todos los miércoles y se le pide que «se abstenga de mantener cualquier contacto, ya sea telefónico o personal, con Mar». Ese mismo día, la titular del Juzgado de Vigilancia Penitenciaria emite un auto por el que mantiene la libertad provisional de Luis Patricio: «No existe causa legal para revocar la libertad por no constar incumplimiento de las reglas de conducta impuestas». Ya tiene licencia para matar.

El 8 de octubre, Mar acude al Juzgado de Alcobendas. Denuncia que esa misma mañana Luis Patricio la ha seguido desde el aparcamiento de una clínica hasta el domicilio de sus abuelos: «He pasado miedo… He sufrido una crisis nerviosa… Me siento cada vez más desprotegida y con más miedo… Ese señor me persigue y me tiene controlada constantemente… Mientras estoy redactando esta denuncia recibo una llamada de él en mi móvil». *El tiempo se está acabando.*

El 10 de octubre, Luis Patricio pide al taxista que el día 13 recoja a Mar a las seis y cuarto de la mañana y a unos supuestos empleados de una productora de televisión valenciana en el aeropuerto de Barajas.

El 11 de octubre Mar, acompañada de su madre, acude al Juzgado de Alcobendas y pide entrevistarse con la jueza, que no la recibe. Presenta una nueva denuncia: «Su actitud se vuelve cada vez más amenazante, por lo que pienso que realmente podría intentar llevar a cabo las amenazas de muerte que ha venido formulando». Pide que el Juzgado acuerde la prohibición de Luis Patricio Andrés de «comunicarse o aproximarse a mi persona, así como la de acudir a Alcobendas, donde resido». Además, pone los mismos hechos en conocimiento de la psicóloga del Juzgado de Vigilancia Penitenciaria: «Refiere estar muy nerviosa y desesperada porque considera que su vida corre peligro».

El 12 de octubre, Luis Patricio recoge en la estación de Chamartín a las 10.04 la furgoneta que se convertiría en la tumba de Mar.

El 13 de octubre, a las 6.15 horas, Mar sale de su domicilio. Un taxi, conducido por Álvaro M. la lleva hasta la plaza de Castilla. Mar va convencida de que tiene que hacer un trabajo de maquilladora. Su madre permanece asomada a la ventana hasta que se sube al vehículo. Unos quince minutos después se apea del taxi. Allí, agazapado, la espera su asesino.

11 horas. Luis Patricio se presenta en el Juzgado de Vigilancia Penitenciaria. Confiesa a la psicóloga el crimen y señala el lugar en el que está el cuerpo de su novia. Antes había llamado a su padre para contarle lo que había hecho.

12 horas. El SAMUR certifica la muerte de Mar.

12.10. El padre de Mar acude a la Comisaría de Alcobendas y manifiesta que su hija ha sido secuestrada por Luis Patricio.

13 horas. Levantamiento del cadáver. Mar está maniatada con una cuerda que une los pies con las manos. Alrededor del cuello tiene una cuerda. La boca está tapada con cinta aislante.

19 horas. Luis Patricio declara ante la policía que la presión y las coacciones que ha sufrido por parte de Mar han desembocado en el crimen.

El 14 de octubre, se lleva a cabo la autopsia al cadáver de Mar. El primer informe desvela el martirio sufrido por la joven: nueve cuchilladas, pero sólo dos de ellas mortales. El forense dice que Mar murió por las puñaladas y asfixiada por la cinta que le tapaba la boca. Entiende bien esto: Mar tardó en morir; *se asfixiaba al tiempo que su vitalidad se le escapaba por entre las cuchilladas*. Su agonía final estuvo a la altura del horror que había estado experimentando cuando vivió los últimos meses que su asesino anunciado le concedió.

41

El 15 de octubre Luis Patricio ingresa en la prisión de Soto del Real. Mar Herrero es enterrada en el cementerio de Fuencarral. Horas antes, Rosana M. G., la primera víctima de Luis Patricio, acude al tanatorio a dar el pésame a los padres de Mar.

¿Cuáles fueron las conclusiones que se extrajeron en las instancias judiciales de los últimos días de la vida de Mar Herrero? Los jueces cerraron filas en torno a la jueza de Vigilancia Penitenciaria. Me sobrecoge una pena infinita y una profunda indignación revisar las declaraciones que hizo en su momento José Luis Requero, portavoz de la Asociación Profesional de la Magistratura: «Un juez no puede hacer futurología. No sé si quien le concedió la libertad pudo ver si el hecho que ha cometido era previsible. Si no era previsible, es hacer futurología, y un juez no puede hacer futurología a la hora de conceder libertades». La indignación me asalta porque si este hombre no era un peligro cierto para una mujer, ¿quién puede serlo? ¡Había mostrado un acoso sistemático con amenazas de muerte a Mar Herrero! ¡Había intentado asesinar a su antigua novia! ¡Había mostrado un odio patológico a la mujer anterior a ésta! ¡Había «atizado a sus cuatro novias», según la declaración de un vecino! Menos mal que el fiscal jefe del Tribunal Superior de Justicia de Madrid, Fernández Bermejo, tuvo coraje y vergüenza, al reconocer lo evidente: «Hemos tocado fondo. Esto es un fracaso del sistema judicial».

¿Hubo debate y discusión en Instituciones Penitenciarias a raíz de este hecho? Me consta que sí, pero con toda seguridad no el suficiente. En pocas ocasiones tan nítidas se pone en evidencia el abandono de la víctima por parte de la ley. Mar Herrero, cuando era acosada por un asesino convicto, diagnosticado de psicópata, *era ya una víctima;* era una persona que tenía un riesgo cierto de morir.

En este libro escribo que la justicia no va a solucionar la violencia contra la mujer. Que por ahora, y en los años que vislumbramos desde nuestra experiencia aquí, en esta vida, hay y habrá muchos hombres dispuestos a golpear a una mujer para demostrar que pueden obtener satisfacción de su mayor fuerza. Frente a ese hecho real (amplío más esto en el capítulo 10) la mejor estrategia es que la mujer sepa discriminar qué hombres pueden abusar de ella a la hora de iniciar una relación con ellos. Pero esto no significa que una justicia eficaz no sea necesaria.

Es precisamente en estos casos, cuando una mujer está siendo acosada por un hombre que ha demostrado ser un tipo muy violento, cuando la ley ha de ser implacable, ha de brindar una protección rápida, ha de transmitir al agresor un mensaje sin vacilación: «si atacas a esa mujer irás a la cárcel». Y ese mensaje necesita, para ser efectivo, que se tome la medida máxima disuasoria de la que se disponga en ese momento.

Lo cierto es que hay veces que la indignación nos quita el resuello. Cobran así pleno sentido, con la fuerza de los gritos de mujeres como Mar Herrero, las palabras del escritor Antonio Muñoz Molina:

> Hay días en que mata el terrorismo público, y días en que mata el terrorismo privado, y también los hay en que mueren víctimas de uno y de otro, y es curioso que a los dos se les dé el nombre sanitario de «violencia», y que muchas veces se compruebe que lo peor del crimen fue que ya estaba anticipado, y que nadie hizo nada para prevenirlo, y que si hubieran cumplido la ley quienes tenían obligación de defenderla, el criminal no hubiera dispuesto de la ocasión letal de actuar.

3. EL ACOSO Y LA VIOLENCIA HACIA LA MUJER

Hemos visto la relación tan íntima que hay entre el acoso y la violencia contra la mujer. La razón es doble. En primer lugar, las mujeres viven la persecución como una gran violencia, una intromisión en sus vidas intolerable. Aunque no vaya acompañada de una agresión física, el acoso es siempre agresión emocional y psicológica. ¿Qué otra cosa puede ser si no? Cuando somos acosados sentimos miedo, ansiedad, nos mantenemos en un estado de gran alerta, agudizando los sentidos. ¿Me lo encontraré en el aparcamiento? ¿Seguirá a mi hija e intentará llevársela con él? ¿Estará junto a mi casa cuando salga a trabajar? Sólo los que han sido acosados y han temido por sus vidas o las de su familia pueden apreciar el poder destructivo de la persecución maligna.

Pero es que, además, el acoso es un comportamiento que se vincula con una mayor probabilidad de ser agredida y, en determinados casos, con el asesinato.

El peligro del acoso

Hay bastante unanimidad en considerar que el acosador más peligroso, el más proclive a emplear la violencia, es aquél que busca tener un amor que la persona amada no está dispuesta a ofrecerle. Es decir, es un apego intenso a un amor no correspondido; un amor que no se posee, aunque quizás sí se tuvo.

Se trata de una *obsesión sin la presencia de delirios* (es decir, no tiene creencias irreales imposibles de vencer): es un enamorado obsesivo de alguien a quien podemos conocer sólo muy poco (Ángeles, en el capítulo anterior) o haberla conocido en nuestra relación amorosa con ella (Mar Herrero). El acoso, como ya se dijo, puede pretender lograr la rendición amorosa de la mujer, o bien, si ésta le rechaza, tomar cumplida venganza. Algunos investigadores hablan de estos casos como de «apasionamiento mórbido», el cual preocupa a los sujetos hasta el extremo de excluir otros intereses, perturbar gravemente sus vidas y perseguir a sus víctimas de modo cada vez más intenso. El caso más famoso de este tipo (sin delirio) fue el protagonizado por John Hinckley, quien intentó matar al presidente Reagan para impresionar a la actriz Jodie Foster.

Algunos datos que se conocen actualmente sobre el acoso en su relación con la violencia son los siguientes:

1. Las personas que acosan tienen una mayor probabilidad de presentar en su historia de vida los siguientes factores de riesgo: son varones, abusan del alcohol o las drogas, tienen patologías psiquiátricas, han vivido muchos fracasos amorosos, no suelen tener pareja cuando inician el acoso, y poseen una inteligencia superior comparada con el resto de delincuentes.

2. En conjunto, la literatura especializada muestra una violencia que afecta a entre el 3 y el 36% de los acosadores. Es decir, dependiendo de los estudios, tan pocos como 3 o tantos como 36 de cada 100 acosadores evaluados, recurrían a la violencia, en la mayor parte de los casos sin emplear armas. Hoy se cree que un valor promedio se situaría *en el 25% de los acosadores como ejecutores de actos de violencia física*, uno de cada cuatro.

3. Los acosadores más violentos son los obsesivos enamorados, que son quienes han tenido una relación sentimental previa con sus víctimas. La tasa de homicidio viene a ser del orden del 2%: dos de cada cien de esos amantes

frustrados matarán a su objeto amado *como promedio*. No obstante, como estudiaremos más adelante, existe un grupo de acosadores en los que su acción homicida *es más probable*.

4. Todavía no hay muchos estudios científicos sobre la predicción de la violencia entre acosadores, aunque ya hay ciertos factores que tienden a asociarse con agredir a la persona acosada. Tales factores son los mismos que surgen en la predicción de la delincuencia violenta en general, tales como sexo varón, delitos violentos previos, uso de armas, abuso de sustancias o alcohol y antecedentes psiquiátricos.

5. La motivación primaria para el acoso no es sexual, sino la hostilidad hacia la víctima. La motivación percibida más común entre las víctimas es el control, es decir, las víctimas sienten que lo que quiere el acosador, por encima de todo, es someterlas a su dominio.

6. La hostilidad, como se ha comentado, es la respuesta del acosador a la negativa de la mujer a ser su pareja. ¿Cómo es que hay personas que reaccionan con tanta rabia, invirtiendo mucho de su tiempo y energía en seguir a su «gran amor»? Lo primero que tienes que pensar es que un acosador, generalmente, es un fracasado personal y social, alguien sin éxito, con un gran narcisismo (adoración de su propia persona) precisamente desarrollado para defenderse de su fracaso en el mundo real. Ellos ponen su esperanza en dominar a sus parejas, porque es lo único que en realidad pueden llegar a poseer: la voluntad de otra persona. Cuando ven que la mujer, o no quiere iniciar con él una relación, o no quiere continuarla, estallan en cólera porque es una afrenta a su propia autoestima.

7. Aunque la mayoría de los estudios apoya la idea de que las órdenes de alejamiento son efectivas en la protección de la víctima, se trata generalmente de investigaciones realizadas en el contexto de la violencia doméstica, sin

un adecuado seguimiento. Contrariamente, las víctimas de acoso aseguran que los acosadores violan esa medida.

8. La mayoría de las víctimas sufren graves repercusiones psicológicas, incluyendo ansiedad, depresión, cambios importantes en el estilo de vida, pérdida del apetito, trastorno del sueño, imágenes recurrentes que producen temor, etc.

Para que entiendas mejor la dinámica del acoso, vamos a detenernos en el estudio de las amenazas y, de nuevo, en su capacidad para producir actos de violencia física.

Las amenazas

Históricamente las amenazas han sido consideradas como claros elementos de riesgo para la víctima. Pero hoy debemos tener ciertas precauciones. En primer lugar, porque sólo en torno a la mitad de los acosadores amenazan explícitamente a sus víctimas, lo que impide que puedan ser perseguidos por la justicia. Mejor sería, en consecuencia, considerar la *amenaza implícita* derivada de un curso de acción persistente a lo largo del tiempo. Es decir, el hecho de que alguien persiga a alguien de manera continuada debería verse como amenazante, aunque el acosador no hubiera hecho esa amenaza concreta.

En segundo lugar, porque todavía no hay investigación contundente que señale que las amenazas supongan una mayor probabilidad de violencia; la mayoría de las veces éstas no se concretan, *si bien parece que las amenazas explícitas bien articuladas guardan una mayor relación con la violencia*. De este modo, lo mejor parece ser estudiar cada caso de forma individual, observando si aparecen otros factores que sí guardan relación clara con la violencia. Por ejemplo, un sujeto que ha probado ser violento anteriormente debe ser tomado muy en serio si amenaza. En todo caso, no deberías olvidar que la amenaza es agresión psicológica, lo cual ya es en sí mismo un elemento de desestabilización, aunque luego no se lleve a la práctica.

Otra cuestión importante es la razón de la amenaza, es decir, la relación existente entre la amenaza y el estado mental del sujeto.

Las amenazas son instrumentales o expresivas. Las primeras son motivadas por un propósito o meta que puede ser consciente o no para el acosador, tales como dominar a la víctima, controlar su vida, aterrorizarla, obligarla a hacer algo o seducirla. Las amenazas pueden ser espontáneas o planificadas con todo detalle para que provoquen el mayor impacto.

Contrariamente, las amenazas expresivas son motivadas por la emoción y ayudan al agresor a regular su propia afectividad, aunque su impacto en la víctima sea igualmente devastador. Se suelen emplear para exponer cólera u odio, para defenderse contra el dolor provocado por una pérdida o abandono (real o no), contra un sentimiento de miedo o vergüenza, o la ansiedad. Esta última puede tener una base real (provocada por ejemplo por la intervención del sistema de justicia) o sólo imaginada (un delirio paranoico, es decir, una creencia irreal e invencible consistente en que la persona se cree perseguida).

Las amenazas, tanto expresivas como instrumentales, están elaboradas mediante determinados mecanismos de justificación o de defensa del yo (que nos ayudan a mantener la buena imagen que tenemos de nosotros mismos). Por ejemplo, Meloy señala las siguientes, extraídas de estudios de caso:

* Desvalorización de la víctima: «Mereces morir y vas a morir».

* Negación: «No te he amenazado».
* Minimización: se le quita importancia; «Estaba sólo bromeando».
* Desplazamiento (de la ira hacia alguien que interviene): «Tu nuevo novio puede considerarse muerto».
* Racionalización (inventarse una razón o excusa): «Mereces lo que te va a pasar porque, como todas las mujeres, te burlas de mí».

Es muy importante estudiar las motivaciones del acosador, porque nos informa de su estado mental y de su personalidad.

La naturaleza de la violencia en el acoso

Las tasas de violencia en un estudio particular dependen de una serie de factores, como el tipo de acosador, su relación con la víctima, el tiempo del acoso, la eficacia de las medidas tomadas para evitarlo y la definición de violencia empleada. La implicación práctica de esto es que la mejor predicción ha de hacerse sobre cada caso en particular, ya que en él se combinan de modo especial esos y otros factores señalados.

Pero ahora tenemos algunos conocimientos importantes. En primer lugar, la violencia física es más probable que se dirija a la persona acosada, y en segundo lugar, a la persona que el acosador cree que *está interfiriendo* en su relación con la víctima.

Esta *triangulación* puede incrementar el riesgo de violencia al implicar la emergencia de una dinámica interpersonal paranoica o real en la conducta de acoso. En los casos en los que el agresor ha desarrollado una paranoia, éste puede desplazar su delirio y su rabia desde su víctima hacia la persona que se ha interpuesto y obrar violentamente. Por ejemplo, puede creer que el actual novio de su ex mujer está conspirando para que pierda su empleo. Pero también puede aumentar la violencia si una tercera persona —incluso un representante de la justicia— interviene, haciendo objeto del acoso o de agresiones a esa tercera persona.

La violencia del acoso suele ser afectiva y no planificada o bien instrumental. La primera es la violencia usual, precedida por una activación elevada del sistema nervioso autónomo (que regula el comportamiento no voluntario), acompañada por miedo o ira, y es una reacción frente a una amenaza percibida —el rechazo en el acoso. La violencia resultante se concreta en golpes, bofetadas, empujones, agarrones y zarandeos, y no suele haber heridas de consideración. La instrumental no presenta activación emocional y es planificada; busca controlar, intimidar o humillar a la víctima. Esta violencia correlaciona con la psicopatía, y tal diagnóstico ha de explorarse cuando ocurre en el contexto del acoso. Aquí la violencia puede tener un resultado más fatal (Mar Herrero).

Cuando se produce un homicidio, el agresor suele ser un conocido de la víctima, generalmente una pareja anterior, y se emplean armas de fuego y cuchillos. Sin embargo, tampoco podemos despreciar los automóviles como armas. En un estudio referido por Meloy en el que 10 acosadores portaban armas (de un total de 65), 4 sujetos emplearon los coches como armas.

El acoso y los malos tratos domésticos

Es el momento de conocer algunos aspectos concretos de la realidad del acoso y de la violencia doméstica contra la mujer en nuestro país. En el *Estudio empírico de la violencia doméstica,* realizado por el Instituto de Criminología de la Universidad de Sevilla, se pasó una encuesta a una muestra de 2.000 personas representativa de la población española femenina urbana (ciudades de más de 100.000 habitantes) mayores de 16 años, casadas, que convivían mediante unión estable, separadas o divorciadas. La técnica de recogida de información fue la entrevista personal en el domicilio de la entrevistada, a solas la mujer con una entrevistadora.

Las mujeres tenían que estar casadas, conviviendo al menos desde hacía un año, o también recientemente separadas o divorciadas (menos de un año; de marzo de 1998 a marzo de 1999).

El estudio del Instituto de Criminología de Sevilla

La investigación suele documentar que las mujeres ofrecen narraciones más detalladas y extensas que los hombres; ubican el comienzo de la narración en un momento más temprano y llevan el análisis del impacto del incidente violento más allá que los hombres. Además, los hombres generalmente reconocen menos violencia y producción de lesiones que la que sus mujeres denuncian. Ahora bien, no todas las mujeres que sufren violencia en el hogar reconocen su situación, incluso aunque esa violencia sea física. Así, el 80% de las víctimas de malos tratos físicos frecuentes se reconocieron como mujeres maltratadas. Observa que 20 de cada 100 mujeres, a pesar de recibir golpes *de modo frecuente,* creyeron que eso era algo «normal» en una relación de pareja. El porcentaje es mucho menor si los abusos no son frecuentes, *aunque sean severos;* aquí sólo el 48% de las mujeres se reconoció como una víctima de la violencia en el hogar. Y algo que sospechamos desde hace tiempo: los abusos psicológicos, es decir, la manipulación psíquica, la humillación y el dominio de las emociones de la mujer, todavía no se contemplan en muchos casos como una violencia ilegítima: sólo el 65% de las que padecían abusos frecuentes de este tipo se reconocían como víctimas.

Finalmente, el reconocimiento de víctima llega a su valor más bajo en el caso de padecer una violación en el seno del matrimonio: sólo el 27% de las mujeres agredidas sexualmente por sus maridos creyeron que esa era una acción ilegítima. Esto es especialmente preocupante, porque la evidencia que tenemos señala que los efectos de la violación marital pueden ser tan destructivos, en algunos casos, como los perpetrados por hombres fuera de la relación de pareja.

Otros resultados interesantes de esta investigación son los siguientes:

En relación con el hecho de considerarse víctimas sexuales, un 4,4% reconoció un acoso sexual laboral leve; el 1,2% un acoso sexual laboral serio (entre las que trabajan); el 8,8% acoso sexual telefónico; el 1% tentativa de violación, y el 0,7% una violación consumada.

El nivel de *prevalencia* (número de personas afectadas por una condición) de violación marital es muy elevado: el 4,4% de las mujeres entrevistadas reconocen que sus maridos han empleado la fuerza o han usado amenazas para obligarlas a tener sexo vaginal, oral o anal.

El acoso por parte del ex marido de mujeres divorciadas o separadas no es algo infrecuente, sino que, contrariamente, supone una dura realidad para muchas de ellas. En la investigación del Instituto de Criminología de Sevilla se constató que, *en un rango de valores que iban del 20 al 30%*, las mujeres reconocían que sus anteriores parejas las perseguían o espiaban, las llamaban por teléfono a pesar de que les decían que no lo hicieran, se presentaban sin ninguna razón cuando ellas salían de su casa, escuela o lugar de trabajo, o bien aparecían en lugares donde estaba la mujer (como bares, tiendas, etc.). Un 34% de las mujeres contestaron «sí» al enunciado «¿Ha intentado comunicarse con usted, aunque usted no quería?». Y el 14% declaró que su ex marido había «destrozado o dañado cosas que usted apreciaba».

Otro aspecto que evaluó el equipo de investigación sevillano fue la frecuencia de diferentes formas de conductas de control. De entre algunos de los datos más significativos, las mujeres dijeron que «con mucha frecuencia» o «con frecuencia», sus parejas realizaban los siguientes hechos: «Intenta que usted tenga menos contactos con familia y amigos/as» (5%); «Le dice cosas que le hacen sentir mal» (7,5%); «Insiste todo el rato en saber con quién está y dónde está» (6,5%); «Es celoso y no le gusta que hable con otros hombres» (8,5%) y «No quiere que usted trabaje fuera de casa» (10%).

Con aquellas mujeres que reconocieron haber sufrido una agresión física o psicológica, o bien haber sido víctimas de acoso por parte de sus ex maridos, se pasó a explorar el último de los incidentes que vivieron (desgraciadamente, de las 284 mujeres que reunieron estas características, sólo 90 consintieron participar en esta segunda fase del estudio, lo que limita la solidez de los resultados. No obstante, siguen siendo enormemente interesantes). Las mujeres declararon que, a su juicio, «tener ganas él de discutir» (43 entrevistadas) y «la bebida» (34 entrevistadas) eran las causas que provocan generalmente los incidentes de malos tratos.

De especial importancia fue el hecho de que con el paso del tiempo, la relación de pareja tendía a empeorar, como señalaba el 43% de las mujeres, con un 32% respondiendo que «había seguido igual» y un 20% que «había mejorado».

53

En más de una tercera parte de los casos (37%) la mujer había sufrido heridas o lesiones derivadas de los malos tratos. Al preguntar si pensaban que la policía «debía haber sido más dura con su pareja» el 33% de las mujeres opinaron positivamente, el 24% negativamente, y el 43% no sabían o no contestaron. Sólo el 0,3% de las 90 mujeres habían ido a juicio en los juzgados de lo penal por los problemas con su pareja.

La probabilidad de reincidencia, según las mujeres víctimas, en una escala del 1 al 10, es de 4. Sin embargo, cerca del 7% declaró que la probabilidad de que ocurriera la agresión física o psicológica durante el año siguiente era muy elevada (un valor de 10).

Las medidas de protección más adoptadas por las víctimas eran «evitar ciertos temas» (69,5%) y «tratar de convencerlo» (67,9%). «Amenazar con el divorcio» fue utilizada por el 49% de las víctimas. Las medidas menos adoptadas eran «pegarle en defensa propia» (10%) y «amenazar con llamar a la policía» (21%). Estas tres últimas: «amenazar con el divorcio», con «llamar a la policía» y «pegarle en defensa propia» fueron las que cosecharon más opiniones en el sentido de que empeoraban las cosas.

Finalmente, un aspecto de la encuesta estudiaba la relación existente entre los malos tratos en la mujer y la violencia hacia los hijos por parte de los hombres. Esto es, se pretendía saber si los hombres agresivos con sus mujeres también lo eran con sus hijos.

Los porcentajes relativos a la existencia de alguna forma de abuso físico o psicológico hacia los hijos por parte de la pareja o ex pareja de la mujer maltratada (N = 72; maltratadas con hijos) son 30,6% para el maltrato físico y 26,4% para el maltrato psicológico. En ambos tipos de maltratos los agresores, en un porcentaje superior a la mitad, consumen alcohol a diario.

¿Qué podemos concluir de lo anterior? Hay dos conclusiones destacadas. Primero, que la mayoría de los supuestos de maltrato físico hacia los hijos por parte del varón no llegan a la categoría de abuso severo (14% de los casos donde hay abuso físico). Segundo, que no obstante lo anterior, un número muy importante de niños —si bien no la mayoría— sufren agresión física y psicológica a cargo de los hombres que también ejercen esa violencia contra sus mujeres.

Acoso, violencia contra la mujer y asesinato

Un especialista en violencia doméstica ha escrito: «Creo que la agresión contra la mujer y el asesinato existen en un continuo. En seis estudios diferentes se halló que los principales factores precipitantes del asesinato de la mujer fueron los celos, la separación y la existencia de una historia de agresión física». A mí me gustaría añadir un elemento más: *el acoso forma parte de esta combinación letal.* Por supuesto, la mayoría de los acosadores no asesinan a sus víctimas, como tampoco la inmensa mayoría de los agresores domésticos lo hacen. Sin embargo, mi punto de vista es que hay un elemento común esencial que une estos tres comportamientos de agresión: el deseo de poder, de control, la posesión. El acosador (me refiero ahora al acoso en la pareja o ex pareja) no se fía de la mujer, quiere mandar sobre toda su vida, y ha de seguirla para asegurarse o bien de que no se va con otra persona, o de que va a aceptar regresar de nuevo con él. Como veremos, el agresor psíquico y el físico responden a lo mismo: ya sea por temor de abandono o por deseo de sentir el placer del dominio, los agresores domésticos buscan anular a sus víctimas.

Vamos a ocuparnos en primer lugar de la relación entre el acoso y la violencia en el hogar, y luego estudiaremos la conexión de ambos fenómenos con el asesinato.

Acoso y violencia doméstica

El siguiente caso refleja bien la realidad del acoso en la relación de dos personas que se han amado pero que ahora se enfrentan a la pugna por subsistir. El uno, porque sólo ve en el odio la razón por la que afirmar su patética personalidad; la otra, porque ha de agudizar sus reflejos si no quiere perecer. El caso es muy interesante porque refleja la fuerza destructora del acoso y del abuso psicológico.

Isabel es una chica de 36 años, auxiliar de guardería, que estuvo casada cuatro años con su marido, de 40 años, que trabajaba en el sector de la construcción. Actualmente tiene un hijo de 14 años. Su marido contaba con antecedentes psiquiátricos. Isabel se refiere a él como una persona con una «gran capacidad para convencer a los demás de que él es la víctima». Dejemos que sea la propia Isabel quien nos cuente su historia.

> Al año y medio de casarme con él, empezó a comportarse de forma extraña. Se quedó sin trabajo. Por entonces yo quedé embarazada, y a los cinco meses alguien vino a casa a contarme que mi marido tenía problemas con las drogas y el alcohol, y así empezó todo. Durante tres años más aguanté e intenté ayudarle de infinitas maneras: visitas a psicólogos, psiquiatras, centros de ayuda al drogodependiente… La convivencia era imposible. Todos los días había peleas, faltaba el dinero, me robaba todo lo que podía, estuvo ingresado en varios lugares, de los que se marchó. Sufrí un constante maltrato psicológico de su parte. Me convenció de que era él la víctima, que todo era

culpa mía. Cuando entró por primera vez en la cárcel decidí acabar con esa situación.

A partir de ahí empezó el acoso: llamadas constantes, visitas de colegas de la prisión, de gente que no conocía, incluso recibí visitas de monjas del psiquiátrico. Tuve llamadas las veinticuatro horas del día en las que me amenazaba e insultaba. Sus «amigos» se paseaban delante de mi casa.

Todo esto ha durado diez años. El acoso sólo se interrumpía cuando él ingresaba en prisión; al salir se reanudaba el acoso en persona y por teléfono. No pedí la separación en su momento por miedo a sus amenazas de muerte hacia mí o a mis familiares si lo hacía. Pero en febrero de este año, cansada de su vuelta a mi casa, decidí denunciarle. Al día siguiente lo detuvo la Guardia Civil. Tuvo un juicio y se le condenó a seis meses de destierro y ahora he pedido el divorcio.

Lo increíble es que todos los malos tratos de los que me ha hecho objeto me los atribuye a mí, hasta el punto de decir que era yo quien lo amenazaba por teléfono, cuando este señor no ha tenido teléfono en su vida. También ha dicho que oye a su hijo llamarle por las noches y que habla con él... ¡cuando en el juicio por la custodia del niño renunció a él de por vida! A pesar de todo, pienso que las penas son insuficientes, porque vivo con el miedo constante de que cualquier día aparezca... *y me juego la vida.*

Los comportamientos de acoso que ha tenido que sufrir Isabel son múltiples. En el protocolo de nuestra investigación anotó los siguientes: llamadas continuas de teléfono con amenazas e insultos, vigilancia de su casa (sentado delante durante horas) y en el trabajo, perseguirla por la calle, enviarle cartas y dejarle notas pegadas en el portal, largos mensajes en el contestador automático, envío de paquetes conteniendo cosas extrañas, molestar a amigos y familiares por teléfono y en persona, usar a «colegas» para acosarla y asustarla, amenazar con que se iba a suicidar, quedarse a dormir en el portal toda la noche, saltar la valla del colegio del niño. También ha amenazado con hacer daño a sus familiares, con llevarse a su hijo; la ha agredido con un cuchillo... Como se ve, todo un infierno sistemáticamente aguantado que, en este caso, ha contado con la ayuda inestimable y eficaz de los servicios sociales de su ayuntamiento, del juzgado y de la Guardia Civil.

Una experiencia así tiene sus costos, y literalmente la vida cambia de modo espectacular. Isabel cuenta cómo tuvo que vivir con su familia durante el acoso. Explica que sus amigos se encargan de llevar al niño al colegio e impiden su entrada actualmente en casa. Ha tenido que dejar de salir para hacer vida social por miedo a verle. Cambia de itinerarios con frecuencia. Ha cambiado su número de teléfono. Ha sufrido periodos de depresión, sentimientos de culpa, cambios de humor, un profundo cansancio e inquietud frente a la enorme tarea de seguir adelante en esas condiciones, problemas para dormir, una tensión constante que ha afectado gravemente a su mandíbula y cuello...

No obstante, Isabel es una de las mujeres afortunadas dadas las circunstancias, por vivir en una localidad sensibilizada con este problema (recuerda lo que le sucedió a Mar Herrero en el capítulo anterior, y otros casos que aparecen en este libro). ¡Imagínate qué sucede *cuando alguien llama a cualquier puerta y nadie abre!*

Fíjate en esa relación tan intensa entre el acoso y la violencia, psicológica o física. La violencia doméstica ha sido definida *como el empleo del agresor de la fuerza física, sexual o psicológica para quitar el poder y el control que la mujer tiene sobre su propia vida.* El acoso suele ser un preludio muy cualificado de la violencia doméstica, y un medio excelente de lograr tal control. Quizás el método más adecuado para lograr este fin sea el aislamiento sistemático de la mujer en relación a su familia y amigos (véase más adelante). A pesar de que es difícil de evaluar este hecho —ya que se constituye de conductas que, en un grado «normal», se dan en todas las parejas— lo cierto es que cuando esas conductas alcanzan un cierto grado de control, vigilancia y extrema posesión, nos encontramos ante el acecho y el acoso.

El acoso es, de hecho, tortura psicológica, con independencia de que en su ejecución se incurra en otros delitos (como amenazas o allanamiento de morada).

Como otras conductas de manipulación psicológica, el comienzo del acoso quizás pase desapercibido, debido a su relación con una serie de conductas normales en el matrimonio. El asunto no se aclara hasta que «el equilibrio de poder queda descompensado, y el hombre usa su conocimiento de su mujer para controlar su comportamiento y aislarla de los demás, al tiempo que conserva el derecho de hacer lo que quiere sin tener que darle explicaciones», dice la especialista Leonore Walker. No es sorprendente escuchar decir a una mujer maltratada lo agradable que eran las atenciones de él, hasta que se convirtieron en algo sofocante. *De ahí que sea importante reconocer cómo empieza el acoso,* para actuar con rapidez.

Acoso y asesinato

Pero la realidad es que, en muchas ocasiones, el acoso se relaciona tanto con la agresión física como con la psicológica. Ana Isabel Cerezo, responsable de un excelente estudio sobre el asesinato entre parejas, explica el siguiente caso como un ejemplo «de lo que ocurre con mayor frecuencia»:

> Federico y Mónica llevaban casados trece años. Hacía un año que se habían separado, al no poder aguantar

Mónica durante más tiempo los malos tratos tanto físicos como psíquicos a los que estaba siendo sometida de forma continuada por parte de su marido. Mónica había iniciado hacía escasos meses los trámites de separación tras haber denunciado a su marido por las distintas lesiones que le había ocasionado, así como por las continuas amenazas de muerte que recibía. El día de los hechos, Mónica se dirigía a las 14.20 horas a su lugar de trabajo, montando en una motocicleta conducida por el marido de una prima de Federico, Román, que se ofreció a llevarla al trabajo. Federico, un día más, estaba esperándola en las proximidades del lugar donde ella trabajaba con la intención, como venía siendo habitual desde la separación, de convencerla para que volvieran juntos.

Al verlo Mónica, se bajó inmediatamente de la motocicleta y se dirigió hacia él, pidiéndole que no organizara ningún escándalo en la calle. Federico la increpó en tono desafiante, al mismo tiempo que le pedía explicaciones por las sospechas que tenía de que hubiera estado en casa con otro hombre la noche anterior, hecho que ella negaba. Mónica se lamentó de que su marido, por tales sospechas, la noche antes, hubiese intentado entrar en su domicilio, sin que ella se lo permitiera, llegando aquél incluso a telefonearla de madrugada.

Como te he comentado, en este libro prestamos atención al arte de prevenir la violencia. Un arte basado en la intuición y en el conocimiento de los precursores de la violencia. Fíjate si Mónica tenía o no razones en este punto para sentirse preocupada por su vida. Suma circunstancias de riesgo:

1. Una historia de abusos psíquicos y físicos que duró trece años.
2. Había sido amenazada de muerte.
3. Se había producido una separación no deseada por él.

4. Había sido acosada, solicitada de continuo para que volviera a vivir con él, espiada, la llamaba por teléfono de madrugada.
5. Tenía celos, sospechas de que ella tenía una relación sentimental.

Así las cosas, las protestas de Mónica —«Déjame ir al trabajo… ¡No puedo volver contigo! ¡Toda la vida me has maltratado a mí y a mis hijos!»— no podían servir de mucho. Durante la discusión…

> Federico sacó una navaja marca Aitor de 8 cm de hoja, con la que le asestó cinco puñaladas, a pesar de que ella, frenética, intentaba esquivar con sus golpes los golpes que él le propinaba con la navaja. Al percatarse de ello, el familiar que la acompañaba en la moto, que se hallaba próximo, se lanzó contra el agresor, al tiempo que éste decía «¡La mato y a ti también!». Pero Román logró arrebatarle la navaja de un golpe y la arrojó al suelo. Seguidamente acudió un guardia civil que circulaba próximo al lugar y procedió a la detención de Federico, quien decía: «¡Si no ha muerto, la mataré más tarde!».

Mónica salvó la vida. Un transeúnte le hizo dos torniquetes decisivos para que luego la operación fuera un éxito.

¡Qué razón tiene Leonore Walker cuando afirma que una mujer que ha sufrido abusos serios se encuentra en una situación en la que es difícil ganar! Por una parte, el acoso y la violencia en la relación. Por otra, el «miedo a la libertad», en cuya magnitud interviene con fuerza una posible mayor violencia, una represalia. Las estadísticas en Estados Unidos indican claramente que el homicidio es más probable en dos momentos: cuando la mujer se presta a abandonar a su pareja y poco tiempo después de marcharse (el periodo de riesgo más relevante se extiende hasta los dos años).

Pero será mejor que te ofrezca datos españoles, ya que así te situarás mejor en la realidad de la violencia que tienes en tu ciudad. Para ello volveré a citar la investigación de la criminóloga Cerezo, quien analizó 53 homicidios cometidos en la provincia de Málaga en el periodo 1984-1994; de los cuales 30 fueron consumados (56,6%) y 23 intentados (43,4%), es decir, la víctima pudo sobrevivir. El homicidio entre parejas constituyó el 12,3% del total, que ascendió a 432 homicidios en esos diez años y el 50,5% de los acaecidos en la familia (la muerte de uno de los cónyuges a cargo del otro es la mitad de los homicidios que se cometen en la familia). La media nacional de homicidios entre parejas es del 13,2%. O lo que es lo mismo, en España de cada 100 homicidios, 13 se dan entre parejas.

En su investigación, Cerezo descubre que los predictores del asesinato son muy parecidos a los que aparecen en la agresión física severa de la mujer.

¿Cuáles son estos indicadores que predicen el homicidio de la mujer? En primer lugar, tenemos *el sexo:* la gran mayoría son varones (87%). De las 53 víctimas en los homicidios entre parejas, 7 fueron varones y 46 mujeres. La mujer es 7 veces más proclive a ser víctima de un homicidio de su pareja que de una persona desconocida.

La edad. Víctimas y agresores tienen edades muy parecidas: 36 y 38 años, respectivamente, de media. Pero por grupos, el grupo de 20-30 años es el de mayor riesgo en las víctimas, mientras que el grupo 30-40 recoge a la mayoría de los homicidas. El riesgo disminuye de modo sensible a partir de los 50 años. Todavía no está claro si una gran diferencia de edad entre los sexos (a favor del varón) es un factor de riesgo.

Estado civil. El 41,5% (22 casos) de los homicidios entre parejas lo formaban casados; el 11,3% (6) era una pareja de hecho, y un 40% (21) estaban separados de hecho o legalmente.

Tiempo de separación. Si sumamos a las víctimas separadas las que habían anunciado su separación llegamos al 50% del total de las víctimas. Es decir, la mitad de las víctimas de homicidio a manos de sus parejas había decidido cortar la relación, o ya la había interrumpido. La otra mitad aguantaba como podía en la convivencia. Del grupo de mujeres que había roto la relación, en casi la mitad habían transcurrido menos de seis meses desde el anuncio de la misma y el momento en que tuvo lugar el homicidio, siendo el tiempo medio de separación de 9,24 meses. *A medida que transcurre el tiempo de separación de la pareja el riesgo va disminuyendo*, y éste desaparece a medida que pasan los años.

De lo anterior podemos concluir que marcharse es peligroso, pero también lo es quedarse. A diferencia de otros estudios en el extranjero, la investigación de Cerezo no prueba que separarse aumente la probabilidad de ser asesinada.

Ahora bien, si nos centramos en los casos de homicidio de parejas que se han separado, hay una cuestión muy pertinente. Yo puedo comparar esos casos de homicidio en los que la mujer se había separado con todos aquellos casos de separación en los que el hombre no intentó matar a su mujer, y preguntar: ¿Qué diferencia hay entre los casos de separación con homicidio y los que no lo hay? «La respuesta —nos dice Cerezo— se encuentra en el hecho de que, en las parejas que se separan y surge el homicidio, en un 46,3% de los casos (13 de 27) ha existido una relación de malos tratos físicos del agresor hacia su pareja». Luego es la combinación de ambos factores, *llevar menos de nueve meses de separados y haber sido agredida físicamente* lo que aumenta el riesgo de ser asesinada; el riesgo irá decreciendo con el tiempo.

Otros estudios extranjeros señalan que las mujeres que tienen un mayor riesgo de ser asesinadas son aquéllas que: 1) fueron previamente golpeadas; 2) habían sido acosadas; 3) habían sido amenazadas de muerte; y 4) habían sufrido previamente intentos de asesinato.

Leonore Walker ha desarrollado una «guía letal», una lista de factores de alto riesgo de ser asesinada, compuesta por estudios que se centraban en aquellas mujeres que pensaban que iban a ser asesinadas por sus maridos:

1. La conducta violenta del hombre cada vez es más frecuente.
2. La intensidad de la violencia cada vez es mayor.
3. El hombre amenaza con matar a la mujer o a otras personas.
4. Abusa del alcohol o de otras sustancias.
5. Amenaza con dañar a los niños.
6. Ha obligado a tener relaciones sexuales a su pareja.
7. Amenazas o intentos de suicidio tanto del hombre como de la mujer.
8. Hay armas de fuego en el hogar, o son fácilmente accesibles.
9. Hay problemas psiquiátricos en el hombre o la mujer.
10. La mujer y su pareja pasan mucho tiempo juntos en situación de tensión.
11. El hombre muestra una necesidad extrema de controlar a los niños.
12. Hay muchas circunstancias que mantienen bajo presión al hombre o a la mujer.
13. Historia delictiva previa del hombre.
14. Actitudes favorecedoras de la violencia en el hombre.
15. Presencia de una nueva relación en la vida del hombre o la mujer.

En general, la literatura está de acuerdo en que una combinación de esos factores pone a la mujer en el mayor riesgo de sufrir abusos y, en última instancia, de ser asesinada por su pareja.

¿«Crímenes pasionales» o «crímenes de posesión»?

Para acabar este capítulo permíteme dedicar unas líneas al concepto de «crimen pasional», muy querido por los medios de comunicación y aun en el ámbito de los juzgados. ¿Son todos los homicidios entre parejas «crímenes pasionales»? De las 53 mujeres muertas (o casi, porque la víctima no llegó a morir) a manos de sus maridos o parejas, Cerezo halló que 34 víctimas (64%) habían sufrido violencia física o psíquica de forma habitual. Otro estudio en España, el de Fernández Villanueva, halló 13 casos de agresión física precediendo a 29 homicidios de mujeres. Es decir, en muchos casos los asesinatos de mujeres vienen precedidos por la violencia física o psíquica, o ambas, y muy probablemente el valor real es superior al que conocemos porque, al estar la mujer muerta, se desconoce la existencia y extensión de esa violencia.

¿Qué se entiende, entonces, por «crimen pasional»? Si con ello se quiere significar *improvisación y ofuscación*, no parece ser el caso. La gran mayoría de los homicidios de mujeres son premeditados, son buscados y queridos por sus autores. Deberíamos llamarles *«crímenes de posesión»*, y no de pasión: cuando el homicida decide el ataque final ya hacía tiempo que pensaba que tal hecho «era inevitable». No era su pasión amorosa la que lo guiaba, sino su egocentrismo desmesurado, consistente en creer que hay personas que le pertenecen a uno, aunque ellas no quieran...

4. EL AGRESOR PSICÓPATA

El agresor psicópata es el más peligroso de todos. El más temible, el más astuto, también puede ser el más violento, pero siempre el más destructivo porque anula y absorbe la voluntad de la mujer. Ninguna campaña en los medios de comunicación podrá contra su tendencia a dominar, su absoluta determinación a servirse de los demás. Me resulta sorprendente comprobar, cuando hablo con algunas mujeres interesadas en este ámbito, su ignorancia sobre el agresor más sistemático de todos.

Perfil del psicópata

Un agresor psicópata, en el caso de que vaya a un programa para el tratamiento de los «maltratadores domésticos» —como los que dirige mi amigo y colega Enrique Echeburúa en el País Vasco— puede excusarse con mucho don de gentes si llega tarde. E incluso quizá explique, en una pausa del programa, cuánto deseaba que se hubiera iniciado ese grupo terapéutico. «Quizá todo hubiera sido diferente si hubiera sabido antes todas estas cosas», es posible que nos diga.

Sin embargo, éste es precisamente el problema: no podemos creerle, no debemos creerle. Tener relaciones (¡y peor aún, estar casada!) con un psicópata es un mal negocio; probablemente el peor que puedes hacer. En mi libro *El psicópata* expliqué con todo detenimiento este peculiar personaje, dedicando un capítulo al «psicópata marido y padre». Aquí voy a repetir algunas ideas, poniendo el énfasis en su capacidad agresiva la cual, créeme, es la más dañina de todas. Quizás no tiene por qué ser el tipo de sujeto que más te golpee, pero sin duda es quien lo hará con la mayor «tranquilidad», del modo más preconcebido, implacablemente. Lo tiene muy fácil, ya que él... no te quiere en absoluto.

Ya te he adelantado un par de características relevantes del psicópata: mienten de forma brillante —en ocasiones por el puro placer de hacerlo, sin que haya nada obvio que ganar— y aparentan ser tipos encantadores. Sin embargo esa capacidad de fascinar es sólo su modo de captar el interés de las mujeres; no hay nada plenamente humano detrás de esa máscara. Habitualmente tú serás tan sólo una más de las mujeres de las que él se habrá aprovechado en su vida.

Lo más preocupante del psicópata, empero, no es su falsedad o su formidable dominio del engaño y la manipulación. Ni siquiera su arrogancia, ese sentimiento de superioridad y narcisismo que, según él, lo eleva por encima de los mortales (aunque puede que no lo reconozca). No. Lo peor de todo es que su personalidad presente una «tríada letal»; sí, tres características que lo hacen especialmente temible. La primera de ellas es la falta de empatía o incapacidad absoluta para sentir las emociones básicas humanas, como el sacrificio, la compasión, la piedad y... el amor. Esto es muy preocupante, porque si sales o vives con un psicópata te enfrentas a una persona *que parece que entiende el mundo emocional, pero no es así en absoluto.* Te lo diré de otro modo: el psicópata puro puede sentir alegría o tristeza, odio y otras emociones, pero, en primer lugar, esas emociones son *autorreferentes,* es decir, se vinculan siempre con lo que a él le sucede, y tú sólo intervienes en cuanto ayudas a provocar una u otra emoción, pero no como persona que tiene sus propias emociones. Y en segundo lugar, su capacidad para las emociones que vinculan verdaderamente a la gente entre sí —y que ayudan a construir los lazos psicológicos de la responsabilidad, la solidaridad o el compromiso, por ejemplo— es nula.

Ante esta situación, has de comprender que el psicópata no tiene emociones verdaderamente humanas, *las finge,* las imita, pero no las siente. No importa lo bien que hable del amor, o de lo estupendo que es compartir la vida contigo. No lo creas.

Otro terrible rasgo del psicópata es su crueldad, cambiante, desconcertante; puede ser de finura exquisita —como en un proceso de destrucción psicológica elaborado durante años— o expuesta de modo devastador y grotesco. Anglés —ese despiadado asesino de las tres niñas de Alcàsser que estará para siempre en la memoria colectiva de los españoles— retuvo durante días a su novia encadenada a una cama y la sometió a todo tipo de torturas. José Parejo —el infame asesino de Ana Orantes, cuya muerte señaló el punto de inflexión para que el gobierno empezara a preocuparse realmente de la violencia doméstica— decidió concluir media vida de palizas y humillaciones dedicada a su mujer quemándola viva en el jardín que circundaba el dúplex que, fatalmente, compartían (en una increíble decisión del juez, que ni siquiera creyó lo que días antes había dicho Ana en televisión: que su marido «cualquier día me matará»).

Y, finalmente, tenemos su ausencia de remordimiento, de culpa, de conciencia. No busques en él gestos de desconsuelo por lo que ha hecho, por el modo en que ha arruinado parte de tu vida, su arrepentimiento sincero. Puede que lo diga, pero en absoluto lo creas. Para lamentar algo debe ocurrir algo en nuestro cerebro y en nuestra mente.

En síntesis, algo como lo siguiente: una conducta nuestra ha quebrantado un principio que poseemos, un valor, una norma. Ese código ético lo elaboramos —inicialmente— porque gente que para nosotros era importante, *que amábamos*, nos lo enseñó premiándonos por nuestros buenos actos y reprendiéndonos por los equivocados. Como consecuencia, aprendimos a distinguir lo que estaba bien de lo que estaba mal, y se estableció una conexión entre nuestras emociones y nuestras decisiones morales. Ahora, cuando actúo mal, mi cerebro genera una respuesta de dolor emocional, y «me siento» yo mismo mal. «Me pesa» haber hecho tal cosa.

Sin embargo, tú entiendes ahora que el psicópata está ajeno a todo esto: no puede amar, no puede ponerse afectivamente en el lugar de los otros (empatía), no tiene conciencia, porque *no pudo establecer la conexión entre las normas morales y la vinculación afectiva con ninguna persona*. Por consiguiente, sus emociones no lo castigan, haciéndole que se sienta mal, cuando hiere a alguien. (Más bien ocurre lo contrario, como explico más adelante.) No busques que se apene. ¡Empieza a preocuparte por ti! Te será mucho más útil.

¿Es todo psicópata un delincuente?

El agresor psicópata tiene más probabilidades que cualquiera de los otros de cometer otros actos antisociales (robar, estafar) y de ser más violento con otras muchas personas. También tenderá a abusar en mayor medida del alcohol o las drogas, pero no tiene por qué ser un delincuente habitual. La mayoría de los psicópatas no son delincuentes, no provienen del mundo de la marginación: *son psicópatas integrados*. Si han adquirido cultura y logran un autocontrol adecuado para funcionar en la vida social, incluso puede que «sólo» sean agresores psicológicos (eso sí, temibles, como podrás apreciar tú misma más adelante).

Se calcula que de un 20 a un 40% de los agresores de mujeres son psicópatas, y yo afirmaría que sin duda son los más peligrosos y sistemáticos de todos ellos.

El psicópata posesivo

Es el agresor más violento, el que más intensamente y durante más tiempo te hará sufrir. El que, si decide matarte, lo hará de forma muy premeditada.

El psicólogo y pensador Erich Fromm describió de manera precisa la motivación básica de esa personalidad, su...

> impulso hacia el control completo y absoluto sobre un ser vivo, animal u hombre. Este impulso es la esencia del sadismo (...) [en el cual] el deseo de causar dolor a otros no es lo esencial (...) [sino] el tener un dominio completo sobre otra persona, convertirla en un objeto desvalido de nuestra voluntad, ser su dios, hacer con ella lo que se quiera. Humillarla, esclavizarla, son medios para ese fin, y el propósito más radical es hacerla sufrir, ya que no hay dominio mayor sobre otra persona que obligarla a aguantar el sufrimiento sin que pueda defenderse. El placer del dominio completo sobre otra persona (...) es la esencia misma del impulso sádico. Otra manera de formular la misma idea es decir que el fin del sadismo es convertir al hombre en cosa, algo animado en algo inanimado, ya que mediante el control completo y absoluto el vivir pierde una cualidad esencial de la vida: la libertad.

Para Fromm son personas que se oponen a la vida, que buscan en el empleo de la fuerza su modo de sentirse con identidad propia. Los llamó «necrófilos», para destacar esa atracción por la muerte (necrofilia):

> Es característico del necrófilo su actitud hacia la fuerza. Fuerza es, según la definición de Simone Weil, la capacidad para convertir un hombre en un cadáver (...). Toda fuerza se basa, en última instancia, en el poder para matar. Puedo no matar a una persona, sino únicamente privarla de su libertad; quizá quiero sólo humillarla o despojarla de sus bienes; pero haga lo que haga, detrás de todas esas acciones está mi capacidad de matar y mi deseo de hacerlo (...). El uso de la fuerza no es una acción transitoria que le imponen las circunstancias, es un modo de vida.

De ahí la gran amenaza para el necrófilo «...una amenaza a su posesión es una amenaza a él mismo; si pierde la posesión pierde el contacto con el mundo (...). Ama el control, y en el acto de controlar mata la vida. Se siente profundamente temeroso ante la vida, porque por su misma naturaleza es desordenada e incontrolable».

El psicópata posesivo se ilustra en dos casos muy parecidos.

> María S., de 32 años, señala, una a una, diversas partes de su cuerpo para subrayar el relato de los quince días de encierro y malos tratos en un piso de Valencia a los que, según ella, la ha sometido su compañero sentimental. Muestra una pierna amoratada, la radiografía de una costilla rota, las escoriaciones y hematomas que le recorren la espalda, el aspecto desmejorado por los kilos perdidos durante el encierro —«apenas me daba de comer»— y los trasquilones que su pareja le ha hecho en el cabello y que oculta bajo un gorro.
> Los bomberos la rescataron el pasado jueves a mediodía por el balcón del tercer piso, después de que pidiera

auxilio a los vecinos. Pero María aseguraba en la tarde de ayer que aún seguía atenazada por la angustia y el miedo. Acompañada por su madre, una de sus cuatro hermanas y su hijo de tres años, aguardaba a la puerta del Juzgado de Guardia a que concluyera la declaración de su compañero sentimental. L. E., nacido en Nigeria y de unos 40 años, detenido por la mañana y que niega todas las imputaciones. Una postura que finalmente no convenció al titular del Juzgado de Instrucción número 18 de Valencia, Carlos Esparza, quien anoche ordenó su ingreso en prisión incondicional.

«Es que si lo hubiesen dejado en la calle me marcho de Valencia», repetía una y otra vez María, temerosa de que las «agresiones y secuestros» se repitan en el futuro. Cuenta que durante los cinco años de relación sentimental con este hombre ha presentado media docena de denuncias contra él, pero «no ha servido de nada».

Lo denunció por encañonarla con una pistola, por romperle una botella en la cabeza cuando estaba embarazada de ocho meses y por diversas palizas. No obstante, reconoce que retiró algunas denuncias porque «la obligó a hacerlo con amenazas». Su madre y hermanas también presentaron denuncias contra él porque «las amenazó con matarlas».

Tras la última denuncia decidió abandonarlo. «Pero hace quince días me encontró por la Gran Vía», recuerda, «me metió en el coche de un empujón y me llevó a un descampado, donde me pegó una paliza brutal». De allí, asegura, la condujo al piso, de donde sólo pudo salir el pasado jueves, gracias a la intervención de los bomberos.

María asegura que, durante el supuesto secuestro, los golpes formaban parte de la rutina diaria. Igual que el hambre, que tenía que engañar con los escasos alimentos que él le daba: «Me decía cuándo podía comer y cuándo podía ir al baño».

Tardó dos semanas en intentar evadirse del piso-calabozo, porque siempre había alguien vigilándola. «Cuando él se marchaba se quedaba su sobrino y controlaba todos mis movimientos», explica María. Uno de sus escasos encuentros durante el encierro fue la presencia del hijo de tres años que tuvo con su compañero. Cuando llevaban el niño al colegio, ella mataba el tiempo con las tareas domésticas, viendo la televisión o escuchando música. Intentaba estar activa para no pensar en «los golpes que me esperaban».

¿Por qué L. E. le ha cortado varios mechones? «Un día vi mi cabello envuelto en papel de periódico, me explicó que iba a mandarlo a su país, para que me hicieran un rito de brujería que me causaría un gran daño», comenta.

El siguiente caso de Málaga todavía es más impresionante: el sadismo es mayor, más controlado; la posesión más absoluta: el asesinato.

Los hechos se produjeron sobre las 3.30 de la madrugada. Alrededor de las 6.00, el joven, de 32 años, se entregó en la comisaría de Fuengirola: «He matado a mi mujer», confesó (...). El propio padre del detenido fue el que sobre las 4.20 horas llamó al servicio de emergencias 061, aunque, según recoge el parte del aviso, éste dijo que la joven llevaba «así» una hora. «Así» era una parada cardiorrespiratoria... [a pesar de los esfuerzos de los médicos, la chica murió a las 7.00 horas].

Antonio S. N. tenía antecedentes por maltratar a sus parejas. La propia María Lisa lo había denunciado el pasado 9 de septiembre [de 2000] en la comisaría de Marbella por haberla retenido contra su voluntad durante cuatro días en una vivienda de esa localidad. Entonces, fue liberada por su madre y un tío.

Las agresiones fueron también el motivo esgrimido por su anterior mujer, con la que sí estuvo casado, para tramitar la separación. El Instituto Andaluz de la Mujer confirmó que incluso por esta razón se le retiró la patria potestad de sus hijos. Además, la Comisaría Provincial indicó que tenía antecedentes por delitos contra la propiedad.

Bien, aquí tenemos un sujeto muy peligroso: ¡las señales eran meridianas! Delincuente habitual, maltratador de su esposa anterior, retuvo a su pareja durante cuatro días... ¿Por qué nadie advirtió, por qué nadie actuó para impedir un muy probable acto de gran violencia?

La información facilitada por la Delegación de Salud era escalofriante. Hematomas por todo el cuerpo, fracturas diversas, las costillas flotantes rotas, parálisis intestinal, desnutrición y deshidratación. Estos dos últimos datos, junto a las marcas en los tobillos y las muñecas, hacen sospechar que la joven no sólo habría sido atada antes de su muerte, sino que podría haber permanecido así durante varios días.

Esta hipótesis fue reforzada por la afirmación de un vecino que comentó que hace un par de días llamó a la puerta del agresor, sin que éste le dejara entrar. «Por el cuadro clínico y los signos externos tenía aspecto de no haberse alimentado durante algunos días y de que las agresiones habían sido reiteradas y brutales», apuntó una fuente de la Delegación de Salud.

El psicópata posesivo puede canalizar toda su energía en el abuso psíquico, en la tortura psicológica. El capítulo siguiente se ocupa de este tipo de abusos. Pero la estructura motivadora es la misma: control, dominio, poder, sentirse Dios. El posesivo que agrede brutalmente o asesina añade a lo anterior el placer sádico de infligir dolor o el deseo extremo de castigar, de «dar una lección» suprema a través de la muerte de su pareja o ex pareja. Este deseo final está precedido por la cólera incontenible que exige el acto de violencia final. Frente a esto, al agresor psicológico psicópata le basta la muerte lenta, el sufrimiento del juego diabólico, el saber que su presa no puede escapar.

El psicópata instrumental[2]

Su violencia suele ser menor, aunque —si lo considera oportuno— puede llegar al asesinato. Este sujeto, sí, es un psicópata, pero su deseo de control no se dirige a la posesión absoluta de su compañera, sino lo que pretende es que ésta lo sirva, le haga más fácil la vida, lo provea de refugio y de dinero... «Instrumental» significa que la dejará por una «opción» mejor, mientras que el posesivo sólo la dejará si ella logra escapar. Su fuerte es la agresión psicológica y la manipulación: tienen mayor autocontrol que los psicópatas posesivos, y sólo recurren a la violencia «cuando no hay más remedio».

Un caso de asesinato protagonizado por un psicópata instrumental fue el de Richard Klinkhamer, un «ermitaño intelectual» holandés de 62 años, quien se confesó el autor de la muerte de su esposa, la cual «había desaparecido» nueve años antes.

La pareja ocupaba una casita rural en Ganzedijk, al norte del país, en cuyo huerto el escritor, en su faceta de

---

2. En mi libro *El psicópata* empleé el adjetivo «parásito» en vez de «instrumental». Me estoy refiriendo al mismo personaje, sólo que creo que «instrumental» se ajusta mejor a su motivación predominante. «Parásito» indicaría que siempre busca vivir a costa de la víctima, mientras que «instrumental» revela que lo que pretende es emplearla de cualquier modo que le plazca, con la finalidad de obtener algo de ella, y no necesariamente el dinero o el bienestar, por más que éste sea uno de los propósitos más habituales.

artista plástico, creaba sus esculturas a base de osamentas humanas y animales. Allí siguió viviendo hasta que en 1997 decidió trasladarse a Amsterdam. Unas excavaciones ordenadas por los nuevos inquilinos para adecentar el jardín sacaron a la superficie unos restos humanos. Los peritos forenses determinaron que la dentadura pertenecía, sin género de dudas, a la mujer de Klinkhamer.

El excéntrico autor reconoció que, durante una discusión, golpeó a su esposa con un objeto contundente en la cabeza (…), cavó una fosa de 1,60 metros en la caseta donde almacenaba sus herramientas y la enterró bajo un manto de tierra, cemento, piedras y ladrillos. Los investigadores creen ahora adivinar que el resto de los detalles pueden encontrarse en el argumento de su novela inédita (*Miércoles, día de la albóndiga de carne*): la descripción minuciosa de la forma en que, la noche de un miércoles, un asesino se deshace del cadáver de su esposa utilizando una trituradora de carne.

Los psicópatas nos ven como meros instrumentos de sus fines. En el caso de este «artista intelectual», su propio asesinato era la trama de una novela con la que hacerse famoso. Cuando desapareció su mujer, dijo sentirse hundido, ya que ella era «absolutamente el amor de mi vida». Pero en el libro daba siete versiones distintas de la desaparición de su esposa. «El lector debe sacar sus propias conclusiones», dijo en una entrevista de radio en 1994, cuando no había todavía ningún editor interesado en su libro. Ahora, sin embargo, ya en prisión, dispone de varias ofertas. Su mujer, finalmente, le sirvió para hacerse célebre.

Pero la mayoría de los psicópatas instrumentales se contentan con influir en nuestra vida de un modo menos drástico. El relato que me contó Amalia es un exponente meridiano de lo que significa querer destruir a alguien. Comprueba cómo la persona que acudió a mí ya estaba dotada de esta sabiduría que confiere la vida cuando uno se curte un tiempo «en el infierno». Al mismo tiempo, podrás encontrar muchas de las características definitorias de la psicopatía mientras Amalia relata los hechos más sobresalientes de su convivencia.

He compartido tres años de mi vida como novia, doce como esposa y casi cuatro ya como ex esposa de una persona que no llego a comprender. Tengo un hijo de 15 años que desde hace dos vive con su padre y no quiere saber nada de mí, salvo para chantajearme o decirme cosas crueles, y una hija de ocho a la que intento con todas mis fuerzas salvar de la absorción que intenta continuamente su padre. Desde hace un año —yo tengo actualmente 34— formé una nueva familia con un hombre maravilloso, y que me comprende, ayuda y apoya absolutamente en todo. Hemos constituido una familia: él, sus dos hijos, mi hija de 8 años y yo. Vivimos en armonía y en un clima de cariño y respeto, sólo alterado por las intromisiones que a través de mis hijos sigue haciendo mi ex marido, fundamentalmente sobre mi hija, que es la más débil. El resto de mi familia no acaba de entender la complejidad del problema, *no me apoyan como yo necesito, viven aún con el miedo a las reacciones de mi ex marido y ahora a las de mi hijo, haciéndome incluso culpable de casi todo lo que me ha ocurrido.*

Creo que no es necesario que le cuente con demasiado detalle cómo ha sido mi relación de pareja con el padre de mis hijos, se la resumo brevemente. Primero me conquistó con bonitas palabras de amor, romanticismo, me ofrecía una vida llena de sensaciones que pocos mortales podrán vivir, con algunos regalos —aunque siempre fue un tacaño con todo lo material— y, sobre todo, por la diferencia de edades y nivel cultural (...)

me encandiló. Me casé nada más cumplir los 18 años y quedé embarazada en ese momento; vivía ya con la esperanza de que me aceptara de igual a igual y dejase de someterme a pruebas constantemente para demostrarme lo torpe, lo cría o lo imperfecta que era. Por supuesto, a la vez que iba destruyendo todo mi mundo de amistades e incluso buenas relaciones con los miembros de mi familia, iba bajándome la autoestima y sometiéndome a toda clase de maltrato psicológico, además de pegarme en varias ocasiones y amenazarme brutalmente en muchas otras —ahora estoy segura de que no me pegó más porque yo me callaba, me escondía, le suplicaba y le decía todo lo que quería oír, haciéndome culpable y pidiéndole perdón.

Con los años yo terminé mi licenciatura y encontré un trabajo en una empresa importante de moda. Él ya era, además de biólogo, doctor en psiquiatría y con experiencia en terapias clínicas como paciente y como profesional con adolescentes. Esto lo hace ser especialmente peligroso, como podrá comprender. Es experto en manipular la mente de adolescentes (...). Hace algunos años reuní las fuerzas para separarme. Busqué ayuda psicológica y jurídica y logré, no sin estrategias con él para no desencadenar toda su agresividad y violencia, la separación de mutuo acuerdo, quedándome con la guardia y custodia de mis dos hijos, entonces de diez y tres años de edad. Los primeros meses no paró de agasajarme con regalos y promesas de cambio, chantajes de amenazas de suicidio y manipulación de todos los miembros de mi familia, compañeros y amigos. Lo peor fue el chantaje emocional que hizo a los niños, sobre todo al niño, por ser mayor y varón, comprándolo mediante regalos inmerecidos y desorbitados. El niño comenzó a hacerme la vida imposible, negándose a aceptar todo tipo de reglas básicas de higiene, comportamiento y convivencia, y maltratando psíquica y físicamente a la niña pequeña —repetía y aún repite la forma y manera en que el padre me ha maltratado a mí y que él ha presenciado desde que nació, aunque ahora justifica esos malos tratos diciendo que me los merecía con toda seguridad.

Desde hace unos meses, cuando mi ex marido ya tenía el control total de mi hijo, comenzó de lleno la misma «terapia» con mi hija. Ahora, su padre y su hermano trabajan al unísono para lavar el cerebro de la niña en contra mía y de la familia que he formado. La niña es genéticamente muy diferente al niño, es más extrovertida, muy positiva, risueña, abierta, sincera, noble y es feliz con mi pareja, a la que quiere y asume realmente como padre, y con sus hijos, a los que llama «hermanos adoptivos». El padre trata por todos los medios de desestabilizar esta familia creando inseguridades y cargos de conciencia en la niña.

Es notable el coraje de Amalia a la hora de hacer frente a un personaje que ha amenazado seriamente su cordura y su familia. Ella sabe que es tarde para salvar a su hijo —salvo que reaccione más tarde—, pero no para proteger a su hija. Y para ello, por duro que pueda resultar, ha de comprender cómo es realmente la persona a la que dio su amor de manera incondicional cuando era poco más que una adolescente. Con el reconocimiento de esa realidad, ha iniciado el camino de luchar por tener una nueva vida.

Un psicópata instrumental acosará si la presa se le quiere escapar, pero abandonará cuando ella le haga frente con unas bazas sólidas para respaldarla. Por el contrario, el posesivo necesitará ser detenido por la justicia, o bien por una razón igualmente poderosa (puede variar para cada persona; quizá la aparición de una nueva presa; o el hecho de que la víctima esté muy protegida por sus familiares y amigos). Pero generalmente la acción de la ley, si fuera contundente, sería la mejor arma.

Carmen Domingo sabe de lo que estoy hablando. Éste es su caso:

Durante quince años soportó, al igual que su hija mayor, vejaciones y golpes casi a diario de su marido, un funcionario público con problemas de ludopatía que cambiaba de domicilio cada vez que las deudas ahogaban a su familia.

La primera vez que acudió a una comisaría para denunciarlo, la disuadieron: «El policía me dijo que eso ocurría en todos los sitios y que lo que debía hacerle era una buena cena», recordaba ayer en Córdoba. El día en que intentó apuñalarla, el médico animó a Carmen a llevar por la consulta a su marido para recetarle tranquilizantes.

Llevaba diez años continuados de malos tratos cuando huyó por vez primera, pero regresó al ser descubierta y amenazada de muerte. «Tenía dos escopetas y un rifle, decía que le daba igual matar a un animal que a una persona». Su marido festejó el regreso con un nuevo embarazo y renovados golpes. Carmen tuvo su tercera hija en el mismo periodo en que, como resultado de las palizas, perdió varios dientes y se le dislocó un hombro. Logró romper definitivamente cinco años después, aunque para ello tuvo que huir a 500 kilómetros del pueblo de Castilla-La Mancha donde vivía.

Durante el juicio de demanda de separación soportó sus insultos y, lo que es peor, una sentencia absolutoria por los malos tratos: «Era mi palabra contra la suya, no tenía denuncias ni testigos y tuve que tragar con un informe forense que decía que me concedía la demanda de separación por la agresividad y aversión del marido hacia mí y mi hija mayor».

Desgraciadamente, la respuesta de la ley aquí brilló por su ausencia, aunque parece que la amenaza legal al fin detuvo el acoso y la agresión. Ella ahora convierte su terrible experiencia en una fuente de ayuda y consuelo para otras mujeres maltratadas.

Otro ejemplo de psicopatía instrumental revela la manipulación sutil de alguien que emplea el matrimonio como un trampolín para representar una normalidad social que, en un momento determinado, ya no le interesa mantener. Has de pensar que un psicópata tiene *gran dificultad para orientar su vida en un proyecto que tenga realmente sentido.* Abandonar a una mujer para que se sienta miserable después de haberla seducido, tener hijos y luego abusar de ellos en una atmósfera familiar de desprecio sistemático hacia la cónyuge, gastarse el dinero sin ningún criterio, hacer planes que sólo sirven para ocultar su irresponsabilidad y su busca de excitación y de diversión sin cuento... *Cualquier cosa tiene sentido en un psicópata:* ellos participan en muchas conductas que sólo tienen sentido desde su propia perspectiva; son las que ellos quieren hacer, las que les apetecen, las que en esa época les producen mayor satisfacción, las que les sirven para sentirse «a tono» con el mundo. Veamos lo que nos cuenta Marina.

> Voy a relatar unos hechos, que a primera vista parecen increíbles e inconexos, pero que seguramente no lo serían si tuviéramos las respuestas que los unen; desgraciadamente sólo las tienen los culpables de que todo sucediera. Desde luego, y de ello estoy bien segura, no son invenciones mías. Voy a ordenar todo cronológicamente, como me pidió:
>
> Septiembre de 1988: conozco de manera casual a mi ex marido. Nada serio. Yo estudio quinto de medicina, él finaliza arquitectura.
>
> Diciembre de 1988: comenzamos a salir. A lo largo del noviazgo encuentro irregularidades que me llaman la

atención, pero sobre las que no reflexiono: rechaza el contacto físico en público (besos y abrazos), relaciones sexuales esporádicas, y en otras ocasiones ni siquiera eso. Realiza alguna entrevista de trabajo fuera de Asturias sin que yo me entere hasta que se va. Su primer «te quiero» me lo dice telefónicamente, después de que yo le dejara acompañarme a mi casa por primera vez (a los 3-4 meses de salir). Yo vivo en un pueblo, en una casa con finca, pero construida con las manos de mis padres; denota una situación económica que no se corresponde con la realidad.

En 1990 él está en la mili, y al año siguiente comienza su primer trabajo en prácticas. Yo apruebo el MIR para oftalmología. A la hora de escoger mi destino, dado que en Asturias no puedo, voy a Galicia (ya teníamos planes de boda y allí me dice que tiene influencias y posibilidades de trabajar; concreta un sitio, cerca de Ferrol); por supuesto, escojo Ferrol.

1992. La fecha de la boda se pone en junio, ya que es cuando termina su contrato de prácticas. Yo vivo sola en Ferrol (sin compañeras de piso) porque me voy a casar y se supone que él se vendrá conmigo. En agosto me entero (con un mes de retraso) de que ha renovado contrato con la empresa y lo ha firmado ya. Me convence de que va a buscar trabajo igual y que, nada más que lo tenga, se viene conmigo. El tiempo pasa, y los enchufes que decía tener «ya no funcionan y el trabajo está mal»; por supuesto si yo le enseño anuncios de la prensa local se enfada. Mi primera depresión. No recibo consuelo, sólo palabras duras porque para él su trabajo es lo primero. Nos vemos sólo los fines de semana (o voy o viene).

La detección de un psicópata se hace obvia en un matrimonio cuando vienen los niños. No hay manera de que puedan disimular su falta de sentimientos amorosos para con ellos. Pueden fingir cuando van de visita, pero no tienen ninguna necesidad si pueden cobijarse en el anonimato del hogar. No tienen por qué odiarlos; simplemente, no les interesan.

Mis primeros problemas de salud (enfermedades de transmisión sexual, aborto). Pendiente de ser ingresada y estando sola, él se va igual a trabajar a Asturias y me deja que me las arregle.

1993. Consigo rotaciones en Oviedo para estar unos meses aquí. Mi primer embarazo.

1994. Consigo rotar de nuevo en Oviedo. Tengo a Lucía. Después del permiso de maternidad vuelvo a Ferrol con la niña yo sola. *Comienzo a darme cuenta de que la niña le importa muy poco y de que no se hace cargo de la situación ni de las responsabilidades que tiene que asumir. Llega, cena y se va a la cama.* Tema único de conversación: «Qué sueño tengo». Yo, por supuesto, trabajo, hago guardias de 36 horas, cuido de la niña y de la casa. Si el bebé se despierta llorando, arma verdaderos jaleos porque quiere dormir, asustando todavía más a la criatura y sacando a relucir un verdadero repertorio de tacos. No tiene paciencia para acunarla, no quiere darle una papilla («Déjala sin comer tres días, ya verás cómo come mejor»).

Cuando estoy en Oviedo, vivimos en casa de mi madre, por lo que tengo ayuda. Cuando estoy en Ferrol, vivo sola y sólo tengo a una chica para la jornada de trabajo. En ocasiones llegué de trabajar a las 3 de la tarde y había acostado al bebé sin comer *(porque se le pasó)*. En una ocasión llego a las 11 h, después de una guardia, y descubro que está enferma. Él no se había levantado de la cama. Le digo que hay que ir rápido al hospital y me dice que él primero tiene que desayunar (por supuesto esperamos). Tenemos un sueldo cada uno de unas 100.000 ptas., pero él siempre está en números rojos y le tengo que hacer transferencias. Dice que sólo tiene la letra del coche y que les paga a sus padres por vivir con ellos entre semana un dinero (30.000 ptas.). Esto último fue negado por ellos. Yo, tengo que pagar a la canguro, el alquiler del piso y todos los gastos que conlleva.

83

1995. Quedo de nuevo embarazada y sigo cuidando de Lucía mientras termino el MIR (estoy en el último año). Me sigo viendo sola y observando como él vive en su mundo. Por las noches me suele llamar por teléfono desde su casa y me cuenta lo cansado que está; si yo le cuento lo propio, me dice: «Pues haz como yo, vete temprano a la cama». En diciembre acabo el MIR. Me vuelvo a casa para dar a luz a Ismael. Fue un parto rápido por la mañana; mientras duró el periodo de contracciones no lo desperté, dado lo aficionado que era a dormir y cuando decidí que ya era la hora lo llamé para ir a la Maternidad. Allí no estaría ni una hora. Después él se fue a casa a dormir «porque estaba muy cansado» y no volvió hasta la noche (20 horas). Al día siguiente fue a trabajar y no vino a buscarnos a mí y al niño a la Maternidad porque «podía hacerlo mi madre».

Un psicópata instrumental intentará que su víctima quede aislada, no tanto por necesidad de control, cuanto por comodidad y desinterés por relacionarse con gente de la que no puede obtener nada.

1996. Ya tenemos dos hijos y yo vengo con mi título de oftalmóloga bajo el brazo. Tenemos unos pequeños ahorros, pero dado que no disponemos de casa, vivimos con mi madre. Comienza el declive acelerado de la pareja al convivir los siete días de la semana. La pareja era defectuosa en cuanto a relaciones sexuales y en todo lo mencionado ya. Además, nuestras relaciones con los amigos fueron desapareciendo. Mi grupo de amigas de soltera se quedó en Asturias y durante los cuatro años del MIR apenas sí las vi en contadas ocasiones. De todas maneras él las consideraba «raras». Mis nuevos compañeros y amigos de la residencia formaron un grupo con el que salíamos al principio los fines de semana para ir conociendo Galicia, pero pronto se empezó a quejar de que las excursiones lo cansaban y que los fines de semana quería descansar.

Poco a poco empezamos a quedarnos en casa y su diversión consistía en levantarse a las 12 sábados y domingos, dormir la siesta y ver la tele en la cama por las noches. Luego, cuando llegaron los niños, dado que no teníamos familia en Galicia, ya no podíamos salir sin ellos; (y si me descuido tampoco con los niños, ya que simplemente ir al parque se convertía en todo un reto, ya que tenía que preparar a la niña y si me descuido, vestirlo a él también). En resumen, mi vida era mucho más organizada y descansada por la semana cuando no estaba él. Cuando llegué definitivamente a Asturias, la situación no cambió; sólo salíamos en contadas ocasiones para ir con sus amigos o para ir al cine (3-4 veces al año). Las fiestas lo aburrían y además tenía que descansar y no quería trasnochar; salir a tomar una copa después del cine era imposible («No voy para ir de copas») y excusas ridículas. Mi vida se convirtió en un auténtico aburrimiento siempre en casa o trabajando. Él, en su trabajo todo el día.

Hay psicópatas que triunfan en su profesión, pero es difícil que sea un éxito sostenido, o que se realice sin engaños ni trampas. Su tendencia natural al placer, a implicarse en actividades incompatibles con el rigor de las obligaciones laborales, se lo impiden.

Laboralmente, él fue progresando en su empresa de mano de su jefe y se convirtió en director de Proyectos. *Parecía una persona muy inteligente y muy honesta.* Cuando llegué a Asturias, a dicho jefe lo echaron y desde entonces lo fueron relegando de puestos de manera degradante y en breve espacio de tiempo. Él me contaba que era porque le tenían manía por haber sido la mano derecha de su antiguo jefe, pero resulta que otros compañeros que también habían sido pupilos de este señor, paradójicamente ascendían en la empresa. Decía que sus nuevos jefes eran unos incompetentes y que no tenían ni idea de cómo llevar las obras. Sin embargo, a mis oídos llegaron frases como «A Enrique (mi ex marido) no hay que hacerle ni caso», refiriéndose al trabajo. De 1996 a 1998 su prestigio profesional decayó de tal manera que ya no lo llamaban a las reuniones de la empresa (mi ex decía que era para que no supiera demasiado de los líos que se traían entre manos) y a partir de febrero del 98 lo pusieron en el turno de la noche (entraba a las 22 y salía a las 8 de la mañana) *haciendo las labores de vigilante* (¡en vez de las de arquitecto!). A todos los que consultaba me decían que nunca en las obras había arquitectos de turno de noche, a lo sumo podían estar localizables por si pasaba algo. Si yo le manifestaba que lo estaban degradando, se enfadaba mucho y decía que yo no lo entendía, que era un voto de confianza de la empresa (¿?). Me dijo que el plus de nocturnidad tampoco lo cobraría, porque lo habían amenazado.

Al principio confiaba en que mi marido era muy capaz, pero con el tiempo comencé a dudarlo, porque aunque tenía un título sacado y con relativas buenas notas, en la vida práctica no tenía esa capacidad de resolución o de ingenio que se le presuponía; ejemplos a patadas, pero sólo voy a señalar uno: una vez que fue a poner el termómetro a un niño (era de mercurio) en vez de sacudirlo para que bajara *lo metió en el congelador*. Yo, viendo que sus otros dos compañeros iban subiendo, mientras él descendía, comencé a dudar de su capacidad y le preguntaba por las relaciones con su nuevo jefe, pero él sólo respondía que: «es un incapaz» o por las relaciones con los capataces, pero me decía: «se creen que lo saben todo y desconfían de mí porque tengo nuevos métodos». En la obra se hacían ilegalidades de todo tipo y él era el único honrado. Una vez le pregunté claramente si obedecía a su jefe y me dijo que hacía lo que él consideraba que era lo mejor, porque su jefe siempre lo pillaba en algo, en algún dato que no podía controlar y que optó por pasar de él.

Muchas veces detrás de un psicópata nos encontramos con familias que comparten una visión egocéntrica del mundo; no es extraño hallar que uno o los dos padres de este personaje comparten rasgos psicopáticos. Aunque puede ocurrir, simplemente, que el aquejado de este trastorno los haya manipulado y engañado, llegando a apoyar a su hijo en su visión del mundo y en sus actos.

Ahora voy a describir las relaciones de mi ex marido con mi familia y de mis relaciones con sus padres. Aparentemente parecía un marido y un yerno modélico, que nunca levantaba la voz ni ponía una mala cara, sin embargo, *con el tiempo fui aprendiendo a conocerlo superficialmente* y descubrí que nunca decía no, pero se las arreglaba para hacer su voluntad siempre. Si mi madre nos pedía ayuda en el campo, en vez de hacerlo solía decir: «Deje, deje, que ya lo haré yo, pero ahora no». Pero el momento nunca llegaba y tenía que hacerlo sola. Eso sí, cuando el trabajo estaba realizado decía: «¿Para qué lo hizo?, ¡si lo iba a hacer yo!». *Pasaba absolutamente de todas nuestras necesidades* (y eso que mi madre era viuda y nos tenía en su casa mantenidos) y nunca tenía tiempo para nada; siempre se escudaba en su trabajo y yo creo que venía más tarde de lo que se le exigía por no estar en casa y tener que participar de las obligaciones familiares. Yo era quien tenía que sacar tiempo para resolver cualquier contratiempo o papeleo que surgiera al matrimonio. Respecto a mis suegros tengo que decir que veían por los ojos de su hijo (el pequeño tras cuatro mujeres). Era un dios y yo «la que me había aprovechado de él». Estaban siempre en la casa de mi madre de visita, casi a diario y durante la tarde entera; además traían al resto de su familia y amigos con ellos. Poco a poco, a la par que su familia se introducía en nuestro hogar, mis familiares iban espaciando sus visitas, porque sin decir nada la actitud de mi ex marido les hacía notar que no eran bien recibidos (se metía en la habitación y no salía a saludarlos, pasaba por su lado decía un «hola» y desaparecía sin dar más conversación o estaba con todos y en vez de participar en la conversación encendía la tele y hacía ver que estaba a lo suyo).

Poco a poco llegó un momento en que la única visita que recibíamos era la de la única hermana de mi madre y de mi abuela. Voy a hacer un inciso sobre mi abuela: siempre quiso mucho a mi ex, «como si fuera un nieto» solía decir, *por su aparente* buen carácter y comportamiento. Parecía que el cariño era recíproco, pero un día enfermó y fue hospitalizada. Mientras duró su ingreso y sabiendo que estaba grave, sólo acudió una vez a verla y de compromiso porque se estaba muriendo. Cuando llegó la hora de los funerales, no ayudó en esos momentos a organizar todos los trámites que se requieren, no se ofreció a nada, y tuvieron que ser otros familiares los encargados (y con una relación de parentesco más lejana). Por supuesto, no se sintió afectado lo más mínimo.

Económicamente siempre tuvimos, desde que vine, buenos ingresos (yo encontré trabajo, no pagábamos alquiler y mi madre nos mantenía para que ahorráramos). Sin embargo, el dinero a veces volaba y había unos gastos exagerados, aún más si tenemos en cuenta que la vida social era cero y cero por tanto los gastos en ese sentido. Ni siquiera íbamos de vacaciones. Descubrí entonces que él tenía una cuenta a su nombre en un banco, en la que realizaba aportaciones en secreto desde un año atrás. Al preguntarle qué significaba aquello, me dijo que era un dinero que ahorraba para una hermana soltera; yo me lo creí y ni siquiera hablé con su hermana para ver si era verdad. Seguía siendo muy confiada y no controlaba gastos porque creía en su buena fe. Es él el que haciéndose el ofendido, se puso a controlar sus gastos personalmente.

El psicópata instrumental vive a costa de engañar; ordena su mundo con su visión peculiar de las cosas, perspectiva que intenta pasar por «lógica» y «razonable» ante los demás. Muchas veces, su falta absoluta de responsabilidad, su incapacidad para hacerse cargo de sus obligaciones (como padre, esposo o trabajador) pasa desapercibida ante mucha gente.

Viendo que mi madre no puede sacrificarse para que ahorremos y que él ahorra teóricamente para su hermana, decidimos arreglar una casa vieja de mis padres. En parte ya había sido arreglada por ellos y en cierto modo las nuevas obras las pagó mi madre. El trabajo de pelear con obreros, albañiles, hacer trabajos en la obra (para abaratarla) fue mío y de mi madre. Él nunca estaba en casa. Sin embargo *es a raíz de ahí cuando descubro que vende a los demás su versión de la realidad:* llegan amigos suyos a la casa y comentan lo mucho que Enrique les dice que está trabajando en ella o las ideas tan geniales que tiene. En resumidas cuentas, ¡él era el encargado de todo! *Sus padres comienzan a decir que tenemos explotado a su hijo, y que trabaja más de lo que debe.* La obra concluyó y aunque él no tenía ninguna gana de que pasáramos a vivir solos, yo decidí que era ya hora de independizarse. Ocurrió en febrero de 1998. A partir de ahí *comienza la película.*

En febrero, marzo, abril y mayo de 1998, trabaja por las noches, duerme por las mañanas y las tardes las pasa en el despacho. Recibe documentación de su empresa con el sello de «confidencial» y recibe visitas de personas, algunas vinculadas con su empresa y otras no. Se encierra y oculta de mi atención las llamadas de teléfono.

Ya no se queja de sueño. El rechazo físico es cada vez más aparente, ya que siempre que yo me acuesto él se levanta y cuando yo decido levantarme él se acuesta. Planeamos ir de vacaciones (las primeras desde 1993) y para eso nos ponemos de acuerdo en el turno de vacaciones, coincidiendo quince días en junio.

Junio de 1998. Me cuenta que quiere poner una consultoría financiera con dos compañeros porque «está harto de su trabajo». Me confiesa que esos dos compañeros lo han «traicionado», que quieren apuntarse sus éxitos delante de los jefes y que por tanto la relación con ellos se ha enfriado mucho; sin embargo observo que son las dos personas que más lo llaman por teléfono y a quien él pide consejo o vienen a la casa más a menudo. Pese a mi oposición de asociarse con alguien en quien no confía, sigue adelante con su idea.

A última hora me avisa que ha cambiado la fecha de las vacaciones suyas (sin previo aviso) porque «era un mal momento para la empresa»; por supuesto las pone no coincidentes ni en un solo día con las mías. Adiós a las vacaciones familiares.

Enrique se mete en proyectos oscuros, en Sudamérica, pero el dinero no se ve por ninguna parte. Marina toma precauciones, y hace separación de bienes. Su vida profesional, entonces, es un laberinto que ella no puede desentrañar. Pero lo peor estaba por venir.

En los dos años que convivimos desde que vine de Ferrol, su desinterés por los niños era evidente. Podía jugar un rato con ellos, pero al momento los trataba con dureza; no tenía paciencia. Buscaba no tener que atenderlos, y si yo no estaba en casa por motivos de trabajo, tenía que estar siempre la niñera para no tener que encargarse él. Además, no quería venir con nosotros a la playa (tenía que buscar a otro familiar), no quería salir de paseo todos juntos, porque si entrábamos a tomar algo y los niños lloraban o estaban revoltosos no lo soportaba y había que marcharse. Las relaciones sexuales brillaban por su ausencia. Las relaciones sociales no existían; muy esporádicamente salíamos con sus amigos. No había cenas ni comidas con los compañeros a las que yo pudiera asistir, ni siquiera con los que luego fueron sus socios, que solían salir a cenar juntos. Si yo se lo insinuaba, él decía que «no parecían receptivos». En definitiva, si no fuera por el trabajo, un aislamiento total.

La vida nocturna que comencé a descubrir fue a raíz de pasar a vivir solos y sobre todo después de que le hicieran de regulación de empleo: vivimos en un pueblo de verdad, con cuatro vecinos alrededor. A las 12 de la noche el silencio es total. Pues descubro que, al rato de acostarme, comienzan a oírse ruidos en el tejadillo que hay en un lateral de mi casa, como si estuvieran andando por él. Él, a pesar de su fino oído, nunca oye nada y no se levanta. Dice que pueden ser zorros que quieran entrar al gallinero. Comienzo a notar que en ocasiones las ventanas del garaje de la casa amanecen mal cerradas (cuando yo siempre las reviso antes de acostarme).

La homosexualidad puede ser un comportamiento tan esperable en un psicópata como cualquier otra conducta que le depare excitación o placer. En todo caso, él puede haber tenido esta tendencia desde joven, sólo que ha esperado para manifestarla hasta que él lo ha creído conveniente.

Un día a primera hora de la noche cuando venía de trabajar, mi madre se lo cruza en coche por una ruta que no era la habitual de regreso del trabajo. Se lo comenta como quien no quiere la cosa y niega totalmente que fuera él. *Comienzo a pensar que me engaña con otra*, aprovechando el turno de noche y de hecho lo llamo varias veces al trabajo, pero nunca está. Luego, después de la regulación de empleo, esos ruidos nocturnos se incrementan y se hacen diarios. Comienza a acostarse después que yo y veo que deja unas luces exteriores de la vivienda encendidas a propósito, hasta que al parecer me duermo. Además quiere ser siempre él quien conecte la alarma. En una ocasión, para ver su reacción la conecto yo, a continuación la desconecta, sin excusa. Vuelvo a conectarla haciéndome la tonta y él repite lo anterior, así hasta tres veces. Le cuento esto a mi madre, que vive en una casa pegada a la nuestra. Comienza a vigilar desde la suya, dejando las persianas levantadas. A partir de entonces, mi ex comienza a advertirle por la noche que tiene las persianas levantadas, para que las baje.

Él se pone alerta y observamos un cambio, notamos que espía cada vez que mi madre y yo hablamos. Mi madre comienza a notar que las noches de los fines de semana hay un tránsito de coches intenso alrededor de mi casa, de madrugada (en torno a las 3 h). Conocemos los coches de los vecinos y aquéllos no eran del vecindario (hay cuatro casas, y ésos eran buenos coches). Suele ser habitual que se oiga abrirse o cerrarse la puerta principal de mi casa a altas horas de la madrugada. En ocasiones los coches van con los faros apagados.

Una vez que mi hermana salió de copas, a su regreso observó como un hombre salía de la parte trasera de nuestra casa (no podía precisar si del interior) a las 5 de la madrugada. Fue entonces cuando comenzamos a pensar que era homosexual. Comienzo a observar mejor el comportamiento de mi ex y noto que tiene ciertos días un ritual: mientras yo doy la cena a los niños, se mete en el cuarto de éstos (no en el nuestro), se ducha, se afeita y se acicala largamente. Luego deja alguna luz encendida exterior y se queda bajo cualquier pretexto trabajando o viendo la tele.

Aunque es improbable que sea tan violento como el psicópata posesivo, el psicópata instrumental puede recurrir a medios «poco ortodoxos» si lo ve preciso. Y acorralado, puede llegar a actos de violencia física.

A la mañana siguiente, comienzo a registrarle la ropa íntima y se la veo manchada de vaselina. Quiero descubrir lo que está pasando, pero incomprensiblemente, nada más cenar, un sueño totalmente desproporcionado se apodera de mí, y mareada, me tengo que acostar inmediatamente y me quedo frita. Aunque quiera velar y tengo miedo, el sueño me vence siempre. Además comienzo a padecer unos episodios bruscos de diarrea importante, que se presentan sin previo aviso en el trabajo, por las mañanas, y que nunca antes había padecido. Desde luego, después de separarme nunca más se repitieron. Los días en que esto me ocurría, al llegar a casa él me recibía diciendo: «Hoy he tenido diarrea, pero ya se me ha pasado». Por supuesto nunca tuve evidencia de que así fuera y ningún otro miembro de la casa lo padeció.

Comienzan las indirectas por mi parte y en una ocasión me responde: «Eres una investigadora de mierda». Una noche, me despierto al oírlo salir de la cama y me quedo escuchando. Baja a la planta baja (donde está su despacho y el garaje) y yo oigo abrirse una puerta que da al exterior (parte trasera a la que no accede él desde donde está). Tengo miedo y espero: al cabo de un rato de estar todo en silencio, decido bajar y al sentirme caminar sale a mi encuentro sobresaltado: «¿Qué pasa?», me dice, y me empuja a subir de nuevo. Viene conmigo a la habitación y al cabo de un rato, vuelvo a notar cómo se vuelve a cerrar la puerta. Corriendo me asomo a una ventana y él viene detrás pidiéndome explicaciones; sólo llego a tiempo de ver marchar un coche con las luces apagadas.

Ahí me planto y decido que mis hijos y yo merecemos un respeto y pongo las cartas boca arriba diciéndole que es homosexual. Él al principio lo niega y atribuye la vaselina a una leve irritación; pero al saber lo que mi madre y mi hermana habían estado observando, lo único que me pidió fue que no se lo contara a sus padres. Se marchó de la casa a la mañana siguiente (noviembre) y decidimos hacer una separación de mutuo acuerdo, con un régimen de visitas quincenal (en el domicilio) ya que sólo estaba interesado en guardar las apariencias y no quería atender a los niños. Al mes estaba todo legalizado y yo no dije nada, ni siquiera a los amigos comunes, para no forzarlos a que decidieran bando.

En ese tiempo, él sí contó su versión de la historia a amigos, a sus padres, a vecinos y a gente de mi familia que no sabía nada… Era la siguiente: yo estaba loca y lo acusaba de ser homosexual, cuando él me quería, etc. Por supuesto, regado el testimonio con lágrimas. Comenzó a salir de copas para olvidar, con sus amigos, con mis amigos de soltera y a contar sus penas a todo aquel que las quisiera oír. Durante 1999, *ese amor se transformó en una agresión física,* con lesiones que me duraron quince días (febrero), unos hechos que motivaron mi denuncia por sospecha de abusos sexuales al menor de nuestros hijos (febrero) y a partir de ahí he tenido cuatro o cinco denuncias, dos peticiones de ejecución de sentencia, y otras dos peticiones para modificar la pensión alimentaria (por supuesto nada más separarnos legalmente lo despidieron con una indemnización de casi seis millones y desde entonces no ha tenido suerte en el trabajo y pide retirar la pensión). Pero lo que más me preocupa es que a lo largo de este año los niños han ido diciendo una serie de manifestaciones y teniendo unos comportamientos que me hacen pensar que fueron víctimas de abusos sexuales por su padre. Ahora pide llevarse a los niños en un régimen convencional de visitas y yo sólo pido que éstas sean supervisadas, que *el futuro de mis hijos no esté en manos de una persona como ésta.* Pido ayuda a quien sea, porque de sobra sé que los abusos son difíciles de demostrar si no hay lesiones físicas, pero las secuelas psicológicas pueden permanecer durante muchos años o toda la vida. Le pido su opinión sobre la persona a la que me enfrento. Mi abogado desconoce lo que le acabo de contar, porque *no creo que lo creyera.* Es cierto como la vida misma, pero me da la sensación de que nadie me va a creer. *Todavía recuerdo las palabras de mi ex marido: «¿Quién te va a creer, no dormías tú en la casa?».*

Psicópatas mixtos

Como suele ocurrir, muchas veces las clasificaciones están lejos de ser perfectas. Hay casos que comparten las características de ambos tipos: posesivos e instrumentales. Este caso que sigue a continuación es un buen ejemplo de ello. Observa cómo hay deseo violento de posesión y necesidad de utilizar a su mujer, de vivir a su costa, de parasitismo. El psicópata posesivo no se preocupa del dinero que gane su mujer; no necesita de sus servicios materiales; los exige porque son evidencia de su papel de dominio. El instrumental, en cambio, no quiere hacer el esfuerzo de vivir sin el orden y el trabajo incansable de la persona que, por encima de todo, tiene *el deber* de atenderlo:

> María Barrero lleva catorce años visitando comisarías y juzgados en busca de un respaldo legal que blinde su vida de las amenazas del que fue su marido (…): cuarenta denuncias en comisarías, varios partes de lesiones, dos sentencias de divorcio del mismo matrimonio y otras dos en las que se impone a su ex marido que se aleje de ella. María, que cumplió 47 años el pasado viernes, ya no sabe qué hacer para que el hombre con el que estuvo casada durante trece años se aparte de su camino. Todas las acciones que ha emprendido recibieron la misma advertencia de su ex esposo: «María, o mía… o muerta».

Presta atención a la presencia de serios indicadores de violencia que estaban al alcance de la atención de María desde el comienzo de la relación: muchos celos y un control férreo. Aunque estos dos hechos no garantizan que vaya a ser un hombre físicamente agresivo, al menos son manifestaciones de abuso psicológico: *son ya conductas de abuso*. ¡Ninguna mujer debería tolerarlas!

> La historia de José R. S. y María nació en 1973. «Nos conocimos en un baile. Yo tenía 18 años (…). Acababa de quedarme viuda: mi primer marido murió de un infarto y tenía un hijo. Estuvimos 18 meses de relaciones antes de casarnos. Los primeros años fueron *casi normales*. Lo único que notaba eran sus celos.»
> María justificaba, por aquel entonces, el férreo control de José pensando que era lo normal en un hombre

enamorado, aunque confiaba en que con el tiempo se le pasaría. Pero no ocurrió así. Lo que al principio fueron peleas esporádicas, con el paso del tiempo se convirtieron en diarias. Cuando llegaba el fin de semana, José cerraba la carpintería y se iba con sus amigos de juerga. «Llegaba a casa de madrugada y borracho. Se disculpaba diciendo que sus amigos no lo dejaban volver a casa. Poco después descubrí que era alcohólico y... ahí comenzó mi pesadilla.»

Desde 1977 hasta 1987, María vivió años de malos tratos. «Me rompió la boca de una paliza; me puso un cuchillo en el cuello, a la vez que gritaba que iba a matarme, y cuando llegaba a casa borracho, me violaba, aunque él nunca reconoció que lo hiciera. Me decía: "Si eres mi mujer, siempre tienes que estar dispuesta a lo que yo quiera".»

Un sujeto con una psicopatía mixta es muy probablemente el más formidable enemigo que puede tener una mujer. No sólo será alguien muy violento, sino que intentará utilizarla como una esclava. Su agresión psíquica puede ser igualmente brutal.

Los abusos físicos le han dejado huellas a María en su cuerpo, pero los psíquicos, «aunque no se ven, han sido los peores». «La mía, ha sido, sobre todo, una historia de desprecios. Me decía que mis manos daban asco porque las tenía estropeadas de fregar suelos para dar de comer a mis hijos.» María y José tuvieron cinco hijos; las dos menores nacieron cuando el matrimonio libraba una batalla en su hogar.

«Las peleas más frecuentes eran por culpa del dinero. Quería dinero para beber, y cuando no tenía se ponía violento. Para que no le faltara nada a sus hijos, además de limpiar, tuve que ponerme a coser por las noches en casa.» María cuenta su historia con desapego, como si no fuera propia. «La gente me dice que soy muy fría cuando hablo, pero es que con el tiempo, y con todo lo que ha pasado, o te distancias un poco o te mueres. Y yo tenía que sobrevivir por mis hijos.»

En 1986 María presentó la demanda de separación y un año después la justicia la dejó libre de José. Pero aquel papel sólo fue un mero formulismo. Sus vidas seguían siendo paralelas. «Tenía seis hijos y ¿dónde iba a ir? Mi marido no quería marcharse de casa, pretendía que lo hiciera yo. Tampoco reconocía la sentencia de separación. "Yo no estoy separado porque no he firmado ningún papel", me decía. Así que no tuve más remedio que seguir el consejo de mi abogado e iniciar de nuevo los trámites para obtener de nuevo el divorcio.»

Once años después de la primera sentencia, en 1998, la convivencia entre María y José se acabó. «Aguanté once años a su lado, lavándole la ropa y preparándole la comida porque no tenía dónde ir. Me hablaron de las casas de acogida, pero con tantos niños era imposible mantenerlos todos juntos. Hace dos años, en uno de los ataques de furia, mi marido me echó de casa. Tan sólo estaban ya conmigo mis hijas pequeñas, los otros se habían independizado. Así que me atreví a dar el paso e iniciar una nueva vida. Alquilé un pequeño piso y me dispuse a pasar página. Creía que la pesadilla había acabado, pero me equivocaba.»

La persecución se recrudeció cuando José se encontró solo en casa. «Hagas lo que hagas, siempre serás mía», le dijo. Y el sentimiento de posesión se apoderó de él con más fuerza. Descubrió dónde vivía y montó guardia en su portal para amenazarla. Se presentó en el banco en el que trabaja de limpiadora y recomendó a sus jefes que la echaran. La perseguía hasta la cafetería donde tomaba habitualmente café para decirle: «Te estás cavando tu propia tumba». Marcaba el número de teléfono de su casa para amenazarla de día y de noche. Se agarraba a su coche cuando María intentaba huir de él. Le gritaba: «Te voy a meter un cuchillo de arriba abajo». La llamó puta cuando descubrió que había sufrido una intervención ginecológica.

97

Durante años, María ha sufrido una situación de tortura psicológica más sutil, quizás, que las palizas físicas, pero no por eso menos aterradora. José ha sido juzgado repetidamente por coacciones y amenazas y en muchas de ellas ha sido absuelto. Un juez ha decidido agrupar todas las denuncias y sentencias, de tal forma que se aprecie que no se trata de hechos aislados, sino de una conducta continuada.

«Tan sólo en 1998 puse más de treinta denuncias en comisaría y pedí dos órdenes de alejamiento. No ha servido para nada», se lamenta María, rodeada de los papeles de su batalla legal. «He querido contar mi historia para demostrar la indefensión que sufrimos las mujeres como yo. Me ha amenazado de muerte tantas veces que ya no recuerdo cuántas son. Ni la intervención de los jueces ni de la policía ha servido para nada.»

Hace tres meses, María rehízo su vida con un hombre separado. «He encontrado a alguien que me quiere. Me gustaría decir que soy feliz, pero no he podido pasar página. Ahora que sabe que estoy con otra persona, se ha vuelto más violento. Lo último ha sido pegarle un puñetazo a él.»

Fíjate en lo que trato de decirte en este libro. La justicia es una máquina lenta, pesada; es poca cosa frente a un psicópata, créeme. Es vital que aprendas a no caer en sus brazos. En caso contrario, nadie te va a poder ahorrar todo el sufrimiento que te espera.

Cómo caza un psicópata

No todos los psicópatas son expertos en el arte de seducir. Algunos de ellos son muy directos, incluso revelan ya una cierta violencia y modo rebelde de vivir, lo cual, paradójicamente, puede estimular la atracción que sienten algunas mujeres hacia estas personas. Estos casos se dan más en ciertos ambientes de vida no del todo legal, donde el alcohol y las drogas abundan, y con mujeres que tienen problemas para ordenar sus vidas en su sentido más estable y definido. Con estas mujeres el psicópata en realidad actúa del modo más conveniente, luego quizá he de corregirme de lo dicho al principio, ya que aquí son también realmente muy efectivos. Hombres «diferentes», dominadores y decididos, transgresores e imprevisibles... algunas mujeres los hallan irresistibles porque, como ellos, también ellas buscan sensaciones y embriagarse del placer inmediato, y mañana será otro día...

Pero es cierto que estos hombres no necesitan engañar: prometen momentos «fuertes» y los dan. A mí me interesa más discutir aquí la actuación del psicópata integrado, en la cual él cuenta con la enorme ventaja de que sabe lo peligroso que es, pero no su víctima. Así es, la víctima cree que la persona que le interesa es alguien perfectamente normal, cuando no una persona maravillosa. Y así las cosas, la mujer se acerca peligrosamente al abismo, en cuyo fondo están el dolor y la desesperación.

Etapa primera: vulnerabilidad

No todas las mujeres son víctimas propiciatorias de un psicópata. O al menos, no en todos los momentos. Se hace necesario que estés en un momento delicado, con la moral baja, quizás hayas pasado recientemente por un problema que te ha consumido, o estés en esa época de tu vida en la que ansías un cambio, algo que te haga dar un impulso a tu vida. En esas circunstancias, la aparición de un hombre «especial» puede ser el anzuelo perfecto para que entres de lleno en lo que será una auténtica ruleta rusa emocional.

Era este el caso de Anabel, la cual, sin embargo, no se tropezó de golpe con el psicópata. Ella lo conocía de mucho antes, pero nada de lo que sabía sobre él le sirvió para prevenirla, porque la primera relación era ajena a la seducción y al poder. Sólo cuando la situación cambió, porque cambió la vida de ella, pudo entrar en escena el psicópata.

Conocí a Juan en julio de 1981, en Dublín. Los dos estábamos haciendo un curso de inglés; él tenía 16 años y yo 24. Yo lo «adopté» como si fuera un hermano pequeño. Coincidía que ambos somos de Madrid (yo soy nacida en Madrid, pero llevo diecisiete años fuera y ya no tengo ningún amigo en esta ciudad, aunque mi padre ha seguido viviendo allí). Están todos en Burgos, de donde es mi marido y donde he vivido los últimos doce años.

Nos llevábamos muy bien, y al regresar a España seguimos viéndonos como «hermanos». Al año siguiente volvimos a Dublín y él empezó a salir con una chica de Toledo. Como su madre (de él) le revisaba la correspondencia, yo hice de enlace entre la parejita (ella me enviaba las cartas a mí, y yo se las pasaba y luego se las guardaba en mi casa).

Dejamos de vernos al empezar yo a trabajar. Siempre mantuvimos relación por carta, aunque sólo fuera en Navidades.

En 1992 volví a Madrid por un asunto profesional. Hacía entonces cinco años que no nos veíamos, y coincidimos en la calle. Tomamos una cerveza y él me contó sus éxitos profesionales, como responsable del departamento de publicidad de una empresa. Aquel día noté algo «nuevo» en mi relación con él: se me había desabrochado la blusa y su mirada a mi escote fue muy significativa. Me hizo gracia, me di cuenta de que yo no era su «hermanita».

En 1996 tuvieron que operar a mi padre. Vivía solo en Madrid, tenía entonces 76 años y había acudido a un médico que no lo trató bien. A todo esto, yo me acababa de enterar de que mi marido tenía otra relación. Se me juntó todo; estaba sola, no sabía a quién acudir, no conocía a ningún médico en Madrid... entonces me acordé de él, y lo llamé pidiendo ayuda. En esa primera llamada creo que me salvó la vida (aunque luego me la arrebatara).

Etapa segunda: fascinación

Ya hemos visto que el psicópata es una persona *aparentemente* encantadora. Habla con facilidad, tiene modales sugerentes, sabe «cómo mirarte», decirte las cosas que te gusta oír. Se muestra seguro, parece que «sabe lo que quiere» en cada momento (¡y desde luego que lo sabe; sólo que no es lo que tú piensas!). Te puede llevar —dependiendo del dinero y profesión que tenga— a lugares hermosos, puede hacerte incluso regalos caros. Si no tiene una profesión «fija», o vive de dar sablazos, pedirá prestado dinero para impresionarte, o te dará una buena razón para que te encargues tú de los gastos «sólo al principio».

Sea como fuere, tú estás realmente emocionada. «¡Qué suerte he tenido!», piensas. «¡Es tan increíble!» Por otra parte, muchas veces —hagámosle justicia— es realmente divertido o interesante, o ambas cosas a la vez. Los caminos para conocer a un psicópata son muy variados. En España hay aproximadamente 800.000; es cuestión del destino que des con uno (sin embargo, como comentaré ampliamente en el capítulo 8 y en el 9, lo que suceda luego depende en buena medida de ti).

Por otra parte, *ha tenido mala suerte*. A pesar de ser un hombre extraordinario, el amor no le ha sonreído. Él mismo puede reconocer que quizás es alguien «difícil», pero... ¡Ahí estás tú para superar ese reto! No sólo te parece brillante y seductor, sino que su situación alumbra dentro de

101

ti tu faceta de rescatadora, de mujer «elegida» que al fin puede liberarle de la oscuridad. Y así, creyéndote tú que eres ese alguien diferente, te dejas seducir por la idea de enamorarte de un hombre que sólo necesita lo que únicamente tú puedes ofrecerle.

> *Fue tan encantador, tan tranquilizador, tan cariñoso…* se ofreció para todo lo que necesitara. Me echó en cara que no le hubiera llamado antes y me recomendó a un estupendo cirujano. Me llevó fotos de nuestros tiempos en Irlanda. Ahí empezó todo. Estuvo conmigo durante la operación de mi padre. Iba a vernos todos los días dos o tres veces, me sacaba a cenar y a desayunar. Y me hablaba: había tenido varias relaciones fracasadas, *las mujeres lo habían tratado fatal, sus padres no lo comprendían…* incluso había estado a punto de casarse y su novia lo había dejado en el último momento; se sentía muy solo. Había una chica que le gustaba y pareció que a ella también, pero no había nada claro.
> *Aquellos días de julio fueron como un sueño para mí:* cenas, conciertos, y sobre todo cariño (yo tenía el corazón roto, absolutamente «acartonado»). Noté que me empezaba a gustar demasiado. Cuando le conté lo de mi marido me decía cosas como «No sabe lo que se ha perdido; una mujer tan interesante y tan encantadora como tú, etc.». Y a veces incluso dejaba caer un «En otras circunstancias, te tiraría los tejos». Hablaba medio en broma, pero sus miradas, su actitud incluso física hacia mí estaba muy clara. Cuando hablábamos de sus fracasos sentimentales y de sus problemas profesionales noté que siempre eludía las posibles culpas y responsabilidades, *y aunque algunas cosas me espeluznaban* (me contó que a una de sus novias la había dejado por ser diabética, ya que «no podría soportar que se me muriera»), me enganchaba cada vez más a él.

Observa algo importante, sobre lo que incidiré mucho en otro capítulo. Anabel no estaba completamente inerme ante su futuro agresor. Tenía el arma de su intuición, que le dio un aviso poderoso: *la hizo estremecerse* cuando escuchó el comentario de Juan sobre su novia diabética. Sin embargo, ella hizo caso omiso. Cada vez «se enganchaba más a él». A medida que se desarrollaba la relación, lo que va a hacer Anabel es neutralizar sistemáticamente su intuición y, mucho más, negar y borrar de su memoria todo conocimiento claramente consciente de que este hombre podía ser alguien muy peligroso para su salud psíquica.

Pasó el verano del 96 y en agosto no nos vimos... es un decir. Yo volví de vacaciones el 21 de agosto, y el 23 nos acostamos por primera vez. Yo estaba en Burgos, hecha polvo, y «casualmente» me llamó para preguntar por mi padre. Resumen: fui a Madrid a verlo, se empeñó en enseñarme su casa nueva (la que iba a compartir con la novia que lo había dejado casi en el altar), y pasó lo que pasó. Él era un gran amante, pero daba la sensación de que no «sentía» como yo [segundo aviso de la intuición]. Él decía que no quería emocionarse demasiado para que yo me lo pasara mejor, pero digamos que sus palabras (volcánico, todo pasión, vehemente) no estaban en relación con su expresión y su actitud física.

Aquella maravillosa tarde —que nunca olvidaré— hablamos de muchas cosas. Bueno, sobre todo habló él, pero para entonces yo estaba profundamente enamorada. Hablamos de sus muchas novias y me confesó que a todas les había sido infiel. Llegó a tener novia «oficial» y dos amantes a la vez, una de ellas casada con un compañero de su trabajo. La verdad es que me asusté un poco. La despedida en la estación fue terrible, los dos llorando.

Ahora ya no es necesario que la avise la intuición. Su misión principal es darnos una señal emocional (desagradable) que nos indica que *algo, que todavía no sabemos muy bien qué es, no funciona*. En estos momentos Juan sabe que ya ha seducido a su presa. No tiene por qué ir con tanto cuidado. Antes «había tenido mala suerte con las mujeres»; ahora ya puede reconocer abiertamente que él ha sido un sujeto poco fiable, incluso destila bravuconería (¡tan querida a los psicópatas, siempre con su sentimiento de superioridad!): novia oficial y dos amantes a la vez, una de ellas esposa de un compañero de trabajo. *Piensa con detenimiento:* lo que Juan está mostrando es que es alguien sin principios, un desvergonzado, pero algo más. Está poniendo de relieve que disfruta en esa situación, se excita con el peligro de relaciones tan complejas; está escribiendo con letra bien clara que necesita engañar para sentirse superior y «realizado». Anabel, ¿a qué esperas para salir huyendo?

Etapa tercera: absorción

Una vez seducida, el psicópata ha comprobado que «su» mujer está fuertemente sujeta. Ahora está preparada para que todo en su vida gire de acuerdo con los deseos de él. El editor del libro de Alessandro Baricco *Seda,* dice que «todas las historias tienen una música propia». Ésta de la relación entre un psicópata y su amante también la tiene, pero con la peculiaridad de que sólo aquél la conoce, o mejor dicho, sólo él conoce cuál es la melodía real que está detrás, enmascarada, de la que oye su amante. La mujer oye un vals de Strauss, pero está sonando *La patética* de Tchaikovsky.

La fase de absorción es muy rápida. Consiste en que todos los pensamientos de la chica versan sobre él. Su trabajo, sus proyectos, sus amigos, todo ahora es secundario. Tú lo necesitas. Y aunque estás algo inquieta (el aviso de la intuición, sus comentarios diferentes a lo que decía al principio), tu dependencia emocional camina hacia su cenit.

104

A los dos días recibo la carta más romántica de mi vida. A todo esto, la chica que antes del verano le gustaba, seguía estando en su mente. Me dijo que, después de lo que había pasado entre nosotros, no la volvería a llamar. Y le creí (sin embargo, ¡la llamó tres veces en septiembre!). Intentó verla, la fue a buscar al trabajo, según él para «aclarar» las cosas. Sólo después de que ella lo mandó a la porra, dejó de llamarla. Ese fue el primer palo, muy pequeño, puesto que nosotros, teóricamente, no salíamos ni nada. Yo aún vivía con mi marido, aunque él tenía su vida por su lado.

En septiembre y en octubre de 1996 hubo llamadas y cartas por su parte casi todos los días. Yo iba a verlo a Madrid desde Burgos *siempre que podía*. Uno de esos viernes habíamos quedado a la salida de su trabajo y cuando lo llamé (llevaba más de media hora esperándolo en un *pub*) reaccionó muy coléricamente, gritándome, diciendo que ya tenía bastantes problemas, etc. De todas formas, quedamos y nos vimos. Recuerdo que al llegar me dijo: «Ten cuidado, yo puedo hacerte mucho daño». Yo, que estaba hecha polvo por la bronca telefónica, le dije: «Lo dudo, ya me has hecho suficiente, además últimamente estoy muy acostumbrada a sufrir». Él: «No sabes lo que dices, no me conoces; deberías haberte suicidado cuando lo pensaste» (yo le había contado que aquel verano llegué a pensar en ello). En aquel momento yo me levanté e hice ademán de marcharme del *pub*. Él gritó a voz en cuello: «¿Adónde crees que vas? ¿Crees que puedes marcharte así? ¡Ven aquí ahora mismo o te juro que te vas a arrepentir!». Me asusté de verdad. Por primera vez le tuve miedo. ¡Y el *pub* estaba lleno de gente! Salí corriendo y él detrás de mí. Yo estaba llorando y recuerdo que además no podía respirar. Me abrazó llorando: «¡Perdóname, perdóname! Soy una bestia; otra vez estoy haciendo daño a las personas que más quiero». Me fui y lo dejé allí y, claro, me llamó, me convenció y al día siguiente volvimos a quedar.

La trampa se ha cerrado. Juan le ha enseñado a Anabel «cómo va a ir el juego», un juego que ella está dispuesta a seguir: *él es —según dice—, a su pesar,* una persona que hace daño a los que más quiere y le quieren. Incluso la avisa: «Soy una bestia». Pero no es una advertencia honesta: se lo dice una vez que sabe que ella está en el redil, que está profundamente enamorada. Sólo es un gesto de suficiencia, de poder. El mensaje real es algo así como: «Me encanta ponerme del humor que se me antoje; es más, disfruto viendo cómo tu sueño empieza a destruirse; pero no tienes más remedio que seguirme. Eres mía».

La fase de absorción muestra sus peculiaridades dependiendo del tipo de relación que tengan los amantes: si están casados o no, si viven en la misma ciudad, si se trata de un psicópata instrumental o posesivo, si combina el abuso psicológico con el físico, o sólo es un agresor psicológico... Así, la víctima puede abandonar por completo todo contacto social a requerimiento de él, incluso amigos muy queridos. Y puede dejar de hacer determinadas actividades que venía haciendo regularmente. Pero en cualquier caso, lo verdaderamente clave es que ella está dominada por su voluntad, está «enganchada» de un modo terrible.

Etapa cuarta: explotación

Empieza de verdad «el juego» para nuestro amigo. La explotación adopta el modo favorito de él: terror psicológico, agresión física, o ambos. En este caso él es un psicópata básicamente instrumental, con algún ribete de posesión: se aprovecha del sexo y de la ayuda que le ofrece su amante, y al tiempo no tolera que ella tenga una vida propia real. Pero, eso sí, *ella no debe interferir para nada en su vida.* Él es independiente, y no es celoso en el sentido de que no teme que ella ame a otro; es celoso de que su vida no esté completamente en sus manos. La víctima va a empezar a sufrir de veras.

En noviembre de 1996 voy a pasar un fin de semana fuera de Burgos, y al volver paso por Madrid para comer con él. Está enfadadísimo porque «me lo he pasado bien sin él», mientras que él no hace más que trabajar, no tiene vida privada, ni amigos, etc. Te cuento un detalle que no sé si tendrá importancia: al meter mi maleta en el maletero de su coche él lo cerró tan violentamente que, si no llego a ser rápida, me hubiera cortado una mano. (Por cierto, ir en su coche es toda una experiencia: siempre acaba discutiendo con alguien; insulta, toca el claxon, y una vez intentó rayar el coche con la llave a uno que ya no recuerdo qué «fechoría» automovilística había cometido.)

En esos dos meses (noviembre y diciembre de 1996) empiezo a notar sus terribles cambios de humor: pasa de la ira al romanticismo más terrible en cuestión de minutos. También empiezo a notar que no le gusta que lo vean conmigo (posteriormente me he enterado de que siempre negó que saliera con alguien y que decía que yo era como una hermana para él). Nunca en esos meses íbamos a ninguna parte. O estaba con él un rato en su despacho, o íbamos a casa. Siempre que nos veíamos en la intimidad había sexo.

A principios de diciembre me propone que vaya con él a una reunión de trabajo a Sevilla. Recuerdo que me emocioné tanto que no podía ni hablar. (Por cierto, en aquel congreso noté que casi nadie lo saludaba, y que con nadie se paró a hablar.)

Empiezo a notar que le encanta ponerme celosa (aunque él no lo es en absoluto). Siempre me habla de mujeres que se le insinúan y a las que le gustaría (*sic*) follar. «Pero no como a ti, nena; a ti te quiero de otra manera».

Unos días antes de ir a Sevilla lo llamo por teléfono a la hora de comer, y me cuelga. Vuelvo a llamar y desconecta el móvil. Resulta que estaba comiendo con una representante de una firma, que acababa de romper con su novio y necesitaba «alguien que la escuchara». Me parece bien, y me disculpo por haber sido inoportuna. Al notar *que no estoy molesta,* me especifica que esa chica es «de 30 años, delgada, muy atractiva, que se lleva muy bien con él, que muchas veces comen juntos, etc.». ¡Intentaba ponerme celosa!

Siempre que voy a verlo a Madrid me acompaña al tren. Me regala algo *siempre* que nos vemos: flores de su rosal, joyas, libros, cintas de casete. Me graba una cinta de Ella Fitzgerald y subraya la canción «Every time we say goodbye I die a little» [Cada vez que nos decimos adiós muero un poco].

En Sevilla pasé el fin de semana más maravilloso de mi vida. Se portó como un auténtico caballero. Al despedirnos estaba llorando como una Magdalena. Quedamos para vernos en Navidades. Yo iría a Madrid el día 31 de diciembre. Ese día amanezco con 38 grados de fiebre y una faringitis de caballo. Lo llamo por teléfono, llorando por no poder vernos. Recuerdo —y recordaré siempre— su respuesta: «Mira, yo estoy trabajando, así que no me sueltes ese rollo ahora, y cuelga inmediatamente que estás bloqueando el teléfono». Yo: «Entonces, ¿no quieres verme, no te da pena no poder verme el fin de año?». «Mira, nena, ¡no seas pesada, cuelga y déjame en paz!»

¡Qué día tan terrible pasé! Para coronarlo, me llama por la noche diciéndome que se lo ha estado pasando genial con unas amigas… Al día siguiente lo llamo (increíble, ¿verdad?) y está todo compungido, pidiendo perdón, llorando, etc.

Voy a verle el día 2 y resulta que, encima, ¡está enfadado conmigo por haberle ido a ver! ¡El día anterior me había suplicado que lo hiciera; que le demostrara que lo había perdonado!

Mención aparte merece su relación con su madre, ya que ella es una persona muy dominante y absorbente, y él tiene muy en cuenta la opinión que ella tiene de él.

Cada vez que discute con su madre lo paga conmigo. Creo que se trata de una relación patológica.

Cuando estamos juntos mira continuamente a otras mujeres, a veces con verdadero descaro. También me habla de otras. A veces, desde el tren, lo llamaba para una última despedida y notaba que estaba en una cafetería y con otra mujer. A veces me lo decía claramente. ¡Cuánto he llorado por eso!

Meses después es su cumpleaños, y resulta que también ha invitado a cenar a una secretaria que había trabajado con él en otra empresa (de la que, por cierto, lo echaron). Durante la cena no me mira ni me dirige apenas la palabra. Es evidente que la otra chica no tiene ni idea de quién soy yo. Ellos hablan de sus cosas, y él le dice: «Yo no hago más que trabajar, nunca salgo ni me divierto, ya sabes que las mujeres me han hecho muchísimo daño». (Esa noche habíamos dormido juntos y esa tarde habíamos ido al teatro. Yo estaba asombrada, pero no me atreví a contradecirlo por temor a su reacción. Ya le tenía miedo.) Además, deduzco por su conversación que él se cree el mejor publicista del mundo, y los demás son todos unos ineptos.

En esos meses (marzo y abril de 1997) noto, aunque me niego a creerlo, que él quiere romper nuestra relación, pero desea que yo tome la decisión. Siempre ha dejado muy claro que él «está harto de ser el malo de la película». Me pide que no vaya a verle todos los fines de semana. Acepto, con enorme dolor, pero entonces, cuando tiene un problema (se le estropea el coche, tiene alguna bronca —habitual— con sus compañeros de trabajo, etc.), me recrimina que nunca «estoy ahí cuando me necesita». Estoy perdida, no sé qué hacer. Sin embargo, el día de mi cumpleaños, me regala un teléfono móvil y pasamos una tarde maravillosa.

En el verano de 1997 pasamos varios fines de semana en su casa, y no salimos apenas. Si le digo que creo que se avergüenza de su relación conmigo aduce que lo hace por mí. Que, al fin y al cabo sigo siendo una mujer

109

casada, y que además su madre nunca aceptaría que él saliera con una mujer de mi edad y en mi situación. «¿Y tú no querrás matar a mi madre, verdad?»

Cuando estamos en su casa, le encanta enseñarme fotos y regalos de sus otras amantes y contarme relatos íntimos de su relación con ellas.

En mayo de 1997 viene a Burgos por motivos laborales, y (¡oh, asombro!) me presenta a algunos de sus compañeros/as, me lleva a comer, a cenar. Yo aprovecho para presentarle a mi mejor amiga (sigue siendo la mejor; le debo la vida) y, ¿qué ocurrió? ¡Se la intentó ligar! Mi amiga, según me dijo luego, estaba asqueada y no comprendía cómo podía estar con él. Me dijo al marcharse: «Tu amiga es muy guapa, inteligente... ¿Cuándo va a venir a Madrid? Intenta convencerla de que venga, y salimos los tres».

Ahora recuerdo otro detalle. Un día que lo llamé y me colgó porque estaba con otra (la secretaria aquella que vino a su cena de cumpleaños), le dejé un mensaje en el móvil diciendo que, por favor, me dejara en paz, que ya no quería saber nada de él. ¡Al día siguiente, se presentó en Burgos!

Etapa quinta: revelación y horror

En esta etapa el sueño ya no puede durar. La mujer entiende que se ha vinculado con una persona que la destruye. Por fin comprende que su pareja *no puede, no va* a hacerla feliz. Si permanece con él va a ser su perdición. Pero la decisión de marcharse, de romper con él es muy difícil. Ella depende emocionalmente de él. Éste le ha enseñado que después de momentos dantescos hay momentos —cada vez menos— de paz, incluso en los que parece que el sueño levanta el vuelo de nuevo. Ella siempre confía en eso, pero ahora es un engaño que ya sólo puede

110

creer cuando pone todo su empeño en desafiar su inteligencia. El horror, el dolor, ya no tiene marcha atrás. Con él sólo queda la desesperación.

Ahora viene lo más terrible, lo que realmente me convenció de que esa relación me estaba matando.

En octubre de ese año me lleva en un viaje de negocios a Toledo. Está maravilloso, como siempre, en los viajes, pero me dice: «Yo soy muy raro, ya lo sabes, me gusta el cambio, soy infiel por naturaleza». Si me pongo triste, por ejemplo, ante cosas como ésta, no entiende por qué. Un día me dijo que él no tenía nada asegurado en esta vida. Yo le contesté: «A mí, a mí me tendrás para siempre». Se le llenaron los ojos de lágrimas y me dijo: «No te merezco; nunca nadie me ha querido ni me querrá como tú. Todo lo hago mal, siempre hago daño, y a ti no me gustaría hacértelo».

En noviembre Juan tiene una nueva oportunidad de ganarme para él. Mi padre vuelve a tener problemas graves, y él de nuevo se comporta de modo muy solícito. Mientras mi padre está ingresado quedo con él un día a la una menos cuarto... y él no aparece. Media hora más tarde lo llamo y me dice que está en una cafetería justo al lado del sanatorio. «Voy para allá», le digo y cuelgo. Al entrar me lo encuentro, tan tranquilo, tomando café con una nueva chica. Una joven de 25 años, Elisa, que había estado sustituyendo quince días a una empleada de su firma que se había casado. No hace ademán de presentarnos, y me dice algo, no recuerdo qué, para que me marche. Lo hago y por la tarde viene a ver a mi padre y me echa una bronca terrible, acusándome de perseguirlo, de que no confío en él, etc. ¡Hasta hace ademán de pegarme delante de las monjas del sanatorio!

Él: «Me estás haciendo la vida imposible. ¿No ves lo mucho que te quiero? ¿No ves lo mucho que me preocupo por tu padre? Elisa es sólo una amiga. ¿Cómo no confías en mí?». Intento hacerle ver que la situación es terrible para mí: mi padre ingresado, mi situación per-

111

sonal… necesitaba verlo, y ¡habíamos quedado el día anterior, no le estaba persiguiendo! No lo entiende, y se encoleriza cada vez más.

Esa misma noche viene y como si nada me invita a ir al cine. Antes de que empiece la película no para de hablarme de Elisa. Al salir yo estoy llorando y le pido que me abrace. Lo hace, pero de una manera muy fría: «Se te está corriendo el rímel, y no quiero que me manches la cazadora».

Al ser dado de alta mi padre, me lo llevo a Burgos. Se enoja conmigo: «Así ya nunca querrás venir a verme; en realidad venías a ver a tu padre». Intento hacerle ver que la cosa es justo al contrario, y que, de todas maneras, siempre iré a verlo cuando él quiera, aunque —le explico— nuestra relación me está matando. Se encoleriza y me dice que no quiere verme más, ni llamarme, y que, por favor, no lo llame más. Así lo hago durante un tiempo, pero el día que ya no puedo más, lo llamo, y me contesta: «Está usted acosándome. Si no deja de llamarme, tendré que acudir a la policía».

Estoy casi un mes sin saber nada de él. Mi situación personal es muy dolorosa, y sólo mi amiga me sostiene. Creo que no se puede llorar más de lo que lloré esos días. ¿Desear morir? Sin duda. He tenido los orfidales en la mano, y si no hubiera sido porque mi padre me necesitaba…

Un buen día recibo un mensaje de texto en el móvil: «*I miss you so much that it hurts*» [Te echo tanto de menos que me causa mucho dolor]. Y vuelta a empezar. Vuelta a negarme lo evidente, vuelta a dorarme la píldora… Y yo caí de nuevo.

Las Navidades siguientes fueron, sin embargo, geniales, hasta que me presenta a Elisa, que de nuevo estaba haciendo otra sustitución. En una larga conversación que tengo con ella, descubro que le había regalado casi exactamente las mismas cosas que a mí en los primeros meses de acoso, que le había hablado de Hölderlin, de Neruda y de Benedetti (que a mí me encantan), y de otras cosas que él no conocía antes de conocerme a mí. Le conté todo y, aunque parezca mentira, me creyó. Me dijo que me agradecía el haberla salvado, que ya se había «encandilado» de él. Esa fue una de las peores noches de mi vida. Me daba asco pensar en él y en mí misma. Me sentía ridícula al pensar en lo mucho, muchísimo, que lo quería. En las veces que había ido a Madrid desde Burgos, sin comer, para estar media hora con él; las veces que le había aguantado las broncas, sus malos tratos, sus insultos... Estaba claro que no me quería y que nunca lo había hecho. Elisa me había dicho: «Es un enfermo, tiene que someterse a un tratamiento, pero cuando te llame, mándalo a la mierda, que te está matando».

Ella sí que lo hizo, pero yo... Me llamó a la mañana siguiente unas veinte veces y desconecté el teléfono. Al conectarlo a la hora de comer, tenía este mensaje de texto: «Si te niegas a hablar conmigo, se lo contaré todo a tu padre, a tus amigos y a tus compañeros de trabajo. Seguro que les gustará saber lo bien que follas».

Sé que es capaz de hacerlo, porque me ha contado cosas que ha hecho anteriormente. Es extraordinariamente vengativo. Accedí a verlo por última vez. ¡Craso error! Me convenció, para resumir, de que era Elisa la que le tiraba los tejos. Sí, me lo creí como una idiota. Bueno, esta vez le costó más o menos quince días de lloros y súplicas y de amenazas de suicidio. Pero lo volvió a conseguir. Y lo que es más grave: aquellos días yo había solicitado un traslado a Madrid, a la central de mi empresa. Al enterarme de lo de Elisa, no presenté la solicitud. Pero él de nuevo se mostró muy persuasivo: «Juro que te haré tan feliz que no te lo vas a creer. Voy a cambiar. Tú ya has hecho que cambie; ahora seré mucho más persona», etc.

Lo creí de nuevo y finalmente conseguí el traslado. Al principio se portó muy bien, exceptuando una vez que me llamó a Burgos amenazándome, pero muy seriamente, con matarme a mí y a Elisa por «haberle destrozado la vida». Me asustó muchísimo aquella noche.

Y llegamos al verano de 1998. Las últimas citas fueron emocionantes; todo planes para el futuro: «Te va a ser

113

duro dejar a tus amigos de Burgos y empezar de nuevo en Madrid, pero me tienes a mí; siempre te apoyaré y te recompensaré por todas las veces que te he fallado».

Nos vemos tras las vacaciones, y me comunica que en los diez días en que ha estado de vacaciones en un lugar de la costa de Levante ha conocido a la mujer de su vida, que la adora, que el único problema es que vive en A Coruña, pero que está enamoradísimo de ella. No puedo comentar lo que sentí. Yo, con mi traslado, en una ciudad en la que no conocía a casi nadie, con compañeros de trabajo nuevos, y… vida destrozada.

Me llama de vez en cuando para contarme sus problemas con la chica gallega: ella no lo quiere, pero él insiste. Es tan narcisista que me comenta: «¿Cómo no puede enamorarse de mí? Ya caerá, tiempo al tiempo. Es la mujer de mi vida; su rechazo me mata; la quiero incluso más de lo que te he querido a ti». Cuando le pido explicaciones de cómo se ha podido enamorar tan profundamente en diez días, me dice que cree en los flechazos.

Le escribo una carta diciéndole que me está matando, que lo quiero demasiado como para actuar sólo como amiga y confidente. Respuesta: «No quiero perderte como amiga; eres demasiado buena». En esos momentos yo ya había leído tu libro *El psicópata,* y me puse a llorar cuando comprobé que él encajaba perfectamente en las características definitorias de este trastorno.

Etapa sexta: liberación

No siempre se consigue llegar hasta aquí. Pero muchas lo logran, después de un tiempo variable de angustia. En el caso del psicópata instrumental es más fácil: si puede cambiarte por otra víctima con facilidad, pasarás pronto a ser historia caducada en su vida, un mero recuerdo que sólo se revivirá si te pones de nuevo «a tiro»; entonces, casi como un reflejo, intentará algo, pero no pondrá mucho empeño si tú te muestras firme. Con un psicópata posesivo el asunto se complica, especialmente si tiene un historial violento: puede acosarte e intentar agredirte. No te quiere en absoluto, pero no admite una rebelión: cuando consigue una cosa, cuando algo le pertenece, le gusta conservarlo.

Felizmente para Anabel, ella sí ha culminado este proceso. Aunque todavía —cuando escribo estas líneas— se está recuperando psicológicamente, sabe que ya no está bajo su influencia. ¡Un brindis por ti, Anabel!

Cuando la chica de A Coruña lo rechaza definitivamente, él vuelve a mí. Me dice cosas maravillosas: «Soy gilipollas. Estuve a punto de perderte por una ilusión tonta». *Pero ya me había perdido.*

Días después me convence para que lo acompañe a otra ciudad cercana, pero ahora soy yo la que no quiere que nos vean juntos. El siguiente fin de semana le digo que quiero ir a Burgos y él se muestra muy comprensivo: «Claro, dejaste allí a tus mejores amigos, aunque ya te advertí que cambiar de vida iba a ser duro, que en Madrid no tienes a nadie» (¿?).

Vuelvo de Burgos el domingo y me está esperando en la estación. No habíamos quedado. Me cuenta que ha estado en el cine con una chica de 20 años, compañera de sus clases de inglés, pero que es muy sosa y que me prefiere a mí. ¿Qué voy a hacer el fin de semana siguiente? Le digo que, como siempre, lo que él quiera (aunque yo ya estaba absolutamente segura de su psicopatía, gracias a tu libro).

Me dice que dos de sus mejores «amigos» le van a presentar a una chica muy maja. *Le digo que haga lo que quiera y que me deje en paz.* En total, dos años y cuatro meses de agonía y sufrimiento.

Habría muchas otras cosas que contar. Sé que soy la «víctima» número 6, y que otras dos anteriores (según él mismo me dijo) intentaron suicidarse. Yo he estado seis meses con tratamiento de Prozac y Orfidal para dormir, porque —como dice Ud. con toda razón— «el psicópata te hará llegar a los infiernos y dudar de tu propia salud mental».

Gracias, gracias, gracias por su libro *El psicópata,* que es lo que me está dando fuerzas para, ahora sí, decir definitivamente NO.

De nada, Anabel. Mereces ser feliz, te lo has ganado a pulso.

5. LA AGRESIÓN PSICOLÓGICA

No podemos limitar la discusión de la violencia hacia las mujeres a las agresiones físicas. Algunos hombres agreden a sus parejas de forma psicológica o emocional, controlándolas de modo extremo, acosándolas, humillándolas y aislándolas.

Desde luego, los agresores habituales atacan emocionalmente a sus parejas, buscando erosionar su autoestima y avergonzarlas, todo ello con el fin de aumentar su grado de control y su poder sobre ellas. El abuso físico está muy unido al emocional, y es muy improbable que se dé el primero sin el segundo (de hecho podríamos decir que *todo* abuso físico es también una herida emocional, ya que cuando somos golpeados sentimos necesariamente rabia y humillación). Ambos son medios para lograr el control y el dominio de la víctima.

Sin embargo, algunos hombres se caracterizan por ser, principalmente, agresores psicológicos. Puede que nunca empleen la violencia física, o que sólo lo hagan de un modo muy ocasional, en circunstancias de gran estrés para ellos. Lo suyo, por consiguiente, es crear para su pareja un escenario donde se produce una obra trágica y monótona, de puro repetida, una obra en la que él es el director y ella la protagonista principal. No creas ni por un instante que este modo de violencia es más leve que el anterior: una paliza puede curarse en una semana; un ataque emocional sistemático puede desequilibrarte y hacerte sufrir durante muchos años de tu vida.

Otra consideración antes de proseguir. El agresor psicológico puede ser también un psicópata. Si reúne las características que explico en el capítulo correspondiente, puedes describirlo como un «agresor psicológico del tipo psicópata» (en este capítulo algunos de los ejemplos se corresponden con este trastorno). De hecho, muchos de ellos que tienen un buen nivel cultural, y que incluso gozan de prestigio económico y social, son los agresores psicológicos más implacables. Pero hay individuos sin este trastorno que canalizan su necesidad de control mediante la agresión psicológica, muchas veces de modo casi exclusivo.

Tipos de abuso psicológico o emocional

El agresor psicológico tiene diferentes métodos para lograr su propósito, que no es otro que conseguir la dominación de su pareja. Pero podemos estudiar mejor su comportamiento distinguiendo tres grandes categorías de acciones, según pretendan humillar a la víctima, hacerla creer que es ella la que se ha vuelto loca, mantenerla aislada de sus amigos y familiares, o bien privarla de medios económicos para que no disponga de una mínima autonomía. Ni que decir tiene que un agresor psicológico puede —y de hecho lo hace— emplear todas estas estrategias de modo simultáneo, o alternarlas a su antojo.

La humillación

La humillación pretende minar la autoestima de la mujer, hacer que se sienta una persona despreciable ante sus propios ojos. Así, el agresor puede empezar con una queja y derivar luego a una crítica constante y a los insultos, sin que siquiera ella sepa exactamente los motivos para ello. Otra posibilidad es ponerla en evidencia en público, incluyendo comentarios claramente despectivos.

Laura llegó a creerse que no servía para nada:

> Mi marido me humillaba delante de mis hijos, insultándome y llamándome ignorante y analfabeta. Es cierto que apenas sé leer ni escribir; pero tampoco él fue al colegio. No había una vez que yo abriese la boca para decir algo que él no me hiciese callar a gritos, diciéndome que nadie me había dado vela en este entierro y que las mujeres cuanto menos hablasen, mejor. Llegué a sentirme un objeto en mi casa, ya que lo único para lo que servía era para hacer la comida y para lavar la ropa.

¡Ojalá fuera sólo eso! La lista de vejaciones es mucho más larga. Quizás acose sus movimientos cuando va de visita a algún sitio, o la acuse de tener un amante. Tampoco es inusual que le gire la cara o se marche cuando ella intente hablarle; o bien que le prohíba dar su opinión sobre asuntos en los que, en realidad, ella tiene mucho que decir.

El resultado de todo ello es que ella vive en un permanente estado de ansiedad: ¿Qué vendrá luego? Atemorizada, evitará hacer o decir cosas que puedan provocar su ira. Pero, ¿cómo estar segura?

Mary Miller, una especialista en violencia doméstica, asegura que «la mujer llega a estar atrapada en el abuso emocional antes de que se dé cuenta». ¿Por qué? Porque ella trata de ir excusando las acciones cada vez más coactivas de su pareja: si insiste en tomar él las decisiones, es para que yo no me preocupe; si me espía, es porque está celoso y realmente me quiere, etc.

Hay muchas cosas arbitrarias que un hombre puede «ordenar» para humillar a su pareja: obligarla a que duerma en el suelo por haber hecho algo «inconveniente» (una comida, por ejemplo); mantener la casa sin calefacción en medio de una cruda noche; exigir que las cosas se hagan como él dice, sin permitir la más mínima desviación de sus normas, entre una infinidad de posibilidades.

El lavado de cerebro

Otro tipo de abuso psicológico consiste en «demostrar» a la mujer que él realmente se comporta de modo honesto y lógico, que es ella la que «debería ver a un psiquiatra». Es una lucha para lograr disponer a su antojo de la voluntad de su pareja. Para tal fin dispone de varios sistemas.

El primero es mantenerla cautiva, no con llaves o muros, sino desposeyéndola de su energía vital, haciendo que se deprima. La mujer, en efecto, puede experimentar un estado de «desesperanza», estado mental que le impide hacer frente a las presiones de su captor.

Otro sistema es atacando su salud física. Estadísticas norteamericanas señalan que las mujeres agredidas tienen tres veces más probabilidad de desarrollar enfermedades que las mujeres respetadas. Un modo de conseguir esto es dificultando que duerma, haciendo que se ocupe de tareas absurdas a ciertas horas o generando ansiedad sobre la seguridad de su hijo. También puede impedirle que vea al médico, o que tome las medicinas prescritas. Como es lógico, la salud física y psicológica se complementan, y un deterioro de la una lleva a un deterioro de la otra.

El aislamiento es un sistema muy utilizado y, para un agresor, algo casi necesario, ya que de este modo el control es mucho más intenso y eficaz. Familia, amigos, compañeros de trabajo... El agresor puede exigir que ella permanezca en casa hasta que él vuelva. Una mujer me comentó que su marido dejaba las llaves de una manera muy definida, con objeto de saber si ella se había marchado de casa durante su ausencia.

Por supuesto, la propaganda es igualmente relevante aquí como sistema de control mental. Eso sí, no es especialmente sutil, sino que más bien consta de insultos frecuentes, hacer montañas de pequeños errores sin importancia, echarle en cara constantemente viejos fracasos o dificultades... Las posibilidades son ilimitadas.

> Victoria me comentó que su marido la llamaba constantemente «zorra», porque le gustaba siempre «poner cachondos» a sus amigos. En realidad, esta joven de 32 años —me explicaba— trataba de evitarlos, pero él le pedía que los atendiera e incitaba a sus amigos a manosearla. Un sábado por la noche la cena que había preparado para su marido y sus amigos estaba un poco fría, y él la volvió a insultar, al tiempo que le levantó el vestido por atrás, sujetándola, diciéndole: «¡Ya que no les das de cenar bien dales algo para que disfruten!». Ella escapó corriendo hacia el dormitorio mientras él y sus amigos reían estruendosamente.

Pero quizás lo más destructivo para el lavado de cerebro sea el estado de permanente ansiedad. «Ella nunca está segura de si lo que hace estará bien o no, si la va a lastimar, si está actuando del modo conveniente para que él no se enoje», escribe la doctora Miller. Cualquier cosa sirve para elevar esa ansiedad, desde rehusar a poner los cinturones de seguridad a sus hijos en el coche hasta no explicarle por qué hay una orden de embargo de la casa en la que viven.

Como consecuencia de todo lo anterior, no es difícil que ella empiece a dudar de su propia cordura. De hecho, puede que, como consecuencia de esa insistente y malsana presión, las mujeres abusadas psicológicamente lleguen a negar sus propios sentimientos y la visión objetiva de la realidad, desarrollando en ocasiones reacciones típicas del «síndrome de Estocolmo».

Aislamiento

Sin duda, el propósito fundamental del aislamiento, como ya hemos dicho, es el control. Si un hombre puede mantener a su pareja fuera de contacto del mundo exterior, ella dependerá sólo de él para todo. Por consiguiente —dice la doctora Miller— estará obligada a prestar obediencia absoluta, sin recursos del exterior en los que apoyarse, con sólo sus propias energías para hacer frente al agresor.

El caso de Sonia es bien ilustrativo, tal y como me lo confió su abatida madre. Ya hace más de un año que no puede ver a su hija, sin que en realidad nada sucediera entre madre e hija para que ello se produjera. Aunque le resulte difícil de creer, su hija ha desaparecido de su vida:

> Es hija única, con un carácter firme y muy decidido. Hizo estudios superiores, y hace algunos años leyó la tesina con resultado *cum laude*. Después ganó una beca de prestigio y empezó el doctorado, cuyas asignaturas superó con brillantez (…). Debo subrayar que siente verdadera pasión por su trabajo, y que lo eligió con toda libertad.
>
> Siempre ha agradecido nuestros esfuerzos para que consiguiera sus objetivos, ya que por su falta de independencia económica nosotros pagamos durante ocho años el alquiler de su piso y los gastos del mismo, así como su manutención y muchos de sus gastos personales, como es natural, sin hacer mención de ello a nadie y evitando hacerlo con ella para no herir su sensibilidad.
>
> Le he hecho esta reseña porque es una manera de situarlo respecto a la vida tranquila y cómoda en que generalmente se movía nuestra hija y de cómo, en contraposición, al contraer matrimonio, todo cambió. Desde

aquel momento vimos cómo seguía tenazmente con su trabajo, y cómo su marido la desestabilizaba sistemáticamente. Es decir: *ponía por delante lo que se convertía en dinero*, presionándola para que insistiera en el trabajo remunerado y que dejara a un lado su tesis doctoral (que tenía casi terminada); cosa que a ella, a ojos vista, la hacía sufrir, a medida que se veía obligada a pedir nuevos aplazamientos.

Al que hoy es su marido lo había conocido desde que empezaron a salir en el mismo grupo, hacía ya más de diez años. Nunca lo mencionaba especialmente, y parece ser que lo único que le agradaba de él eran sus dotes de bailarín (...). Pero, de manera sorprendente, en un viaje que organizó su grupo a Berlín, ocurrió algo inesperado: los amigos se enfadaron unos con otros; hubo, al parecer, grandes malentendidos y terminaron, algunos de ellos, sin hablarse. Mi hija, de manera un tanto extraña, terminó su viaje y estancia en aquel país acompañada por el que ahora es su marido y sin haber intentado ningún tipo de reconciliación con personas que, me consta, ella apreciaba mucho.

Al poco tiempo trajo a casa a su futuro marido, único amigo al que no conocíamos. Nos pareció encantador. Un poco tímido, educado, y con un poder de seducción especial. Lo aceptamos sin reservas, y confiados en el buen criterio de nuestra hija (¡ojalá nunca lo hubiéramos hecho!).

Este muchacho proviene del mundo rural, de la alta montaña, donde son nacidos sus padres. Un lugar muy aislado y un tanto lúgubre, con muy pocos habitantes. Nos hizo saber que no se llevaba demasiado bien con su familia y especificó (con estas palabras) que no le gustaba la idea de que nos tratásemos con su madre, ya que «no era una buena persona, y nunca lo había dejado en paz». Ésa era la razón por la que procuraba no ir a su casa más que en situaciones muy contadas. Eran sus padres quienes lo visitaban, y no dejó de mencionar que, siendo ellos dueños de una tienda de comestibles le llenaban la nevera, le arreglaban la casa y le regalaban algún dinero, aunque a él le agobiaba su presencia (...). Si he de ser sincera, sí pude observar después hasta qué punto su madre, tranquila y segura, persona de gran aplomo, ejercía sobre él una influencia tan fuerte que prácticamente le hacía aparecer como un niño.

En aquel momento nos desconcertó porque no podíamos saber qué finalidad tenía su actitud. Después hemos podido entender que su necesidad de ejercer un control personal sobre él (su hijo) y su entorno, era la manera de suavizar la intranquilidad que le produce el encontrarse a muchos kilómetros de distancia de su objetivo principal, que es el de no perder esta conexión.

Creo que es fácil llegar a la conclusión (a pesar de nuestros esfuerzos por llevarnos bien con ella) de que sus celos, su demostrada antipatía hacia nosotros y nuestra hija, son el producto de un carácter muy dominante y de su creencia de que tratamos de marginarla (…). Sin embargo, no es menos cierto que el yerno, una persona de parecido estilo, aun no habiendo mentido acerca de ella, *sí que ocultó cuidadosamente sus propias intenciones,* muy coincidentes con las de su madre. Ahora veo claramente cómo se parecen y la frialdad con la que actúan.

Es asombroso que ni siquiera nos diéramos cuenta en qué momento se iniciaba el cambio en la relación con nuestra hija y nuestro yerno. Ahora, atando cabos, lo vemos claro; pero en su momento no, tal vez porque no temíamos que se estuviera tramando un proyecto concreto: alejar a nuestra hija de nuestro lado.

Ella no intuía lo que estaba ocurriendo. En vano intenté, para evitarlo, demostrar a nuestro yerno deferencias y atenciones especiales. Yo no podía decir a mi hija, de modo explícito, que algo no iba bien. Su marido pasó, de mostrarse muy a gusto en nuestra compañía a insinuar y demostrar ostensiblemente que habíamos dejado de interesarle. Que la fascinación que sentía (supongo que por comparación con sus padres) por conversar incansablemente sobre libros, arte o cualquier tema cultural no le eran ya deseables. Yo veía cómo mi hija iba asumiendo, entristecida e inevitablemente la nueva situación, supongo que para evitar problemas con su marido y porque creía que nosotros lo entenderíamos así.

Ahora empieza el aislamiento propiamente dicho. El matrimonio decide irse fuera de la ciudad. A pesar de que los padres de ella saben que su hija no quiere irse de la ciudad, para no perjudicarla deciden incluso ayudar con el traslado, «además de contribuir económicamente con sumas que en ningún caso contabilizamos». Sin embargo…

> como usted podrá comprender, todo eso no nos sirvió de nada, ya que él había tomado la determinación de aislar a mi hija, e hizo algo muy inteligente: pidió un millón y medio de pesetas a sus padres, y con ello consiguió que aquéllos se sintieran con ciertos derechos, que es exactamente lo que ocurrió, ya que pidieron disponer de una habitación si los visitaban (…). Estas personas conocen bien a su hijo, y saben que si desean algo tienen que pagar por ello.

La madre de esta chica «desaparecida», con innegable capacidad de penetración, describe a sus consuegros como «personas sin el menor sentido del humor, áridas y apegadas al dinero, desconfiadas con los demás, inflexibles y dictatoriales». Pero es la relación madre-hijo la más poderosa, la más firme: «En ambos, por ejemplo, hay una clara obsesión por demostrar signos externos de poder o dinero, y ahí podría radicar, según pienso a veces, el motivo real de esas crueles y mezquinas venganzas que nos dedican».

Así las cosas, las hostilidades no tardan en hacerse abiertas y ostensibles. Si el objetivo final es cercenar la relación de la hija con sus padres, hay que dar «motivos» para ello. El yerno de mi entrevistada se da cuenta, a estas alturas, de que ha ganado la voluntad de su mujer. Está ya madura para secundarlo, o al menos no oponerse a sus planes.

Hace ahora un año hubo una intervención muy sibilina de su madre contra mi hija, a la que defendí (me hizo una llamada telefónica: se sentía muy molesta porque no pensaban ir a visitarla el día de su santo). Después de este hecho, que se complicó entre ellos, se presentaron mi hija y mi yerno en nuestra casa. La situación era muy tensa. Estábamos ya cansados de algo que no sabíamos cómo tratar para que, al menos, existiera una relación mínimamente estabilizada. Mi hija no parecía ya la misma. Daba la sensación de estar tan cansada y perdida como nosotros, aun cuando se mantuviera a su lado. La entrada fue épica. Mi yerno tiró al suelo regalos que les habíamos hecho, y no tardó ni cinco minutos en encararse a mi marido a cortísima distancia, enganchándolo de su ropa, amenazándolo a gritos sin que hubiera habido ninguna provocación por su parte. Mi marido estaba estupefacto. Se lo quitó de encima como pudo, y luego les ordenó que se fueran. *Ésa fue la última vez que vimos a nuestra hija.* Aquella escena fue bastante más dura, pero permítame que no se la detalle por escrito.

Nuestra indignación y perplejidad eran grandes, pero pasados unos meses intentamos un acercamiento. Por su aniversario de boda les envié unas flores y un fragmento de un poema hindú, para no forzar una respuesta, que, en efecto, no se produjo. Después, a una distancia de tiempo prudente, siguieron mis llamadas a mi hija, mensajes, cartas… sin ninguna respuesta [ella nunca cogía el teléfono; siempre estaba el contestador activado]. Llamé al lugar de trabajo de mi yerno, pero se negó a ponerse. Es decir: mi hija había desaparecido. No es propio de ella esta actitud, y nuestra angustia fue creciendo.

Desgraciadamente, a estas alturas su hija había dejado de serlo. Su marido había sabido ganar su voluntad. ¿Qué cosas terribles le diría para predisponerla contra sus padres, que no habían hecho otra cosa que intentar ayudarlos? ¿De qué manera habría socavado la estima de la chica para que ésta creyera que no tenía otro remedio que seguir las órdenes de su marido? ¿Acaso él la amenazó con dañarlos o tomar algún tipo de represalia? Por ahora es imposible saberlo.

> Es totalmente increíble que mi hija, por su propia voluntad, y sabiendo que no tenemos más familia, nos haya dejado completamente solos en las Navidades pasadas. A ella le gustaban mucho estas fiestas, y las vivía de una manera alegre e ilusionada (...). Los celos y la incomodidad con que él, contrariamente, las sentía, han logrado sin duda acabar también con esa faceta del carácter de mi hija.
> Un año de silencio [cuando escribo estas líneas un año y medio ya] es mucho tiempo, y es bastante impensable que nuestra hija nos haya olvidado. Es como si hubiera entrado en una secta y no supiera cómo actuar por sí misma. Como si hubiera perdido la capacidad, ella, tan autocrítica, de objetivar nada de lo ocurrido (...). Pienso, incluso, si mis intentos no habrán sido interceptados por el marido (tengo motivos para creerlo), para aumentar su inseguridad y, a un tiempo, su dominio psicológico sobre ella. Si sus padres no dicen nada, «es que están muy ofendidos y son incapaces de perdonar». Conclusión: «Yo soy lo único que tienes».

En estos casos, como en tantos otros, la justicia poco puede hacer. El abuso psicológico no deja secuelas. La acción de un agresor psicológico queda, generalmente, impune. Y lo que es peor, es difícil que incluso profesionales del derecho comprendan la esencia de toda la cuestión. ¿Cómo llegar a comprender *una desaparición* si no se conoce la personalidad y motivaciones del *secuestrador*?

> En este tiempo hemos acudido a profesionales de distintas competencias con la esperanza de que nos pudieran asesorar respecto a la manera de poder saber de ella, por si necesitara ayuda, pero ha sido inútil. Después de

exponer los hechos y la situación actual, hemos comprobado con desaliento, que ninguno de ellos lograba entender semejante galimatías, ni otra cosa salvo que se trata —mi yerno— de un hombre posesivo y celoso (…). Parecían más desorientados que nosotros.

Tenga en cuenta que, lamentablemente, no podemos recurrir a cualquier opinión familiar, ya que carecemos de allegados cercanos. En cuanto a amigos o vecinos, les parecería imposible creer lo que está ocurriendo, ya que conocen la relación de toda la vida con nuestra hija. Nadie sabe lo que está pasando, porque, como podemos, nos esforzamos en ocultarlo con excusas más o menos creíbles.

Lo último que hicimos, por sugerencia de un abogado, fue mandar al domicilio de nuestra hija un burofax [servicio de fax disponible en las oficinas de Correos] en el que, empleando términos firmes pero moderados, advertíamos a nuestro yerno que, de no ponerse nuestra hija en contacto con nosotros, aun cuando sólo fuera telefónicamente, nos veríamos obligados a acudir a las autoridades competentes y denunciar nuestro temor de que algo malo podría haberle sucedido, ya que habían sido totalmente inútiles nuestros esfuerzos para establecer contacto.

Presionar a un agresor psicológico con estudios (y más si tiene rasgos psicopáticos, como parece ser el caso) es una tarea difícil, y hay que hacerlo con garantías de que realmente *sólo pueda actuar* en el sentido en que nosotros queremos que actúe. Desgraciadamente no era éste el caso. Se trata de una maniobra lógica, pero que raramente puede ponerlo en aprietos. Si ella está gobernada por él, sólo hay que añadir una piedra más en el muro que separa a los padres de su hija:

La respuesta fue la devolución del burofax (que sí leyó) y una nota mínima y airada escrita con la aparente letra de mi hija (lo que no aclara nada, dado que su marido suele copiar hasta los dibujos que ella hace por diversión), *con un texto increíblemente malévolo* por su contenido y ambigüedad, en el que trata de indisponerse contra mi marido (...). Siento la extensión de este escrito; pero al escucharlo por radio y luego leer su libro [*El psicópata*], pensé que todo era nuevo para mí y, sin embargo, *es asombrosamente familiar.*

¿Por qué actúa el marido de esta forma? Si lo piensas bien, aislando a Sonia de su madre logra mucho más poder. Primero, aumenta el dolor de su pareja; segundo, cuando el agresor desprecia a la familia de su pareja —lo cual es siempre el precedente de su prohibición de que la vuelva a ver— también la está despreciando a ella. Y en tercer lugar, con la separación del apoyo más sólido con que cuenta ella, todas las otras formas de control serán mucho más fáciles.

Desafortunadamente, en otros muchos casos, el aislamiento no se limita a cortar los vínculos familiares. Está también la prohibición de que trabaje (aunque es probable que le diga una y otra vez que es una vaga), o de que siga estudios para adultos o en la universidad. Es clara la razón: salir significa conocer a gente, abrir la mente asfixiada por el abuso, y ése es un riesgo que él no puede correr.

Dejarla sin dinero

Cuando la mujer no trabaja, el agresor psicológico lo tiene fácil. Si la priva de todo sustento económico, además de castigarla la humillará y le demostrará «quién manda». El siguiente relato escrito por Nina nos muestra la increíble capacidad de engañar, el profundo desapego afectivo de un psicópata instrumental.

Cuando recuerdo el tiempo que lo conocí, me siento más usada. Ahora pienso realmente que sabía todo sobre mí. Estoy segura de que sabía mi nombre, mi domicilio, de quién era hija y, probablemente, que yo podía serle útil económicamente.

Conocí a Rafael en febrero de 1992. Yo era la asesora de imagen y comunicación de una empresa, y cogía siempre el tren, del que bajaba en la plaza de Cataluña. Me vio una mañana a las 8.30 h y me dijo «buenos días». Yo no le contesté. Al día siguiente y casualmente me lo volví a encontrar y me volvió a decir lo mismo. Yo esta vez le contesté con otro «buenos días», y así durante una semana en que coincidimos. Luego me empezó a hablar de que era muy bonita, me preguntó dónde trabajaba y que era normal que yo trabajara en temas de belleza, ya que siempre iba impecable, etc. Un día me dijo que tomáramos un café, que se le hacía muy corto el trayecto. Me dijo que estaba casado y que tenía dos niños, pero que su matrimonio no iba bien.

Luego dejé de verlo y al cabo de tres meses volví a verlo y me dijo que ya se había separado, y que se iba con su hija de vacaciones de Semana Santa. Yo por entonces salía con una persona y no le di la mayor importancia. Cuando regresó lo volví a encontrar en el metro y me dio un «escarabajo de la suerte» (¿tiene gracia, verdad?) y me comentó que le gustaría invitarme a algo. Yo no acepté, y cuando en el mes de noviembre yo dejé la relación que tenía, casualmente me lo encontré. Yo le había comentado que cantaba a veces en un local con amigos y me fue a ver allí. Pero lo bueno del caso —según supe luego— es que también habían ido algunos amigos suyos a espiarme.

Empezamos a salir, pero en diciembre lo dejamos, ya que a mí no me gustaba mucho (curiosamente, me pareció un hombre apocado, aburrido, con un gran complejo de inferioridad; caminaba mirando al suelo y tenía aspecto de afeminado). Creo que la primera impresión es la que realmente vale, y la hemos de tener en cuenta. No me gustó nada. Tampoco me gustó el hecho de que tuviera —según él— una ex mujer «neurasténica», y dos hijos con problemas: la niña (Ángela) tenía trece años recién cumplidos y el niño (Adrián) sólo ocho. Pero lo cierto es que yo he sido siempre una persona necesitada de cariño, y a pesar de que le dije que no estaba enamorada de él, su insistencia, sus modales y la protección que me brindaba me convencieron para que volviera con él, y que empezáramos a vivir juntos en 1994.

Él me dijo que sus hijos vivían con su madre, pero la verdad es que siempre estaban en casa, y yo tenía mucho trabajo ocupándome de ellos, ya que él volvía tarde de su trabajo y no les prestaba mucha atención. Los dos primeros años no tuvimos muchos sobresaltos. Él era gerente de una empresa con muchas sucursales en toda España, y yo todavía trabajaba, así que no teníamos mucho tiempo para la convivencia. Sin embargo, ahora recuerdo que hubo determinados acontecimientos que revelaban muy bien el tipo de persona que luego iba a evidenciar en toda su crudeza.

Por ejemplo, un día yo le comenté que le debió de doler mucho que su esposa quisiera separarse, que era lo que él me había dicho siempre. Sin embargo me contestó: «No creas. Le di tan mala vida que no tuvo más remedio que marcharse». En otra ocasión, en relación de nuevo con su ex mujer, manifestó que «si esta tía me busca las cosquillas, llamo a un policía que es amigo mío, le meto droga en el coche y le busco la ruina». También aprecié un comportamiento sexual raro por su parte, y pequeñas mentiras habituales. Por ejemplo, al comienzo de ir a vivir juntos me dijo que ya había solicitado el divorcio, pero me enteré de que un año después no lo había solicitado. También me mentía sobre lugares a los que iba, o personas con las que había quedado.

Pero lo cierto es que esos dos años, en comparación con lo que vino, fueron un paraíso. Porque luego todo lo que, según él, le gustaba de mí, empezó a disgustarlo. Parece mentira cómo esta persona fue capaz de ir transformándose hasta hacer lo mismo que le hizo a su ex mujer:

agotarla y maltratarla hasta que pidió el divorcio. Según sus propias palabras: «Estaba harto de ella porque era vieja» (tenía 42 años, la misma edad que tengo yo ahora).

Ese profundo cambio tomó cuerpo cuando él empezó a hacer negocios en Cuba. Cuando regresaba ponía todo el día música cubana (él tiene 13 años más que yo), leía libros sobre la isla como si fueran la Biblia, y a partir de ahí su indiferencia hacia sus propios hijos (que seguían con muchos problemas) y hacia mí fue absoluta. Yo empecé a sospechar que podría hacerme alguna jugada. Empecé a notar que no hablaba de sus empresas, ni de sus ganancias, ni de dónde tenía las cuentas bancarias. Cuando yo preguntaba, la única respuesta que obtenía era que «eres una materialista». Sin embargo, la realidad es que él tiene todas las cuentas fuera del país, en paraísos fiscales, sin que nadie tenga acceso a ellas. Los bienes gananciales nunca los ha aportado al matrimonio y, además, ha tramado una extraordinaria tela de araña en donde *él es insolvente y yo sólo busco su dinero.*

Los vericuetos de la trama rocambolesca elaborada por Rafael son demasiado numerosos para tener cabida aquí. Pero a partir de 1997 Nina se ve sometida a una convivencia difícil de soportar. Sin embargo, ella se queda embarazada en 1997. A partir de ese momento, su instinto maternal le dicta que ha de hacer lo posible para proteger a su hija. Nina intenta averiguar qué hay detrás de tanta mentira y del comportamiento errático de su marido.

Le puse una querella en el juzgado por haber falsificado mi firma, ya que intentó poner un coche a mi nombre, el cual ya había puesto anteriormente a nombre de su empresa, sin que sus socios lo supieran. Al preguntarme si yo quería el coche, le dije que no y entonces cogió una fotocopia de un DNI mío (caducado) que yo le había dado en 1993 para hacer un viaje y lo presentó en el Real Moto Club de Cataluña. Cuando yo acudí a esa entidad, me enseñaron la firma y vi que estaba calcada. Posteriormente él logró que le dieran los documentos y los rompió. Sin embargo, encontré cuatro firmas más en una entidad bancaria pertenecientes a la compra de unos muebles de una firma muy conocida. Ingresó el dinero en la cuenta de esta empresa poniendo mi firma. La policía ya ha descubierto que esa letra pertenece a mi marido. Y he encontrado otro documento en que hace lo mismo a su hija Ángela: le ingresa una cantidad, le pone el nombre de ella y firma con una firma falsa.

En total Nina interpuso varias denuncias, además de la señalada, por robo de cuadros, amenazas de muerte, malos tratos psíquicos a ella y a su hija, malos tratos a su hija (la lleva en el coche sin sillita, y con dos años es obligatorio). Pero no corramos tanto: el camaleón se enfureció cuando se enteró de que Nina había descubierto la falsificación de su firma.

Todo esto lo descubrí el 9 de diciembre de 1999. Lo negó, diciendo que yo estaba mal de la cabeza y que no era verdad. Sin embargo, existía un papel del Real Moto Club en donde constaba que yo era socia y que se me traspasaba un coche caro, un BMW que estaba a nombre de su empresa. Dijo que todo era mentira. Entonces lo denuncié, y su reacción fue la de poner a sus dos hijos en mi contra. Me insultaba, venía bebido y dejó de darme dinero desde el día 13 de ese mes. Yo tenía que comer y cenar con mi hija pequeña en casa de mis padres. Empezó a insultar a mi madre [recuerde el lector que se trata de un «serio» empresario de más de 50 años], la llamaba por teléfono y le empezaba a decir que era la Pantoja, imitando su voz. Venía siempre bebido, ponía la televisión y la música altísima y encendía todas las luces, cosa que acabó con los nervios de todos y, sobre todo, de mi hija que tenía 19 meses, y que adquirió por ello terrores nocturnos, por lo que tuve que llevarla a una psicóloga.

133

Posteriormente la niña somatizó ese ambiente irrespirable en síntomas de asfixia, que se complicaron con una bronquitis asmática. Como mi marido estaba completamente borracho, tuve que ir corriendo al hospital acompañada por mi hermana.

El tiempo que transcurrió entre el 13 de diciembre hasta el 17 de marzo de 2000 —fecha en la que sus hijos se fueron de nuestra casa a otra de alquiler, ya que su padre y yo nos separábamos— fueron los meses más terroríficos que he pasado nunca. *Por primera vez me di cuenta de que era un psicópata* y tenía miedo de sus reacciones, de tal forma que mi hija y yo dormíamos —ella en su cuna y yo en el suelo— en otra habitación y yo con un cuchillo debajo del colchón.

Cada vez que llegábamos de casa de mis padres nos atormentaba y les decía a sus hijos todas las barbaridades posibles a fin de que ellos pensaran que yo me había inventado toda esta historia para sacarle dinero.

Luego empezó a sacarme fotos cuando yo estaba con un amigo de mis padres —que tiene 70 años— diciendo que era mi amante y que yo lo que quería era el dinero de ese señor. Envió las fotos por correo a mi hermana y a mi cuñado, a mis padres y a una amiga mía, diciéndoles que lo que yo tramaba era despistar para estar con esta persona. Es increíble como podía manipular a dos niños que tan sólo dos meses antes —en octubre de 1999— le dijeron a su padre que estaban hartos de que no los atendiera ni hiciera vida familiar después de que lo hubiera prometido.

En ese tiempo, descubrí, rebuscando papeles en casa, que tenía ¡35 fotocopias! de DNI de diferentes personas. También descubrí que había puesto a nombre de una señora de 90 años un coche deportivo de su propiedad.

Nina me cuenta otros actos fraudulentos, que son muy numerosos para comentarlos en este relato. Ahora la relación ya estaba rota, esperando únicamente que el juez dictamine la marcha de Rafael de casa. Pero volvamos un poco más atrás en el tiempo, cuando parecía posible todavía una relación normal. Como tantas veces ocurre, el agresor psicológico hace todo lo posible para que su pareja dependa de él, y para minar su autoestima.

Durante los primeros años de convivencia yo trabajaba. Era adjunta a la dirección y me ganaba bien la vida. Rafael mostraba siempre celos y evidenciaba una cierta envidia de mi jefe, ya que éste tenía una posición y una inteligencia muy superiores a la de mi marido. Todo le parecía mal y decía que yo no tenía tiempo para él, para sus hijos y para la casa. Al poco tiempo, me quedé embarazada y dejé el trabajo a finales de diciembre de 1997. Como ya tenía 39 años y había perdido un bebé con anterioridad (en mi primer matrimonio), pensé que sería mejor cuidarme y no perder éste. Así que decidí —después de consultarlo con mi marido— que sería mejor dejar definitivamente el trabajo y dedicarme a mi futura hija y a toda la familia. En cuanto dejé el trabajo, sin embargo, empezó una sorprendente tortura psicológica: decía que yo estaba siempre en casa, que no hacía nada, que no traía dinero a casa, que él aportaba más de un millón al mes, que yo era una inútil, etc. En una palabra, su opinión cambió por completo. Era el comienzo de 1997, y se iniciaba el declive profundo de nuestra relación.

Durante todo el embarazo de Nina, Rafael la ignora. Ese reprochar su ausencia de trabajo fuera de casa cuando anteriormente se lo estaba exigiendo, es una típica estrategia de abuso psicológico, como hemos visto. Fíjate también que su comportamiento fue, desde el comienzo, algo muy diferente a lo que él había prometido en el noviazgo: que él iba a darle su cariño, que la iba a proteger, que al fin había encontrado a alguien que la iba a comprender... en suma, todo lo que Nina no había vivido y que tan hábilmente Rafael había sabido esgrimir para convencerla

135

de que se casara con él. Igualmente es muy importante que veas la diferencia que hay entre un agresor con rasgos psicopáticos y una persona que va de buena fe. Nina no estaba enamorada, pero se lo dijo, y puso lo mejor de ella misma para que hubiera cariño y una buena convivencia. Rafael, por el contrario, mostró su cara buena durante la etapa de seducción, para ir desinteresándose de ella progresivamente, y empezar a agredirla claramente pasados los dos primeros años.

¿La razón? Rafael ya tenía «colocados» a sus hijos, ya que la madre no estaba en condiciones de atenderlos (por su estado psicológico), y había perdido toda motivación para aparentar ser un hombre normal. Por otra parte, el padre de Nina dispone de unos bienes apetecibles, y muy posiblemente él pensó que podría extraer algún beneficio de eso. Cuando busca nueva excitación, nuevos horizontes en Cuba, su desapego de la familia es total. Pero Nina no es una pobre mujer, sin estudios, que se deja manipular fácilmente. Cuando ella comprende que su marido puede dejarla a ella y a su hija en la calle, o quizás incluso con deudas, empieza a investigar y a comprender que se ha casado con un estafador.

Presta también atención a la dureza emocional del psicópata: su absoluto desprecio de sus hijos, de todo el mundo: desquició a su primera mujer, intenta hacer lo mismo con Nina, y a sus hijos los trata con total falta de preocupación por su bienestar. En mi libro *El psicópata* dediqué un capítulo a describir de qué modo un padre con este trastorno puede dañar de modo muy grave el futuro de sus hijos. Sencillamente, a él sólo le interesa una cosa de ellos: que no lo molesten, cuando no —en casos de gran deseo de posesión y sadismo— devienen en objetos de su profundo odio y capacidad de agresión.

Nunca tenía tiempo para nada que se relacionara con nuestra familia. A sus hijos sólo les daba dinero para que no lo molestaran, y cuando yo le avisé de que su hijo —que entonces tenía doce años— iba con malas compañías, fumaba porros, llegaba tarde, etc., lo único que hacía era reírse y quitarle toda importancia. ¡Decía que yo era una *gestapen!* (haciendo referencia a la Gestapo alemana en la Segunda Guerra Mundial). Le pronostiqué que su hijo atracaría, robaría motos y acabaría tomando drogas, y me espetó irónicamente que por qué no me ponía de vidente en la plaza de Cataluña. Por desgracia, la trayectoria de Adrián fue la que yo predije.

¿Qué es lo que queda de todo esto? Actualmente Nina ha logrado que Rafael salga de casa, pero —como era previsible— no le pasa la pensión que asignó el juez. Ha hecho muy buenas migas con el padre de Nina, y sigue vendiendo a su familia que él es un hombre decente. Llevo veinte años estudiando a los psicópatas, y todavía me quedo boquiabierto ante su capacidad de engañar a la gente. Nina no sólo ha de luchar contra la indigencia, tiene que enfrentarse a su propio padre.

Creo que puedes, con este relato, escribir un buen libro, aunque nos queda el final. De momento, yo tengo que demostrar que es un impostor delante de mi familia, de su familia, de sus amigos y de la sociedad. Tal como tú dijiste, es un auténtico camaleón que ha sabido esconder muy bien sus mentiras una detrás de otra. Sin embargo, creo que ha llegado el momento de que la luz reine sobre las tinieblas. Lo más importante es que no le haga daño a mi hija como le hizo a Adrián, ya que ha empezado a decirle cosas que a una niña de dos años y medio no se le deben decir.

Por último, te diré que aún no me he hecho a la idea de que nunca me quiso. Que la maldad de estos últimos tiempos es la auténtica verdad de mi marido. Es realmente triste pensar que me ha usado de forma calculadora, que no me quiso ni a mí ni a sus hijos y que todo es, simple y

137

llanamente, un mensaje. Tal y como te dije, todas las piezas empezaron a encajar el día que leí tu libro *El psicópata*. Un camaleón que vive con una máscara de hombre bueno, honesto y sencillo. Nos ha engañado a todos.

Como Rafael, otros agresores cuentan hasta la última peseta que dan a su mujer, mientras que, al mismo tiempo, exhiben gastos cuantiosos con otras mujeres:

Elena vivió doce años con su marido. Ella trabajó de soltera en un supermercado, pero dejó su empleo cuando se quedó embarazada de su primer hijo, Ismael. A éste le siguieron dos más. Elena me contó que cada vez que ella hablaba de volver a trabajar (en una tintorería, de nuevo en un supermercado, en un centro comercial) su marido le decía que «no quería oír nada de eso», y hacía lo posible para que tuvieran otro hijo. Pero él nunca se preocupó de ellos. Una noche el segundo enfermó de neumonía, y él, avisado de que estaba enfermo, contestó con un «ya voy» desde el bar en el que estaba con sus amigos, pero no regresó a casa hasta las seis de la mañana. En los últimos dos años de convivencia los insultos y menosprecios —presentes desde el comienzo del matrimonio— arreciaron, y él empezó a decirle que «se estaba haciendo una foca», y que «ningún hombre daría un duro por estar con alguien como ella». Elena entró en una depresión, y su marido empezó a decirle que si quería ropa nueva se la comprara, que él «no iba a mantener a una tía que no hacía nada», que él «no ganaba dinero para pagarle sus caprichos». En el último año le daba tan poco dinero que Elena tenía que pedir dinero a una hermana suya para que sus hijos pudieran comer e ir al colegio, ya que no se atrevía a decírselo a sus padres. De hecho, apenas los veía ya para que no notasen su deplorable estado físico y psicológico. En varias ocasiones observó que su marido se marchaba de casa después de trabajar, llevando regalos y con aire despreocupado. Al preguntar ella, recibía por respuesta «que se metiera en sus asuntos».

138

Algunos agresores psíquicos utilizan el dinero como un arma, a modo de amenaza. No necesitan ser físicamente violentos, ni amenazar con quitarle los hijos para siempre. Sólo tienen que «dejar caer» que, por ejemplo, cualquier día se encontrará con el piso vendido y él viviendo «a sus anchas».

Un protocolo para el abuso psicológico

Como has podido ver, las posibilidades para torturar psicológicamente a una mujer son muy numerosas. Diversas investigadoras de la violencia doméstica señalan que los siguientes comportamientos son los más habituales en la agresión psicológica a la mujer:

CONDUCTAS HABITUALES
DE AGRESIÓN PSICOLÓGICA A LA MUJER

1. Me ha encerrado en casa, una habitación, o local.
2. Me ha atado con una soga, cadena o algo parecido.
3. Me ha forzado a vivir en sitios aislados.
4. Me ha impedido ver a mis familiares o amigos.
5. Me ha controlado el uso del teléfono o del correo.
6. Me ha insultado («subnormal», «imbécil», etc.).
7. Me ha humillado en público (cosas que avergüenzan).
8. Me ha humillado en privado.
9. Me ha controlado el dinero al máximo.
10. Me ha presionado para que tenga relaciones sexuales con otros.
11. Me ha forzado a leer/ver pornografía.
12. Ha intentado que crea que yo estoy mal de la cabeza.
13. Ha dicho a otros que yo estoy mal de la cabeza.
14. Me miente y me manipula con frecuencia.
15. Asegura que soy un fracaso absoluto (en el trabajo, la pareja, etc.).
16. Me obliga a trabajar muchas horas en la limpieza de casa.
17. Me obliga a que viva pendiente de que todo esté a su gusto.
18. Es obsesivo e inflexible con detalles absurdos (limpieza, temperatura del ambiente, horarios, etc.).

---

19. Dificulta mi descanso (dormir, un tiempo mínimo libre, etc.).
20. Me fuerza a beber o a tomar drogas.
21. Tiene celos de modo desmesurado.
22. Me llama siempre para tenerme bajo su control.
23. Me impide trabajar.
24. Me impide estudiar.
25. Procura siempre estar presente cuando estoy con otras personas.
26. Se niega a discutir los problemas cuando yo lo exijo.
27. Nunca es capaz de llegar a una negociación sobre algo.
28. Me amenaza con matarme.
29. Me amenaza con hacer daño o llevarse a los niños.
30. Me amenaza con suicidarse.
31. Me amenaza con hacer daño a gente a la que quiero.

Debe parecer obvio que si tu pareja realiza una de esas conductas de modo muy aislado no está actuando como un agresor psicológico sistemático o crónico, aunque dependiendo del comportamiento en cuestión el asunto puede resultarte muy nocivo. Por ejemplo, no es lo mismo amenazarte con matarte que negarse a discutir contigo los problemas. Pero estate atenta, especialmente si estás al comienzo de la relación con él. No quiero ahora —como se dice actualmente— «demonizar» a nadie, pero más vale prevenir...

Estas acciones de abuso deben servirte para discriminar en qué medida, y de qué modo, tu novio, pareja o marido está adoptando contigo una posición de superioridad y de control intolerables.

Finalmente, puedes comprobar viendo esta relación de conductas de abuso cómo el acoso, ya analizado anteriormente, supone uno de los modos más devastadores e insidiosos de terror psicológico. Como te comenté, las personas muy celosas y que quieren saber dónde estás en cada momento (puntos 21 y 22 de la lista) son las más proclives a acosarte, aun dentro del matrimonio o de la convivencia.

Del abuso psicológico al asesinato

No pienses ni por un momento que un agresor psicológico no puede poner en peligro la vida de su víctima. Es verdad que los malos tratos físicos severos y frecuentes suelen ser precursores del crimen, pero recuerda que los golpes, la violencia física, siempre conllevan agresión psicológica, humillación, un profundo dolor moral en la víctima. Nada impide que un agresor psicológico se deslice hacia el asesinato; si su forma de canalizar su deseo de dominio es exclusivamente emocional, una persona así puede reaccionar con la misma furia frente a su posible pérdida que un agresor físico. Presta atención al siguiente caso.

Cuando llegó la Guardia Civil el jueves 19 de octubre de 2000 al domicilio de Juan Rodríguez Heblás, alertada por los vecinos, éste les aseguró que en su casa no ocurría nada, aunque un charco de sangre a sus pies alertó a los agentes, que, al oír gritos de auxilio, entraron en la casa y descubrieron a Josefa Ortega en el suelo, herida.

La mujer recibió veintitrés puñaladas, según fuentes del Ayuntamiento de La Rinconada. El marido fue detenido por la Guardia Civil, y la mujer se pudo salvar milagrosamente. La mujer había acudido al Servicio de Atención de la Mujer de ese ayuntamiento, y había contado que, *debido al maltrato psíquico que sufría*, había iniciado los trámites del divorcio. En efecto, el 17 de julio de ese año, Josefa denunció a su marido por malos tratos psíquicos, insultos y amenazas. En aquel momento declinó ir a una casa de acogida, ya que tenía una mala experiencia en una de ellas a la que había acudido estando en el extranjero. Esa experiencia fue hace diez años en Alemania, cuando lo denunció por vez primera por malos tratos, interponiendo también la demanda de separación.

Josefa Ortega volvió a España en 1993, olvidó los trámites de separación iniciados y se instaló en una casa de dos plantas (...). En Alemania dejó a su marido y a los dos hijos de la pareja. Juan Rodríguez vino a vivir con ella hace tres años, tras jubilarse. Antes, Josefa intentó vender la casa y volvió a Alemania, donde pasó varios meses con su marido, pero al poco tiempo se arrepintió y volvió a España.

Los vecinos cuentan que tras la llegada de Rodríguez a la casa, la mujer cambió. Pasó de cantar y poner la radio en voz alta a no dar señales de vida y dejar de saludar en el vecindario. Según el vecindario, el marido es un hombre de aspecto cansado y pacífico, educado y cortés.

Los mismos vecinos apuntan que los hijos no vienen mucho a verlos (...). Lo más chocante de la historia para los vecinos es que, en estos años, jamás habían oído gritos ni peleas en la vivienda. Si discutían, lo debían de hacer en voz baja.

Josefa iba y venía, unida a su marido por la historia familiar, por la costumbre y por la creencia en que algún día cambiaría. Pero la realidad es muy terca: la mayoría de los agresores lo seguirán siendo —atemperados por la pérdida de energía que impone la edad— toda su vida. Es un estilo de vivir: si la denigraba y la humillaba durante años, eso no iba a dejar de suceder. ¿Por qué Juan Rodríguez quiso matar a su mujer después de tantos años?, ¿por qué no lo intentó mucho antes?

Quizá ahora el agresor percibió que la decisión de su mujer era irrevocable, y ante esa pérdida se imponía el castigo máximo: la pena capital. Veintitrés puñaladas: la firma de la furia, del ultraje, de la rabia de tener que vivir sin la posesión más preciada.

«Si tú me rechazas, no mereces vivir, porque yo no puedo soportar que destruyas mi identidad. Mi identidad está en que te tengo, en que soy capaz de vivir con una mujer que es mi mujer. Si tú me dejas demuestras a todo el mundo que soy una persona poco valiosa, a la que se puede abandonar como una colilla. Y eso yo no lo voy a tolerar.»

Creo que ésta sería su respuesta, si quisiéramos acercarnos a su celda, si quisiéramos escuchar a este hombre «educado y cortés», y él, por supuesto, se aviniera a explicar lo inexplicable.

6. EL AGRESOR DEPENDIENTE

Este tipo de agresor suele presentar una serie de rasgos: baja autoestima, un sentimiento profundo de impotencia e incapacidad para hacer frente a la vida, dependencia emocional y desconfianza en su pareja que en ocasiones se acompaña de celos irracionales y abuso frecuente de la bebida.

Dependencia emocional e impotencia para vivir

Ana Isabel Cerezo ha escrito un perfil muy acertado: «Suelen ser personas acomplejadas que se sienten inferiores respecto a los demás. Esto les lleva a utilizar el maltrato como la única forma posible de resolver conflictos o como medio para sentirse superior a su pareja. Al descubrir cómo su violencia acobarda a ésta, tienen un sentimiento de poder muy satisfactorio que les proporciona una sensación de omnipotencia. Se trata de sensaciones que tienden a buscar repetidamente, cada vez con más frecuencia, como forma de desahogo frente a su impotencia en el mundo exterior, ya sea por reveses en el trabajo, humillaciones reales o imaginadas en el trato social, o por sus propias insuficiencias. Es decir, en su vida social son seres inseguros y poco brillantes, que suelen crecerse en casa aumentando su violencia en proporción inversa a la percepción de su propia impotencia en la calle».

El elemento clave en este agresor es *la dependencia emocional*. Es curioso, sin embargo, cómo vive el sujeto esa dependencia. Por una parte, niega que exista esa necesidad tan intensa de vivir con su pareja. Por otra parte, reclamará su autoridad absoluta cuando perciba que ella intenta ganar su propio espacio personal. «Por este motivo —dice la Dra. Cerezo— muchas veces el primer acto de violencia contra la mujer se debe a un incidente percibido por el hombre como de exceso de independencia de su pareja o de cuestionamiento de su autoridad. Su dependencia y necesidad de este sentimiento breve de omnipotencia al maltratar y aterrorizar a su pareja es cada vez mayor, lo que explicaría su violencia habitual. Y, al mismo tiempo, cada vez sienten más temor ante la idea del abandono de su familia y de perder el poder». Razón por la que pueden llegar a una «solución final» cuando se ven en un callejón sin salida.

La violencia, entonces, se emplea porque compensa al sujeto de su incapacidad para vivir de modo natural, libre, con responsabilidad y capacidad de amar sin miedo. Erich Fromm lo ha reflejado con su habitual sabiduría:

> Crear vida requiere ciertas cualidades de que carece el individuo impotente. Destruir vida requiere sólo una cualidad: el uso de la fuerza. El individuo impotente, si tiene una pistola, un cuchillo o un brazo vigoroso, puede trascender la vida destruyéndola en otros o en sí mismo. *Así, se venga de la vida porque ésta se le niega.* La violencia compensadora es precisamente la violencia que tiene sus raíces en la impotencia, y que la compensa. El individuo que no puede crear quiere destruir...

Acoso, celos y paranoia

Debido a su escaso éxito social, siente que los demás le pretenden avergonzar y humillar, lo que se extiende al trato con su pareja, a la que controla todos sus movimientos. Cuando golpea, busca protegerse de amenazas que él percibe hacia su sentimiento de valía —lo cual, desgraciadamente, convierte en algo real con su proceder; esto es, realmente en esos momentos la gente lo considera «un pobre diablo», y el agresor percibe ese sentimiento con mayor fuerza cada vez, porque él lo está provocando.

Es obvio aquí el papel de los celos irracionales, si bien en algunos casos su misma conducta abusiva empuja a la mujer a buscar una relación sentimental que le permita respirar dentro del ambiente malsano que conforma su vida diaria. Es decir, la misma obsesión del agresor crea aquello que intenta evitar desesperadamente. Pero se trata de un hecho aislado. Lo normal es que esos celos sólo respondan al atormentado mundo interno del hombre. Pocas novelas han explicado ese proceder tan absurdo que la escrita por Julian Barnes, titulada *Antes de conocernos*. Su contenido viene perfectamente resumido por el editor en la contraportada:

«Tras quince años de implacable matrimonio con Barbara, Graham Hendrick, un historiador y profesor universitario, conoce a Ann, se enamora y, después de unos meses de relaciones clandestinas, abandona su hogar y se marcha a vivir con la mujer que le ha hecho recuperar el placer de vivir». Son felices Graham y su nueva mujer, «hasta el día aciago en que sorprende a su nueva esposa cometiendo adulterio en la pantalla. Pues Ann no ha nacido, como desearía Graham y, con él todos los enamorados, en el instante preciso en que se conocieron. La joven tiene un pasado en el que ha sido actriz, y ha interpretado pequeños papeles en numerosas películas. Graham se dedicará a rastrearlas minuciosamente, y a verlas compulsivamente, pues como historiador que es, sabe que el pasado, y sus testimonios, importan».

Sin embargo, obviamente, lo suyo no es una investigación histórica, sino una obsesión de celos. Consume su tiempo y su energía en tratar de descubrir si su mujer había mantenido romances con los actores de sus películas, en un sinsentido que acaba en el asesinato de su mejor amigo (y antiguo amante de Ann) y su posterior suicidio.

Menciono esta novela —excelente, por lo demás— porque quiero demostrarte que los celos pueden llegar a niveles auténticamente extremos y absurdos.

Miedo a la intimidad

Por otra parte, el gran especialista en hombres agresores, G. Dutton, considera que la intimidad, la distancia emocional, es el elemento esencial en este tipo de agresor. Se trata de personas que tienen un gran miedo a la intimidad. Sin embargo, ¿por qué buscan la relación?; ¿por qué, una vez que ésta se rompe, se obstinan tanto en que se rehaga?

Estos agresores experimentan una gran variedad de sentimientos hostiles, donde la rabia y los celos ocupan un lugar prioritario. Con frecuencia interpretan de modo erróneo las conductas de sus parejas, echándoles la culpa de sus propios errores, y haciéndolas responsables de sus propios sentimientos de dependencia. A esto se añade sus peticiones imposibles de cumplir, y el inevitable castigo que les espera por esos fracasos.

Sus mujeres los describen muchas veces como teniendo «una doble personalidad». «Sus amigos nunca ven cómo se comporta conmigo; la gente piensa que es un hombre amable y correcto.» «Nunca sé cuál de los dos va a llegar a casa.»

Otra característica es su capacidad de inventar, de crear en su abuso psicológico, revelando una imaginación perversa. Por ejemplo, el marido puede humillar a su mujer llamándola «madre desastrosa», para pasar luego a considerarla «burra» e «ignorante» si decide luego, una vez sus hijos son un poco mayores, ingresar en una escuela de adultos. «Esos hombres tienen la necesidad de avergonzar y humillar a otro ser humano, con la finalidad de hacer desaparecer su propia vergüenza y humillación», dice Dutton.

Diferencias con el agresor psicópata

Los agresores dependientes se diferencian de los psicópatas en varios aspectos. El primero es su objetivo a la hora de relacionarse con una mujer. El psicópata, ya sea instrumental o posesivo, busca aprovecharse de ella, controlarla para sentir los beneficios de alguien sumiso y bajo su dominio. Lo que quiere obtener de la mujer puede ser alguna o varias de estas cosas: sexo, dinero, respetabilidad social, atención y cuidados, su trabajo, obediencia y sumisión, sensación de poder y gratificación para su sadismo. El agresor dependiente, en cambio, quiere tener una buena relación con ella. El problema es que su personalidad y su psicología lo imposibilitan: su inseguridad, su miedo, su terrible debilidad lo hacen un ser agresivo y mezquino. Tiene una imagen absolutamente distorsionada de sí mismo y de la relación; su tragedia es la necesidad imposible de dar sentido a su vida mediante la aniquilación de la voluntad de la persona a la que se une.

El agresor dependiente goza de la violencia (¡sentir tu fuerza sobre otra persona da poder!); quisiera no ser violento, *pero no lo quiere lo bastante* como para ponerse en tratamiento psicológico o separarse de su mujer para no dañarla. Se quiere mucho más a sí mismo. Y protege su autoestima convenciéndose de que «yo puede que tenga un mal genio, pero mi mujer debe aprender a respetarme». Esto explica la increíble conducta de muchos de estos maltratadores: ¡al tiempo que golpean cruelmente a sus parejas se sienten víctimas de ellas! Te lo creas o no, muchos de ellos dicen que sólo responden al desafío y a la violencia verbal que ellas les ofrecen. Actúan «en defensa propia».

El término «agresor dependiente» no es baldío. Dependen tanto de su pareja que se obsesionan con controlarla; les gustaría que estuvieran a su disposición cada minuto del día. Es justo lo contrario del psicópata. Éste controla —y lo hace con severidad— pero sólo cuando él lo quiere, como ejercicio de su autoridad. El psicópata adora su independencia, y no la arruinará por vincularse con una mujer. Puede dar la impresión de que «quiere mucho», pero sólo en la medida en que necesite esa estrategia para someter a la mujer.

La dependencia de este agresor es tan intensa que, cuando se marcha su mujer, la acosa, la amenaza, incrementa su violencia, y puede pensar en matarla. El psicópata, por supuesto, no es menos capaz de ser violento, especialmente si es del tipo posesivo, pero es muy probable que su obsesión dure menos, ya que se trata en su caso de castigarla por haberlo desafiado; de un odio nacido de su narcisismo herido. La violencia del psicópata puede ser más letal, pero es improbable que se prolongue en el tiempo. El dependiente, en cambio, tiene una necesidad psicológica continuada de ser alguien, y esa identidad amenazada sólo puede cubrirla una mujer, su mujer (a menos que mientras tanto logre una nueva relación).

Esta peculiar psicología explica que se sientan siempre amenazados, y que miren con recelo toda idea «diferente» de su mujer. *Todavía tengo que ver a un agresor dependiente decir algo así a su mujer: «Es una buena idea. Empiezo a ver ahora lo que quieres decir».*

En ocasiones parecen desvalidos, en algún sentido muy necesitados de cariño, y eso despierta el sentido de rescate de la mujer. Ella ve que bebe, que sus padres fueron violentos con él, que muchas veces es tan inseguro como un niño... y se resiste a terminar con el sueño de que es su amor «para siempre». Pero es un gran error.

El ciclo del abuso

En 1979, la psicóloga Leonore Walker escribió su ampliamente citado libro *The battered women* (Las mujeres golpeadas), para el que entrevistó a 120 mujeres maltratadas de Denver, Colorado. En ese libro están los cimientos de lo que Walker más tarde llamó el «síndrome de la mujer golpeada».

En sus entrevistas, Walker halló que las mujeres coincidían a la hora de describir un ciclo, «el ciclo del abuso», compuesto de tres fases, que paso a describir en unos momentos. Pero antes deja que te diga que esto no sucede siempre. Muchas veces la fase de contrición sólo se da por un periodo; luego no vuelve a aparecer, y a una agresión le sucede otra, sin tiempo intermedio de arrepentimiento, especialmente si la mujer no está por la labor de aceptar sus excusas.

Generación de la tensión

La primera fase se denomina «generación de la tensión». Es una fase que generalmente no se observa por personas ajenas a la familia. Como mucho, sus amigos y compañeros de trabajo dicen que en esos días —los previos a la agresión— el agresor está «un poco raro» o «un poco tenso». Dutton llama a esos signos sutiles «goteo» o «fuga». ¿Qué es lo que ocurre en la psicología del agresor durante esa primera fase?

Podemos decir que una «oscuridad mental» empieza a cernirse sobre su entendimiento. Su ánimo «raro» y su gesto preocupado esconden un miedo profundo y un sentimiento de gran vulnerabilidad. Su identidad, su sentido de la valía personal, es muy pobre. Esta ansiedad está acompañada por sentimientos muy desagradables en forma de gran irritación: el sujeto está tenso, agitado, con una gran desazón, como si una fuerza externa a él lo sobrepasara y tomara el control.

Alejandra, a la que entrevisté un año después de que se separara de su marido, y que había sufrido más de cinco años de abuso físico (que incluía dos hospitalizaciones) y psicológico, me explicaba de modo muy gráfico esa primera reacción de su agresor:

> Recuerdo que la vez que me lanzó contra la pared y luego me tiró el televisor encima [la segunda agresión que requirió hospitalización] había estado toda la noche, desde que había llegado a casa, con la mirada perdida, y casi no me hablaba. Yo había vuelto de trabajar un rato antes, y recuerdo que sólo le comenté que comprar ahora un coche nuevo no nos iba a venir muy bien, ya que teníamos pendientes de pagar varias deudas. Cuando nos pusimos a cenar yo estaba muy asustada, porque cuando él se ponía así muchas veces había bronca. Ya comenzó al sentarse a la mesa; me dijo: «¡Otra vez esta mierda de cena!». Yo no le contesté, pero él siguió con cosas como «ya podía tu madre haberte enseñado a cocinar en vez de dejarte que hicieras la puta los fines de semana» [se refiere a que ella salía los fines de semana con sus amigas a bailar y pasárselo bien; Alejandra trabajaba en unos grandes almacenes desde los 16 años]. Le temblaban las manos, y respiraba fuerte, con dificultad. Apretaba los dientes».

En la historia de Alejandra existe un elemento disparador de esa fase: su crítica a la compra del coche. Pero en realidad muchas veces no tiene por qué haber una causa concreta o específica. Esta «generación de la tensión» puede crecer de modo autónomo, espontáneo, en la mente del agresor. Así ocurre, por ejemplo, cuando recuerda determinados acontecimientos o piensa que su mujer *ya se está pasando* en algún aspecto (la casa no está tan limpia como él desea —y está como siempre—, le parece que es estúpida o cualquier otra idea que le surja). Lo que siente el agresor es una tensión general que lo invade, no sabe en realidad qué es lo que pasa. Su capacidad para describir sus emociones es muy limitada. Es como si tuviera un capuchón negro cubriéndole la cabeza.

Ahora sucede algo muy importante, que es crucial que entiendas. La situación está como sigue: él se siente «fatal», tenso, irritado. Estas personas tienden a pensar que su pareja es la responsable de lo que les sucede: «Estoy jodido. ¿Cómo no voy a estarlo si vivo con esta tía que me hace la vida imposible?». Esta creencia es la excusa perfecta para sentirse cabreado, muy molesto, y con un responsable obvio. De este modo, en vez de que el agresor se diga a sí mismo «estoy asustado, como si nadie se preocupara de mí», prefiere pensar cosas como «le gusta ir así vestida porque disfruta poniéndome en evidencia», o «es incapaz de lavar la ropa y tenerla como a mí me gusta».

Los psiquiatras llaman a esto «rumiar». Es un pensamiento que se repite, a modo casi de obsesión, y muchas veces tiene un contenido sexual. Aquí se ve la importancia de los celos, tan notables a la hora de explicar la violencia de este tipo de agresor (a diferencia del psicópata).

Realmente es curioso que, todo este proceso mental de «hervir la sangre», de generar odio e irritación hacia la mujer como suprema culpable de sus problemas, de sus sentimientos tan desagradables, sean la corteza exterior de una corriente que navega profunda y que arrastra un miedo intenso a ser abandonado. Hay una clara investigación que señala que los agresores de mujeres son mu-

152

cho más sensibles que los no agresores a los temores de ser abandonados: cada paso de autonomía que dan sus parejas les supone una vuelta de tuerca más en su espiral de terror a quedarse solos. (Ahora bien, no esperes que estos hombres reconozcan esto si hablas con ellos; más bien mostrarán un distanciamiento emocional, como si en realidad el asunto fuera otro, mucho más externo a su autoestima. Por ejemplo, pueden decir: «A mí me da igual que se vaya o no; pero si come de mi sueldo, no admito que me chulee». Observa que aquí el énfasis no está en el hecho de que ella pueda abandonarlo, sino en la desobediencia a sus reglas porque él es quien trae el dinero a casa.)

Sin embargo, ¡qué fachada tan patética resulta todo esto! Lo que el agresor dependiente nunca va a reconocer es que él necesita desesperadamente a su mujer para encontrar su propia identidad (él es alguien en tanto en cuanto *tiene* a su mujer); se encuentra inexorablemente unido a ella y contempla la posibilidad de que ella lo abandone como algo terrorífico. El abuso, de este modo, mantiene a la mujer en su lugar, y permite al hombre ocultar su propia necesidad de dependencia, exhibiendo en su lugar una fachada de despreocupación.

Me gustaría que entendieras bien esta fase de generación de la tensión.

a) Esa rumiación, ese pensar de modo recurrente sobre una o varias ideas negativas sobre su mujer («me pone los cuernos»; «siempre hace lo justo para sacarme de mis casillas»; «se ríe de mí a mis espaldas», etc.) incrementa su ira, su tensión, la cual acelera ese pensamiento obsesivo.

b) Esa tensión (a modo de «caldera a punto de reventar») hace que el sujeto esté especialmente atento a cualquier señal del exterior que confirme que, en efecto, su mujer lo está fastidiando, le está provocando toda esta incomodidad que él está viviendo. O bien se vuelve vigilante con aquéllos a los que él acusa de «liarse» con su mujer, ya sea en asuntos sexuales o en planes para amargarle la vida (aquí caben muchas personas: su familia, compañeras/os de trabajo, amigos). En estos momentos intensifica su abuso verbal y su acoso, incluyendo amenazas de emplear la violencia física.

c) Esta escalada continúa hasta la agresión física, que supone la fase segunda de este ciclo de abuso.

Algunos autores piensan que el riesgo de homicidio es mayor si esta fase de generación de la tensión permanece durante meses y la víctima no la percibe. Se corre el riesgo de que el sujeto libere toda esta ansiedad de modo súbito mediante el acto final definitivo: la muerte de su mujer.

La fase de la agresión

Las mujeres suelen decir que sus maridos tienen «ataques de locura», e inician una agresión que no guarda proporción con las circunstancias que presumiblemente «causaron» tal violencia. Algunos investigadores han dicho que el agresor vive, generalmente, lo que se denomina un *estado disociativo:* su mente y su cuerpo parece que hayan perdido toda conexión, pero otros autores (entre los que me cuento) creen *que el sujeto no llega realmente a perder el control de lo que sucede,* o que al menos él puede controlar llegar o no a ese punto donde quizás la violencia «se le escapa».

Sea como sea, la mujer está en una situación muy complicada: si responde, él puede volverse más violento; si se queda como muerta, eso puede enfurecerlo porque le demuestra que «ni siquiera tiene nada que oponer a su castigo».

Alejandra difícilmente olvidará esa paliza brutal:

Entonces, de pronto, cuando saqué el segundo plato, me miró como si hubiera llevado a la mesa un muerto. Se levantó, me cogió de la muñeca y me dijo: «¿Cómo te atreves a ponerme eso a mí? ¿No gano lo bastante para comer decentemente en esta casa?» *Yo ya sabía que estaba perdida,* que el mundo se me iba a caer encima. Me libré de su mano y me separé, pero él me alcanzó cuando salía del comedor y me tiró al suelo. «¡Por qué me habré casado con una puta como tú!», gritaba. Me golpeó muy fuerte en un costado, arrodillado. Siguió chillando otras cosas, al tiempo que me abofeteaba con fuerza y mi nariz empezó a sangrar. Finalmente, me tiró el televisor encima. Es como si se hubiese vuelto loco.

Muchas mujeres agredidas señalan que, si ellas están a solas con su agresor, sólo éste puede parar la agresión una vez que ha comenzado. Se trata de una violencia despersonalizada, en la que el atacante no presta atención a ninguna de las señales que presenta la víctima: es una espiral de odio que resulta gratificante en sí misma, y sólo finaliza cuando el agresor queda exhausto o alguien externo la detiene.

Como sabemos, algunos asesinos de parejas cometen luego suicidio. Precisamente el acto del suicidio guarda una semejanza, en cuanto al pensamiento del suicida que lo hace posible, con esta fase de agresión desbocada y aguda. En ambos casos el pensamiento se estrecha, adopta la llamada *visión de túnel*: el sujeto sólo ve un «sin futuro», sólo tiene realidad para él la cadena de actos concretos que ahora realiza. Así, en los casos de asesinato y posterior suicidio del agresor, la pareja lleva muchos años de disputas, agresiones y reconciliaciones. El agresor lleva tras de sí años de abuso del alcohol y de ánimo deprimido, con una personalidad definida por la suspicacia acerca de las intenciones de su mujer y los celos permanentes e intensos. Cuando viene una nueva separación, más decidida que las anteriores —o quizá la primera— el agresor entra en esa visión de «sólo importa lo que yo siento ahora», y asesina a su mujer.

Las entrevistas con los sobrevivientes de un intento de suicidio después de haber matado a su mujer son muy reveladoras al respecto. Destacan cómo el deseo de destruirlas llega a ser todopoderoso; cualquier otra consideración es superflua. Aquí es donde cobra todo su sentido la célebre expresión «o mía o de nadie».

La fase de la contrición

Esta tercera fase comienza cuando ha finalizado la violencia y se ha disipado la tensión. Aquí pueden aparecer diversos comportamientos en el agresor, desde negar que ha habido violencia («estaba borracho, no me acuerdo bien»), pasando por intentos de suavizarla («sólo fue una discusión fuerte»), hasta el deseo de que la mujer lo perdone y le dé la oportunidad de demostrarle *todo su amor*.

Lo primero —que el agresor niegue o minimice su violencia— no debe sorprender a nadie. Como el alcohólico, él cree que no «golpea tanto» (no «bebe de verdad»), que cualquiera que conociera a su mujer comprendería de lo que está hablando. Es una habilidad extraordinaria para reconstruir el pasado, embelleciendo aquellos aspectos que le ofrecen una imagen de él como alguien violento e incontrolable.

La contrición, por otra parte, es el intento desesperado por demostrar que el hombre que golpeó a su pareja no era «realmente él». Ahora que «todo pasó», que puede ver con claridad «cuánto la quiere», será una persona diferente: ya no volverá a beber, a dudar de su palabra… Él no puede vivir sin ella; si no lo perdona se morirá, o se matará… Seguro que ella no quiere destruir su propia familia… tiene que comprender que «la quiere tanto» que a veces pierde los estribos. Sigamos de nuevo a Alejandra:

Un vecino que había escuchado los golpes y los gritos llamó a casa y luego a una ambulancia. Él se quedó sentado en el sofá, con las manos en la cabeza. Al día siguiente vino a verme al hospital, con un gran ramo de flores. Trajo a mi hijo de siete años, que la noche anterior estaba en casa de mi madre. Me pidió perdón muchas veces. Yo no quería ni verlo. Esta vez estaba realmente asustada. Tenía a un tiempo sentimientos de odio y de pena. Pena por él y por mí, por mi hijo. En esos momentos comprendí que cualquier día podría matarme.

Alejandra llegó en este punto a considerar que ya no podía fiarse más de su marido (ése fue el «incidente crítico», la gota que colmó el vaso). No podía perdonar una vez más. Pero aquella mujer que decide hacerlo —como Alejandra anteriormente— prefiere confiar en «la fuerza incomparable del amor», olvidando así una de las tesis básica de la relación («tú no puedes cambiar a nadie; la gente no cambia en lo sustancial»). Cree que realmente su marido la quiere, que ahora ella le sabrá enseñar cómo ha de tratarla. La mujer se siente ahora poderosa: el estado de postración de su marido le da la falsa perspectiva sobre lo que será su matrimonio en el futuro. Lo ve desvalido, sin recursos, ella es quien lo «puede salvar». Al mismo tiempo la posibilidad de la separación aparece ante sus ojos como un episodio lleno de incertidumbres y de dolor. Y su hijo, ¿no está mejor teniendo a su padre a su lado?

En efecto, muchas veces se crea una dependencia mutua: el marido necesita desesperadamente a su mujer; ella cree que su obligación es luchar por su familia, que «puede hacerlo mejor» y triunfar sobre su ánimo violento.

Desgraciadamente, esta fase de nueva «luna de miel» no dura siempre. Al principio funciona, pero poco a poco (días, semanas o meses, no mucho más) la personalidad habitual del agresor vuelve a dominar sus actos. Pronto se sentirá poco cuidado por su mujer, desconfiado ante su tardanza en regresar del trabajo. Es cuestión de tiempo que empiece a pensar que su mujer le hace la vida imposible... La mujer, entonces, vuelve a descubrir que ella no puede cambiarlo, que su amor y abnegación es sólo un ejército de humo, sin poder real. Intentará calmarlo, adaptarse a sus exigencias, pero no servirá. Y cuando venga de nuevo la violencia, no le quedará más remedio —si no puede huir— que intentar alejar de su conciencia el dolor de sus golpes, «salirse de su cuerpo» para no sentir tanto, esperar a que su furia se aplaque o, agotada, deje paso a un mañana preñado de miedo y desesperanza.

El papel del alcohol

Con frecuencia leemos que los hombres que maltratan a sus esposas beben mucho, que el alcohol está detrás de una gran mayoría de los abusos. Es tal vez por este motivo por lo que la ministra de Sanidad y Consumo, Celia Villalobos, declaró que quizás debería considerarse el abuso del alcohol como un agravante de la pena a imponer por agresión a la mujer, en vez de considerarse como un atenuante (algo que rebaja la condena porque ayudó a que el sujeto no pudiera controlar su comportamiento).

Es de aplaudir la intuición aquí de la ministra. Ella comprendió que los agresores se escudan en algo que hacen conscientemente —beber— para tener luego una excusa con la que salir mejor parados ante sí mismos («no era yo; estaba bebido») y ante la justicia. Y lo cierto es que muchos maltratadores beben con frecuencia, pero la bebida es un rasgo más de su personalidad, «dependiente» o «psicopática».

Pero para comprender mejor la acción del alcohol en el agresor, hemos de recordar su habitual ansiedad y ánimo depresivo. El hombre maltratador se siente normal-

mente habitando en un mundo hostil, donde nadie lo reconoce como realmente él cree que se merece.

Cerezo nos cuenta, en su obra *El homicidio en la pareja*,
la opinión de Laura, quien dice, al referirse a su marido,
que es una persona acomplejada y muy envidiosa:

> Tiene envidia de todo el mundo, hasta el punto de
> que siempre está amargado y malhumorado, sin alegrar-
> se de las cosas buenas que les pasan a los demás. No fue
> al colegio y de ahí su complejo. Siempre ha procurado
> rodearse de personas incultas y más pobres que nosotros
> para de esta forma no sentirse inferior.

Pero de nuevo Alejandra nos da claves muy reveladoras
sobre la personalidad de su ex marido. Estamos tomando un
café, afuera hace buen tiempo, y me parece vislumbrar en sus
ojos una pena infinita cuando me describe el hombre del que
se enamoró y con el que, finalmente, no pudo vivir:

> Cuando lo conocí era muy divertido en las fiestas,
> muy líder con sus amigos. Trabajaba como jefe de cama-
> reros en un hotel, y presumía de lo recta que llevaba a
> la gente. Le conocí precisamente en el hotel. Yo había
> ido porque estaba invitada a una boda. Él se puso a char-
> lar conmigo aprovechando que quedaba poca gente. Me
> gustó enseguida; era alto y hablaba muy bien. Salimos
> durante año y medio y nos casamos. Durante el noviaz-
> go se portó bien, aunque había cosas que me desconcer-
> taban. Por ejemplo, recuerdo que alguna vez hablaba
> muy mal de alguno de sus empleados. Decía: «Éste es
> muy listo, me quiere quitar el puesto, pero lo voy a jo-
> der», o algo así. Me di cuenta de que estaba muy preocu-
> pado por lo que los demás hacían o dejaban de hacer. Es
> como si estuviera siempre a la defensiva. Cuando yo tra-
> taba de que confiara más en sí mismo me contestaba que
> «me metiera en mis asuntos», que «una empaquetadora
> no le iba a explicar cómo hacer su trabajo».

Después de casarnos todo empeoró. Dejó su empleo para juntarse con otros dos y abrir un bar. Pero fue un desastre. Discutía mucho con sus socios, y muchas veces llegaba tarde a casa, bebido. La primera vez que me pegó fue a los once meses de casarnos. Subió a casa a las tres de la mañana, yo ya estaba dormida. Entró gritando en la habitación algo así como que sus socios no tenían ni idea del negocio, que los proveedores se estaban aprovechando de ellos… Yo me enfurecí y le dije que me tenía que levantar a las ocho, que me dejara dormir. Me cogió del cuello y me apretó; me retorció la nariz y me lanzó contra la pared, arriba de la cabecera de la cama.

La cuestión es que los agresores beben porque los ayuda a sobrellevar sus ideas negativas, su hostilidad y su depresión. Pero cuando beben, lo que hacen es abandonar el escaso control que poseen sobre su conducta: dejan a un «hombre irritado» sin control, aumentando el riesgo de la violencia. Con lo que la ministra tiene razón: es un error echar la culpa de la agresión al alcohol. Ellos lo consumen porque es un rasgo más de su personalidad, de su estilo de vida, como sus complejos y sus sentimientos hostiles y de depresión. «La personalidad de uno se forma mucho antes de que aprenda a beber o a golpear».

¿Por qué permanecen las mujeres en una relación violenta?

La eterna pregunta. Pero la respuesta varía: depende de la mujer, del agresor, del tipo de relación y del abuso sufrido. Algunas mujeres que sufren agresión psicológica permanecen por sus convicciones religiosas, por mantener su estatus de vida, porque se sacrifican por sus hijos. Otras que soportan años de palizas lo hacen por alguna de esas razones, pero también porque creen que esa vez «será la última», como expliqué más arriba.

Hay mujeres que están tan castigadas que su sistema de protección, su capacidad de hacer frente a la violencia, está muy dañado. Viven en un mundo de resignación, y no ven otra opción. En ocasiones, esta estrechez de su mirada sobre su vida se rompe por una acción que «las despierta», por un temor nuevo que las alerta (un hijo empieza a ser golpeado, por ejemplo), por una amiga o profesional que las anima...

Otras, finalmente, padecen lo que se conoce como «síndrome de Estocolmo», a partir del cual una persona se convierte en esclava psicológica de otra. El nombre procede del hecho real de que una cajera de un banco de esa ciudad se enamoró de uno de los delincuentes que la había mantenido secuestrada durante días. Se trata de un proceso de *identificación con el agresor:* cuando la vida de una persona está en manos de otra, una salida psicológica que tiene para enfrentarse a su miedo a morir es pensar que si adopta el punto de vista del agresor será salvado. Este proceso resulta amplificado por el carácter gratuito que tiene el castigo: depende de la voluntad del agresor decidir cuándo va a descargar el golpe.

Mi punto de vista es que este proceso alcanza una gran intensidad cuando hay un profundo lavado de cerebro, como vimos en el estudio del abuso psicológico. Sólo en situaciones de extrema opresión mental (con o sin golpes) puede darse este fenómeno. Creo que la gran mayoría de los casos en los que las mujeres aguantan en una relación así puede explicarse del siguiente modo: una persona tiene el poder (el hombre), y es él quién decide cuándo va a haber una agresión, generalmente. La mujer no sabe qué tiene que hacer para evitar una nueva situación de violencia, pero sabe que después de «lo malo» (los golpes, la humillación, etc.) viene «lo bueno» (es amable, le regala cosas,

161

la deja tranquila, le dice que la quiere mucho…). Y junto a ello la esperanza de que esta vez será la última, que, definitivamente, él cambiará.

De este modo se crea un vínculo emocional poderoso. Nosotros, desde afuera, decimos: «¿Cómo lo aguanta?». Ella nos contesta: «Porque me quiere, aunque a veces pierda los nervios; porque mi deber como esposa es preocuparme por mis hijos; porque al final sabré como llevarlo por buen camino; porque no tengo otro sitio adonde ir; porque me adora pero cuando bebe es otro; porque…». Y el discurrir de los días hace que ella olvide la última paliza, o la última vez que la machacó psicológicamente en público…

Una nota de precaución: ¡el agresor es responsable de lo que hace!

Me gustaría añadir, antes de terminar este capítulo, un punto de suma importancia. Como hemos visto en relación con el alcohol, sería absolutamente incorrecto llegar a concluir que el hombre violento no tiene ninguna capacidad de decisión sobre su comportamiento. Quizás no pueda evitar golpear una vez que empieza, pero sin duda en todo el proceso anterior (la primera fase del ciclo) él tiene la opción de reconducir su espiral de odio y celos, de desconfianza y hostilidad. La prueba de ello es que los hombres no suelen atacar a sus mujeres en lugares públicos, o en presencia de la policía, sino que esperan la oportunidad propicia en la que su acción no va a obtener respuesta. Estamos hablando, por consiguiente, de algo que si bien puede costar controlar después de muchos años de pensar y sentir de un modo determinado (con unos hábitos psicológicos consolidados), no escapa por completo al control de la voluntad: el agresor elige agredir. ¿O acaso diríamos que el ladrón «se ve forzado a robar» sólo porque lo viene haciendo desde los doce años?

Sin duda reconocemos que la libertad absoluta no existe, y que la gente está constreñida en su capacidad de actuar por causas sociales, por su temperamento, por las historias que ha vivido, etc. Esto es correcto. Uno es *más o menos libre* a la hora de comportarse en una determinada situación, dependiendo de sus posibilidades como persona y de los recursos de que disponga. Pero, en último extremo, hemos de llegar a concluir que *cualquiera puede hacer otra cosa de lo que hace*. Esto es muy importante en la discusión sobre *tu respuesta* a la agresión. Nos ocupamos más extensamente en el próximo capítulo. ¿Me sigues?

7. LOS FUNDAMENTOS DE LA LIBERACIÓN: CONOCIMIENTO Y CORAJE

En los capítulos 8 y 9 vamos a discutir lo que puedes hacer para luchar, tú como mujer, contra el acoso y la violencia. Pero antes hemos de tener una pequeña charla en relación con el fundamento, si tú quieres filosófico, de por qué hago esas recomendaciones concretas en esos capítulos. Espero no escribir esto de forma complicada. Pero creo que merece la pena que hagamos un pequeño esfuerzo y entendamos dónde reside la legitimidad, dónde está el aval que nosotros enarbolamos cuando pedimos que la mujer haga algo concreto para evitar que se inicien o que continúen los malos tratos.

La tesis principal de este libro es fácil de resumir, sólo se precisan dos palabras: *conocimiento y coraje (más prudencia)*. Éstas son las grandes armas de la mujer para luchar contra la violencia. Sígueme y te explicaré por qué.

La libertad

Muchas veces escuchamos o leemos frases como éstas: «La mujer no podrá escapar de una relación violenta si no se castiga duramente al agresor»; «Toda mujer que no se va de una relación de maltrato es porque tiene el síndrome de Estocolmo»; «La mayoría de los hombres violentos lo son porque beben en exceso. Si no bebieran no golpearían a sus mujeres». Estas expresiones parecen ciertas (aunque no lo son en muchos casos, pero eso ahora importa menos).

Si te fijas, tienen en común un elemento: prescinden de la capacidad de elegir del sujeto, ya sea la víctima o el agresor. Así, en los dos primeros ejemplos, la mujer «no puede» romper la relación porque, en el primer caso, sus parejas no reciben una sanción dura, mientras que en el segundo, la razón para permanecer es su estado de absoluta sumisión mental. Finalmente, en el tercer ejemplo, el agresor es una víctima de la enfermedad del alcoholismo: si no bebiera no maltrataría a su mujer.

Deja entonces que pregunte: ¿Dónde está la libertad en todo esto? ¿Dónde está la capacidad de tomar decisiones, de impulsar en un sentido u otro nuestra vida? Y si no tenemos libertad, ¿tiene sentido hablar de que podemos elegir ser «buenos» o ser «malos»? Piensa que emitir un juicio moral, una valoración ética sobre algo requiere que la persona haya elegido libremente hacer el bien o el mal. Para contestar a estas cuestiones he vuelto a leer a Erich Fromm, un maravilloso pensador y escritor que me cautivó en los años de universidad, y he encontrado algunas respuestas que quiero compartir contigo.

Para Fromm la esencia de la persona es hallarse ante «una contradicción inherente a la existencia humana». Se encuentra esta contradicción en dos series de hechos. El primero es que el hombre es un animal, pero sus instintos no le aseguran la supervivencia, sino que necesita del lenguaje (el pensamiento) y las herramientas. El segundo es que la inteligencia del hombre va mucho más allá de la de los animales, ya que tiene una cualidad única: es consciente de la vida de sí mismo. El conflicto entonces es el siguiente: el hombre forma parte de la naturaleza, del reino animal, pero al tiempo tiene conciencia de sí mismo, es inteligente, *para vivir no puede seguir sólo sus instintos: tiene la libertad que le da su inteligencia, y se ve obligado a tomar decisiones.*

Ante ese dilema hay dos posibles respuestas. La primera la denomina «regresiva» o «arcaica», y es la elección del mal (la violencia), lo que supone negarse a emplear la razón o el conocimiento razonado, sometido a crítica, del mundo, y negarse igualmente el conocerse a sí mismo, la reflexión sobre nuestra vida, aquello que nos permite madurar como seres humanos y aprender de la experiencia. *El resultado es un hombre que no es «razonable», en el sentido de que no está sujeto a la razón:* frente a la consideración del otro *como ser a conocer,* prefiere imponer su voluntad y su prejuicio, ajeno a la realidad.

La segunda solución es la progresiva, es el bien, y es la contenida en las grandes religiones: el budismo, el cristianismo, el taoísmo y la filosofía griega. Aquí se trata de buscar «el pleno desarrollo de todas las fuerzas humanas, de la humanidad, dentro de uno»; es decir, logrando que el hombre se haga plenamente humano.

La gente varía en su tendencia a elegir la solución regresiva o la progresiva, es decir, en la elección entre el bien y el mal. No es necesario decir que el espíritu general de una sociedad dada influirá en gran medida en el desarrollo de los dos lados del individuo, pero aun así habrá una gran variación individual.

La capacidad de elegir, la libertad, se centra en querer desarrollar el *lado oscuro o el lado humano.* «Sólo el completamente "bueno" y el completamente "malo" no tienen ya que elegir», pero la inmensa mayoría debemos elegir entre el bien y el mal, y hemos de esforzarnos cada día de nuestra vida para ir hacia un camino o hacia el otro.

Estas consideraciones nos llevan a la cuestión de la libertad. ¿Es libre el hombre para elegir el bien en cualquier circunstancia, o está determinado por fuerzas exteriores e interiores a él? *Los deterministas* han contestado que no lo es, ya que, como todas las demás cosas de la naturaleza, está determinado por causas. Por otra parte, *los que apoyan el libre albedrío,* aseguran que sólo podemos exigir responsabilidad a alguien por lo que hace si él tuvo libertad para elegir aquello que hizo. Ahora bien, ¿es ésta una posición justa?, ¿puede pretenderse que alguien que creció en condiciones de pobreza espiritual y material es realmente libre para elegir?

Dos consideraciones necesarias

La primera consideración es que podemos creer que las cosas suceden porque otras previas las han provocado, pero que ello no implica que el individuo no pueda crear las propias causas para que pueda cambiar su destino. Fromm revisa las ideas de Sigmund Freud, el célebre psicoanalista, y de Karl Marx, el filósofo, considerados ambos como deterministas, y dice: «Los dos pensaban que el hombre está determinado por las leyes de causa y efecto, pero que por el conocimiento y la acción correcta puede crear y ampliar la esfera de la libertad (…). *Para los dos, además del conocimiento, eran consideraciones necesarias para la liberación una voluntad y una lucha activas*».

La experiencia de muchas personas avala esta idea: hombres y mujeres que son capaces de cambiar de modo «milagroso» su vida, contradiciendo lo que sería esperable debido a sus circunstancias vitales.

La segunda consideración tiene que ver con el concepto mismo de «libertad», o «libertad de elección». La libertad de elección no debe plantearse como una cuestión general, sino como una cuestión aplicable a individuos particulares. «Nuestro conflicto moral sobre el problema de la elección aparece cuando tenemos que tomar una decisión y no cuando tenemos que elegir entre el bien y el mal en general».

Y a la hora de tomar esa decisión, hemos de reconocer la existencia de diferentes grados de propensión hacia realizar algo, en vez de hablar de determinismo: «El problema de la libertad contra el determinismo es en realidad un problema de conflicto entre propensiones y sus respectivas intensidades».

Aquí aparece la vieja lucha entre pasión y razón. Fromm nos recuerda la opinión ya clásica del filósofo del siglo XVII, Spinoza, según el cual, la libertad se basa en el conocimiento y aceptación de la realidad, y en que la razón guíe a la acción humana. Cuando ésta se halla gobernada por las pasiones, el individuo está cautivo; cuando la gobierna la razón, es libre. De este modo, «pasiones irracionales son las que dominan al hombre y lo obligan a actuar contrariamente a sus verdaderos intereses, que debilitan y destruyen sus facultades y lo hacen sufrir. La libertad de elección (…) es siempre la libertad de elegir lo mejor contra lo peor (…) entre el progreso y la regresión, entre el amor y el odio, entre la independencia y la dependencia. La libertad no es otra cosa que la capacidad para seguir la voz de la razón, de la salud, del bienestar, de la conciencia, contra las voces de pasiones irracionales». Es la tradición de Sócrates, los estoicos, Platón, Kant.

Libertad, carácter y conocimiento

Así las cosas, la libertad de elección no es una capacidad abstracta formal que «se tiene» o «no se tiene»; es, más bien, una función de la estructura de carácter de una persona. Hay hombres que han perdido su libertad para elegir el bien porque su carácter perdió esa capacidad; e, inversamente, otros hombres perdieron el deseo del mal. Pero en la mayoría de los hombres nos encontramos con inclinaciones contradictorias, un equilibrio que permite hacer una elección. «El acto es resultado de la fuerza respectiva de inclinaciones antagónicas en el carácter del individuo».

¿Cuál es el factor decisivo en la elección de lo mejor y no de lo peor? *Ese factor decisivo consiste en el conocimiento.* Conocimiento no sólo teórico, sino que el individuo ha de «hacerlo suyo», estar convencido. Además es necesario conocer el equilibrio de fuerzas que hay en uno, así como las racionalizaciones que podamos hacer para ocultar la verdad. Esto es de suma importancia, ya que luego veremos que muchas mujeres maltratadas se niegan a reconocer la realidad de su situación y generan excusas para mantener una situación cuya obviedad les hace daño. En definitiva, se niegan a reconocer que son desgraciadas, que sus maridos son hombres violentos que no las aman, o cualquier otra circunstancia.

Pérdida de la libertad

¿Cuándo perdemos la libertad? Perdemos la libertad a medida que vamos dejando menos margen para la acción, es decir, cuando nos vamos encerrando en una situación cada vez más opresiva, en la que nuestra capacidad de influencia va mermando. Esto es justamente lo que ocurre en las relaciones de abuso: la mujer, a pesar de los indicios negativos, se adentra en el amor con una persona creyendo que será capaz de realizar su «sueño» (un amor responsable con alguien que la quiere de verdad), pero cuando la violencia física o psíquica se hace asfixiante, inmune a sus esfuerzos de cambio, sus opciones vitales como mujer autónoma se van acabando.

Esto tiene una extraordinaria relevancia cuando explicamos que la mujer ha de ser especialmente fuerte en un momento, que es justamente el momento en el que ella tiene la mayor capacidad de elección: al comienzo de la relación, cuando se está en la fase de exploración mutua. En sentido contrario, cuando la mujer está casada o vivien-

169

do con su pareja ya tiene muchos condicionantes en su vida: una historia de amor, hijos, hipotecas, quizá haya dejado de formarse en el mercado laboral, etc.

Un ejemplo concreto te ayudará a entender esta idea. Si tú conoces a alguien y te gusta, puedes elegir entre seguir saliendo con él, considerarlo sólo un amigo, más o menos íntimo, o bien dejar de verlo si crees que, por alguna razón, no te conviene. Aquí tus opciones son máximas. Pero imagina que te gusta de veras, aunque sabes que es muy celoso y que tiene problemas con la bebida. Si tú piensas que «cuando me case dejará de ser celoso y lo ayudaré a controlar la bebida», y tomas la decisión de irte a vivir con él, entras en una relación íntima en la que tu vulnerabilidad es mayor, y tus opciones han disminuido.

Sigamos con el ejemplo. Imagina que él tiene una gran capacidad de manipulación mental, que abusa de ti psicológicamente, en cualquiera de las formas que vimos en el capítulo 5. Ahora toda tu vida está fuertemente influida por su comportamiento hacia ti, en muchos sentidos: los amigos a los que puedes ver, si trabajas o no, incluso tu relación con tus hijos o tu propia estabilidad mental. En este caso, estás en una situación límite: tus energías y tu lucha se deben limitar a elegir entre sobrevivir o sucumbir ante el odio y el abuso. Todavía tienes una cierta libertad (luego te diré qué hacer con ella; ¡sigue siendo algo muy valioso!), pero ahora tú como persona, has perdido mucha de la que tenías al inicio de conocer a esa persona. Escribe Fromm:

> El argumento a favor de la opinión de que el hombre no tiene libertad para elegir lo mejor en oposición a lo peor, se basa, en buena medida, en el hecho de que suele atenderse a la última cadena de acontecimientos, y no a la primera o a la segunda (...). Puede generalizarse diciendo que una de las razones por las cuales la mayor parte de la gente fracasa en la vida es precisamente que

no conoce el momento en que todavía es libre para actuar de acuerdo con la razón y que no tiene conciencia de la elección sino cuando ya es demasiado tarde para tomar una decisión.

En este ejemplo, es demasiado tarde para decidir si queremos a este hombre «sólo como amigo» o no verlo. La decisión ahí ya está superada. La decisión ahora sólo puede versar sobre una pregunta: «¿Voy a luchar para recuperar mi dignidad o me pliego ante la voluntad de mi pareja?».

Esta lucha es la que emprendió Lola Aguilar, una pediatra que llegó al Centro de Atención, Recuperación y Reinserción de Mujeres Maltratadas que la Federación de Mujeres Separadas y Divorciadas tiene en Coslada (Madrid). Lola vivió en sus carnes esa pérdida de libertad a medida que su agresor (probablemente un psicópata instrumental o parásito) era capaz de anularla como persona.

El hombre que casi acabó con su buen juicio era un auxiliar administrativo del ambulatorio en el que la doctora empezó a trabajar en julio de 1996.

Lola tiene 35 años, un hijo pequeñito y tal perplejidad en su rostro que quien no conozca las tribulaciones de las que busca salir desde hace 14 meses no puede llegar a comprender.

A la semana de conocerse ya vivían juntos, compartían sueños y se embarcaban en un proyecto de vivienda a las afueras de Barcelona. Hipoteca de 20 millones. Trampas. Aislamiento de sus relaciones anteriores y de la familia. Trabajo sin cesar. La asfixia laboral alcanzó tal nivel que la doctora llegó a ganar 700.000 ptas. al mes, que entregaba a la pareja para su interminable casita, mientras ella pedía dinero prestado a un familiar. «No podía pararme ni a pensar», dice ahora. Y se sorprende al recordar que cuando tuvo a su hijo, el implacable compañero tomó para sí el permiso de lactancia.

Cuando el niño cumplió 14 meses, en unas vacaciones de Semana Santa, se atrevió a decirle a su pareja que no podía más. «Lo tomó como una orden y yo le estaba suplicando». Y empezó entonces un acoso mayor en lo económico, los silencios interminables («dejaba de hablarme y no sabía los motivos») y abiertas amenazas, incluso de robarle al hijo. «Tú puedes irte, pero yo me quedo con el niño y no lo volverás a ver», le decía. Cuando descubrió que la amenaza iba en serio, Lola acudió a una abogada, que le aconsejó hacer un curso de defensa personal y que jamás volviera a estar a solas con su pareja. A partir de ese día, las amenazas se hicieron insoportables y las exigencias de dinero, aún más descaradas. Ahora ha tomado la decisión de no volver jamás a su lado, ni siquiera a Barcelona.

La libertad y su práctica

Nuestra capacidad para elegir cambia constantemente con nuestra práctica de la vida. La libertad es como una partida de ajedrez; no es un atributo constante que «tenemos» o «no tenemos». No hay más que una realidad: el acto de liberarnos a nosotros mismos en el proceso de elegir. En ese proceso varía el grado de nuestra capacidad para elegir con cada acto, con nuestra práctica de la vida. «Cada paso en la vida que aumente la confianza que tengo en mí mismo, en mi integridad, en mi valor, en mi convicción, aumenta también mi capacidad para elegir la alternativa deseable, hasta que al fin se me hace más difícil elegir la acción indeseable que la deseable. Por otra parte, cada acto de rendición y cobardía me debilita, prepara el camino para nuevos actos de rendición, y finalmente se pierde la libertad (...). Si el grado de libertad para elegir el bien es grande, se necesita menos esfuerzo para elegir el bien. Si es peque-

172

ño, se necesita un gran esfuerzo, la ayuda de los demás y circunstancias favorables.»

Estas palabras de Fromm encierran la gran lucha de la mujer frente a la violencia de su pareja. Cada vez que la mujer se ve acosada, humillada, golpeada, cada vez que la confianza en sí misma disminuye, su capacidad de rebelarse y de escapar desciende: *a medida que baja más en el infierno de la violencia doméstica ella es menos libre de elegir otro tipo de vida*. La situación, empero, no es irreversible, ya que si en un punto cualquiera de ese proceso de destrucción ella es capaz de afirmarse, de recuperar su fuerza interior, de emplear su coraje y empieza a actuar oponiéndose a la agresión, *en esa misma medida sus opciones de libertad inician de nuevo un proceso ascendente*, porque ahora «la práctica» va por el camino positivo.

¿Qué es lo que puede impedir que te atrevas a meterte en esa lucha? Hay razones de orden práctico (ya hablamos de eso en el capítulo anterior), pero quizás el mayor lastre sea la gran necesidad que tienes de acogerte a tus ilusiones, a tu viejo sueño de que ese es, realmente, «el amor de tu vida», que él, a pesar de todo, «te quiere».

Así es. Romper una relación amorosa de convivencia no es sólo algo impopular, es también muy doloroso, y en muchos casos incluso peligroso. De ahí que la mayor parte de nosotros, cuando nos hallamos ante alternativas reales y ante la necesidad de elegir, lo que requiere comprensión y sacrificios, preferimos pensar que hay otras posibilidades que pueden perseguirse. ¿Por qué reaccionamos así? Porque tenemos miedo; porque juzgamos que «aguantar» sigue siendo mejor que la opción disponible. Porque quizás *somos incapaces de levantar la mirada y ver*.

El siguiente caso ilustra de modo descarnado la enorme lucha de una mujer para recuperar de nuevo la libertad en su vida. Está sometida a un acoso y a una violencia física y psíquica terribles:

Durante la hora y media que duró esta entrevista a Antonia, una mujer maltratada de El Vendrell (Tarragona), de 52 años, su agresor la llamó por teléfono al menos ocho veces: dos al fijo y seis al móvil. Lo mismo que cada día *desde hace años* (...). No responde nunca si no sabe quién llama. Si lo hace, las palabras menos soeces que escucha son dos: «mala puta».

Antonia presentó su primera denuncia contra el que fue su compañero sentimental ante la Guardia Civil en noviembre de 1998. Por violación. Desde entonces ha presentado más de 30 en los cuatro juzgados de El Vendrell. Cinco desde el pasado mes de mayo. Ningún resultado. «Una de las cuestiones que intentamos averiguar», explica su abogada, Montserrat Tur, «es por qué las causas abiertas en su contra no se han acumulado en una sola para que el juez pudiera dictaminar medidas cautelares». Monti R. F., de 50 años, sólo tiene dos juicios pendientes por delitos de faltas. «Si hubiera sufrido un maltrato muy grave, se hubiera actuado con contundencia contra su agresor.»

Antonia, divorciada y con dos hijos mayores, conoció a Monti, también separado, hace seis años en un baile en Barcelona. «Me gustó porque parecía un ministro. Tenía maneras y desprendía paz.»

Se veían primero los domingos, y, al cabo de tres o cuatro meses, la relación se hizo más seria. Pero la paz era aparente. «Las peleas se iniciaron enseguida.» Y enseguida, según explica, llegaron los golpes. Los primeros, dos bofetadas, en plena Rambla de Barcelona, por una cuestión trivial de la que ni se acuerda.

Luego, lo de siempre. «Me decía que cambiaría, que lo perdonara, que estaba nervioso, que el trabajo no le iba bien.» Ella, al principio, lo creyó. Luego ya no. «De cada siete días, sólo uno estábamos bien.» No llegaron a convivir juntos porque él trabaja en Barcelona y mantiene allí su domicilio y en Coma-Ruga, cerca de El Vendrell. O iban a casa de él o a la de ella, que convive con su hijo de 26 años.

Hace únicamente nueve meses que él no tiene la llave de su casa. Pero continuaron las lesiones, amenazas, injurias y acoso telefónico. «Llama, y, si no respondo, viene a ver qué pasa.»

Observa el proceso de acoso. Toda la violencia se canaliza en esa persecución implacable. ¡Cuánto dolor podría evitarse si la justicia fuera capaz de reaccionar con contundencia en esos momentos!

Al principio montaba escándalo en la escalera y ella se veía obligada a abrirle: una vez dentro, otra vez la escena, los gritos, empujones y bofetones. «Una vez *intentó estrangularme*, no sé qué le hizo parar.» Su agresor es corpulento y pesa más de cien kilos. Antonia es todo lo contrario, enjuta.

La mujer buscó ayuda psiquiátrica. Los intentos de hablar con él no sirvieron. «Cuando le decía que la vida que me daba me estaba matando, respondía que bueno, que bebiera un vaso de lejía o que me tirara por la ventana», lo que sucedió el pasado mes de octubre [de 1999]. Antonia estaba tendiendo la ropa cuando vio que él aparcaba el coche. Se lanzó a la calle desde el balcón. Dos vértebras rotas, la pierna quebrada por dos partes y, según explica, aún tuvo que soportar que Monti R. F. la visitara en el hospital y que, ante testigos, le cogiera el pie sano y dijera: «Aún lo tengo que romper».

Está de baja en su trabajo desde hace año y medio, primero por la depresión y luego por las secuelas de la caída. Se queja tanto del trato de la policía como de la justicia. De los primeros, porque las veces que ha pedido ayuda no han hecho caso, con una sola excepción, cuando alertados por su abogada de que el hombre se había presentado en el domicilio, «acudieron y le permitieron quedarse en el interior después de que él asegurara que sólo quería hablar conmigo diez minutos».

La Guardia Civil sólo ha detenido a R. F. una vez por violación.

El coraje

Hasta ahora he tratado de dejar establecida una conclusión importante: la libertad requiere conocimiento, comprensión de la realidad y la voluntad de actuar, de empezar a practicar tus opciones de superación de la violencia en la que vives. Cuando esa acción se halla inmersa en una situación de dolor y peligro, *necesitas actuar con coraje*. Porque el coraje no es un saber, sino una decisión, un acto. Y por ese motivo la razón no es suficiente: el razonamiento nos dice lo que hay que hacer y si es necesario hacerlo, pero no nos dice que haya que hacerlo.

Sabido es que, para Beethoven, el ideal del hombre era el héroe, es decir, la persona que no se somete a su destino. No podemos pedir a las mujeres que sean heroínas, primero porque la vida y la dignidad deben estar garantizadas en una sociedad democrática para cada mujer sin necesidad de que llegue a ese grado de excelencia; en segundo lugar, porque el heroísmo implica siempre una situación excepcional, una actuación que se desvía de modo destacado de lo que es normal. Yo mantengo que la fuerza psicológica, el tipo de carácter que precisa una mujer para salir del atolladero de la violencia no se basa en el heroísmo sino en el coraje (por más que algunas situaciones por la que atraviesan algunas mujeres requieran casi acciones «heroicas»).

Antes de seguir adelante, es importante que prestes atención. Hay una idea que no trato de expresar, no importa las interpretaciones que se quieran hacer de estas líneas. A saber, *no digo que las mujeres que resultan acosadas y agredidas estén en esa situación porque no tengan coraje para salir*. Esto será verdad en algunos casos, aquéllos en los que se prefiera mantener una cierta comodidad material y una vida predecible, antes que enfrentarse a la difícil tarea de vivir una vida propia y plena de sentido. Pero ciertamente en la mayoría de las relaciones violentas las mujeres están «ancladas» a la situación, paralizadas, por otras razones.

Una de estas razones es el miedo natural a ser cruelmente golpeada o incluso asesinada. Ese temor no es sinónimo de cobardía, sino la tendencia —basada en la lógica de la supervivencia— a evitar que peligre nuestra vida. Tal temor, en una segunda razón, puede extenderse a los hijos, y la mujer puede pensar, ansiosa, que su pareja abusará de ellos en la separación o incluso que se los llevará donde ella no pueda tenerlos, o ni siquiera verlos. Hay otras razones, más «psicológicas», pero no menos reales, entre las que se encuentran la fantasía de que «en realidad, él me quiere», o «si yo no metiera tanto la pata, no tendría necesidad de enojarse conmigo». Y por supuesto, está el hecho sencillo de que muchas mujeres no cuentan con lo mínimo para subsistir, a lo que se añade una formación académica o laboral muy precarias.

Todas estas razones son poderosas, y no puedo decir que a estas mujeres les falte coraje para abandonar a sus parejas o para emprender acciones penales hasta el final.

Lo que quiero decir aquí es otra cosa: ninguna medida de apoyo psicológico, social o legal logrará que la mujer deje atrás definitivamente la relación violenta si ella no llega a una conclusión íntima: *«No voy a tolerar más que me traten de modo indigno; ¡merezco que me traten como a una persona!».* Pero para que se produzca esta convicción, previamente la mujer ha de comprender, ha de darse cuenta de que su pareja no la quiere. Más adelante volveré sobre ello; ahora es importante que nos quedemos unos momentos hablando sobre el coraje.

La virtud del coraje

Voy a dedicar unas líneas a hablarte del coraje (prefiero este término a «valentía», luego te diré por qué, aunque los voy a utilizar de manera indistinta). Para ello resumiré la opinión de un filósofo francés, Comte-Sponville, que hace unos años escribió un delicioso libro sobre las virtudes.

De todas las virtudes (una virtud es el «hábito de obrar de acuerdo con la moral», según el diccionario), la valentía o coraje es la más universalmente admirada. Sin embargo, el coraje puede ser, además de una virtud, un rasgo del carácter.

Como rasgo de carácter, la valentía es sobre todo una escasa sensibilidad al miedo. Es la valentía de los temerarios, de los «duros»; la persona que lo posee revela fuerza psicológica, dominio de sí mismo cuando se enfrenta a determinados peligros. Observa, sin embargo, que un asesino puede ser un valiente (aunque no sea frecuente). De igual manera, un hombre violento con su esposa puede ser un temerario en muchos ámbitos de su vida. Como rasgo de carácter, el coraje puede ir unido a un comportamiento moral, positivo, pero no siempre.

Como virtud, en cambio, la valentía supone siempre una forma de desinterés, de altruismo o de generosidad. No es una ausencia de miedo, es la capacidad para superarlo a través de una voluntad más fuerte y más generosa. Ya no se trata de una pasión, «sino una virtud, la condición de todas las virtudes. Ya no es la valentía de los duros, sino la de los afables y de los héroes».

Yo no pido a las mujeres que sean heroínas, pero sí que tengan el rasgo del coraje como parte de su psicología de la liberación, que hagan de su rabia su fuerza para enfrentarse al peligro y a la incertidumbre.

No me cansaré de repetir que las mujeres agredidas precisan de toda la atención que podamos darles. Pero tal atención no puede sustituir su decisión firme de enfrentarse a la causa de su miseria. Además de la ayuda material y legal, deberíamos hacer un esfuerzo para que tomara las riendas de su vida, para que actuara con coraje. No basta con que ella vea, finalmente, cuál es su situación real (conocimiento). *Ha de disponerse a actuar.* Nadie puede pensar por ella, ni sufrir por ella, ni luchar por ella. Podemos ayudarla, sí, pero no podemos ahorrarle el coraje. «Valor para persistir y soportar, valor para vivir y morir; para aguantar, para luchar, para resistir, para perseverar...».

Ese coraje lo ha demostrado con creces Mary Gómez, residente también, como el caso anterior, en el Centro de Atención a Mujeres Maltratadas de Coslada, con sus dos hijas, de 15 y 10 años.

> Mary llegó a la capital de España a los 14 años a ganarse la vida como sirvienta. Sola, sin nada más que ella misma. Venía de un pueblecito de la sierra madrileña donde quedaron un padre alcohólico, la madre sufriente y seis hermanos. Ahora ha cumplido los 45 años y parece como si no hubiera tenido tiempo de crecer (...). Tiene partida la nariz, y su hija mayor, una cicatriz en la ceja.
>
> La vida le jugó una mala pasada a Mary en el verano de 1983, en una discoteca, donde conoció a un chico de Chamberí, siete años más joven que ella. «Al principio fue todo muy bien, muy bonito, todo de color de rosa.» Mary se marchó a vivir con su pareja a casa de los padres de él, quedó embarazada y poco a poco empezó a hundirse en lo que, finalmente, resultó un infierno de maltratos psicológicos y desprecios, encierros en casa, celos absurdos, explotación económica y, finalmente, palizas en el sentido literal de la palabra.

Mary trata de armarse de valor para volver a la vida (…) y su resolución es tan terminante como temerosa. El silencio se corta en la sala cuando Mary termina de contar cómo su hija mayor se siente amenazada de muerte («y yo también», añade un poco después, como asustada de haberse olvidado del detalle), y que la niña pequeña «tiene pánico».

La labor que hace el centro de Coslada es extraordinaria y necesaria. Pero sin el coraje de Mary no se la hubiera podido ayudar. Una vez en las garras del agresor, tu coraje es absolutamente necesario para salir «del infierno del desprecio y de las palizas».

Diferencia entre el coraje y la esperanza

El coraje está relacionado con el futuro, al ser necesario para hacer frente a una amenaza que se cierne en el horizonte, pero también con el presente, porque debemos asumir muchas veces una situación que ahora, ya en el momento, provoca angustia, como un fracaso o un error. El coraje, al ser un acto, una decisión de querer hacer frente a algo, revela más una voluntad que una esperanza. Es decir, cuando movilizas el coraje no esperas que algo suceda, *sino que actúas para provocarlo*.

El coraje y la prudencia

El valor se halla en el justo medio entre la temeridad (o indiferencia frente a la vida o el peligro) y la cobardía (sometimiento al miedo). La audacia, aunque sea extrema, sólo es virtuosa cuando se halla moderada por la prudencia.

La prudencia ha de ser muy importante en la mujer que se enfrenta a un hombre peligroso, tanto si su relación ha sido poco intensa como si ha convivido o convive con él. En ambos casos, con el mismo objetivo de evitar que su decisión de romper provoque acoso y mayor violencia, en ella o en sus hijos u otras personas queridas.

¿Para qué se precisa del coraje frente a la violencia?

Ahora te explicaré por qué prefiero la palabra «coraje» a «valentía». Coraje no sólo significa valentía, sino también «irritación o rabia», por eso prefiero esta expresión, y no valentía. Porque coraje la comprende, pero añade un elemento propio, en esta segunda acepción, *de rebelión contra lo injusto*.

Las tres metas para las cuales necesitas coraje son: 1) considerar intolerable que te maltraten; 2) movilizar tu instinto de lucha junto con el de protección, ampliando así tus opciones; 3) comprender y aceptar que la persona que te agrede no te quiere, y asumir que te has equivocado (o te han «hecho equivocar», la diferencia no es relevante ahora).

No quiero decir que esas tres motivaciones hayan de darse en este orden secuencial; quizá se den en otro, o de modo simultáneo. Lo importante es que esas tres decisiones son sólo tuyas, nadie las puede tomar por ti. Sin duda te pueden ayudar, orientar a tomarlas, pero si tú no las haces tuyas, si no las integras en tu forma de percibir y encarar la realidad, tendrás muchas probabilidades de fracasar ahora (subyugándote a la relación agresiva), o bien de repetir estas experiencias más adelante.

Bien, voy a volver sobre la tercera meta que he señalado en el párrafo anterior: precisas del coraje para aceptar que la persona que vive contigo, o que sale en tu compañía, sencillamente, no te quiere. *Te lo repito: no te quiere.* No es que «no te sepa querer», como a ti te gusta pensar en tus momentos de cierto reposo, cuando ya ha pasado el clímax del miedo o la frustración, sino que el amor en él o es una ficción (como ya has leído, en el caso del psicópata), una «representación» para engañarte a ti y a los conocidos, o bien es un medio para que él logre sentirse seguro y a salvo en el mundo; tú eres para él (al que hemos llamado el «agresor dependiente») el vínculo que lo une a un mundo al que teme y al que no se atreve a enfrentar. En otras palabras, te utiliza como el anciano ciego necesitaba al lazarillo de Tormes (¡y en ocasiones eres tan intercambiable en su mundo afectivo como el rapaz lo era para el viejo bribón!, como ya sabes por los estudios que señalan que muchos agresores acumulan varias relaciones en las que han agredido a sus parejas).

A estas alturas debe quedarte claro que nada de eso es igual al amor. Desde luego, no pretendo darte lecciones sobre este sentimiento complejo, que ha generado buena parte de la historia de la humanidad. Pero, créeme, si nos las vemos moradas para describir qué es en realidad el amor, actualmente sabemos bastante bien lo que *no es* el amor. Acompáñame a los «círculos concéntricos del amor» para una reflexión sobre lo que permite una convivencia de la pareja en la que no nos sentimos desdichados.

La teoría de los círculos concéntricos del amor

Esta teoría no pretende ser original, seguro que hay mil precedentes. Tan sólo pretende explicar de modo sencillo algunas de las ideas más relevantes sobre la compatibilidad en la pareja, y su capacidad para elaborar un proyecto de vida común. La base filosófica y psicológica de mi formulación sobre dicho proyecto se halla en los escritos de Julián Marías, Erich Fromm y William Glasser, entre otros.[3]

Antes de comenzar, déjame que te diga lo que *no pretende* esta teoría: la teoría de los círculos concéntricos del amor no explica por qué tú te enamoras de una persona en particular, o de determinados tipos de personas, y no de otras. No tengo ninguna buena idea sobre esta cuestión y, me temo, nadie la tiene. Hay, eso sí, cientos de libros sobre el enamoramiento —desde sesudas explicaciones bioquímicas hasta complejos tratados más espirituales—, pero me apuesto lo que quieras a que todavía estamos a oscuras sobre por qué tu estómago se encoge y tus ojos brillan cuando estás con «ese» hombre en particular, mientras que con aquél otro, a pesar de que parece agradable y buen partido, permaneces como un témpano de hielo.

Dibujo 1

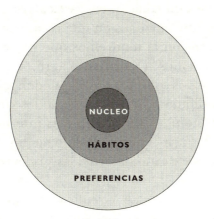

Los tres círculos concéntricos.

3. Quisiera agradecer al psicólogo y profesor Fernando Canet su ayuda en la conformación actual de la teoría. Carlos Soler e Isabel Puig me dieron valiosas sugerencias en su redacción final. Otros profesionales que discutieron largamente la teoría y aportaron sugerencias valiosas fueron (entre otros muchos que no puedo mencionar): Francisco Martí, María Jesús López, Santiago Redondo, Rosa María Martínez, Mari Pau Rosas, Maite Mitjans, Javier Rodríguez, Reyes Hortigosa, Isabel González y Joaquín Espinosa.

Dibujo 2

A medida que nos alejamos del núcleo, es más fácil cambiar.

Así pues, debemos partir del hecho ya consumado: tú quieres a ese muchacho en particular. Y, para no ponerlo difícil, convengamos en que él también te quiere a ti (esta convención la tendremos que dejar en suspenso cuando apliquemos la teoría a los agresores de mujeres). Ahora los círculos concéntricos ya pueden ser de utilidad. Fíjate en el dibujo 1, observarás que los círculos tienen cada uno su nombre. El círculo más interno o «núcleo» comprende los principios; el círculo medio abarca los hábitos, y el más externo describe las preferencias de cada persona.

La situación de cada círculo se corresponde con la solidez y profundidad que poseen en tu personalidad. Así, *los principios* constituyen tus valores esenciales, esas creencias que tienes muy arraigadas, que se han ido imbricando en tu proceso de desarrollo como persona casi con la misma naturalidad con la que te has levantado cada día de tu vida y te has dispuesto a salir al mundo. No te has dado cuenta, pero tus genes, tus padres, tus amigos y tus profesores han inculcado en ti un carácter, un modo de percibir la realidad y a ti dentro de ella, que es absolutamente pe-

184

culiar y que te sustenta como ser irrepetible en el mundo. Esos principios o valores no tienen por qué ser muchos; usualmente son pocos, pero esenciales para guiarte en la vida. Gracias a ellos posees unas coordenadas por las que navegar en este incierto océano de la existencia.

No puedes renunciar a esos valores, salvo que sufras una dolorosa transmutación de tu personalidad (en ocasiones esto es necesario para acabar con una vida destructiva, como en los alcohólicos, drogadictos o delincuentes, ¡y cuesta mucho trabajo lograrlo!). De hecho, cuando te ves obligada a tomar decisiones que los contrarian —como, por ejemplo, si te ves forzada por las circunstancias a renunciar a una amistad muy querida para ti, o a abortar aunque no lo quieras— tienes que pagar un coste psicológico elevado.

Ahora bien, ese coste es mucho mayor si se trata de un acontecimiento que no viene y se va, o que no puedes dejar a un lado de tu vida diaria, como es una relación de pareja. Con una relación ocasional que te ha defraudado siempre puedes decir: «No voy a pensar en esto; no todo el mundo está a la altura de las circunstancias», pero ello es más complicado si esa reflexión la has de hacer a propósito de tu marido o de tu novio. Éste es el problema cuando tienes relaciones con una persona cuyo carácter viola uno o más de tus principios esenciales. No hay opción: *no podrás ser realmente feliz* (cualquiera que sea ese estado) *si estás con alguien que te obliga a vivir experiencias que están en contradicción con tus creencias más íntimas,* las que te definen. Por supuesto, siempre podrás vivir con esa amargura, pero la situación será claramente intolerable si la oposición con tus valores es frontal o bien son varios de éstos los que resultan ignorados por el modo de ser de tu pareja.

Imagínate, por ejemplo, que para ti es muy importante trabajar fuera del hogar; posees aptitudes y amigos que contribuyen a hacer gratificante tu actividad laboral. Pero, finalmente, renuncias a tu empleo cuando te casas; él ya gana bastante dinero y quiere que tengas hijos y los atiendas «correctamente». Has violado un principio esencial de tu personalidad. Quizás lo racionalices brillantemente («Bueno, sólo serán los primeros años, luego me reincorporaré»), pero no servirá de mucho: la herida se habrá producido y, lo que es peor, será difícil de cicatrizar, cuando no se agrandará en el tiempo.

El único modo de suspender alguno de tus principios es por razón de fuerza mayor. Por ejemplo, tú quieres tener un hijo y tu marido se queda sin empleo. Tu sueldo no permite seguir con el plan inicial, y abandonas la idea. Si la quiebra de algún principio viene del exterior de tu relación, ésta podrá seguir adelante con mayor o menor felicidad, pero siempre será un contratiempo más llevadero en tu convivencia con el hombre que amas, porque tu renuncia no se deberá a su voluntad.

Pero, en general, te lo repito: todos tus principios esenciales han de ser respetados para que seas feliz en una relación. Esta exigencia es menor cuando pasamos al segundo círculo, *el de los hábitos*. Aquí puedes permitirte ciertas alegrías, ciertos desajustes entre tú y tu pareja, pero tampoco demasiados. Los hábitos son patrones, moldes por los que transitamos y que nos hacen cómoda y predecible la existencia. Generalmente no pensamos mucho sobre ellos pero, créeme, son del todo esenciales para sobrevivir de un modo razonable. Hablaré de mí mismo. No sé qué haría si no pudiera hacer *jooging* o bicicleta de modo regular (¡menudo contratiempo, aprender ahora otro deporte siendo uno tan patoso!), o si tuviera que renunciar casi siempre a un rato de lectura antes de dormirme, o si no pudiera estar con mis queridos amigos tomando una cerveza un rato de viernes o sábado, o... Puedes hacer tu propia lista.

Es cierto que «por amor» puedes variar tus hábitos, pero si son muchos los que has de cambiar, el asunto se complica. Al fin y al cabo, los hábitos también reflejan nuestro modo de ser, y si bien es posible la negociación (e incluso la renuncia a algunos que en verdad no nos beneficien y aceptemos sin coacción este hecho), ceder tanto equivale a una rendición. Y cuando uno se rinde no está precisamente feliz. Más bien se siente manipulado, tratado injustamente, y el resentimiento y el contraataque no tardan en llegar. La conclusión, entonces, es que puedes cambiar tus hábitos, pero no muchos de ellos. Desgraciadamente no sé precisar cuánto es «mucho», ni creo que sea posible; dependerá de cada cual, y quizás del hábito en particular. Para una persona, cambiar dos o tres hábitos puede resultar muy molesto, mientras que para otra resulta llevadero. Pero toda persona tiene su umbral de lo que es «mucho», y una vez que ha sido traspasado, la relación será muy difícil. (Hay personas que aseguran que una pareja con gustos diferentes se complementa; pero para que tal relación funcione debe haber coincidencia en los valores, y debe haber un respeto por los hábitos del otro; quizá éstos sean diferentes, pero la pareja no se ve obligada a cambiarlos de modo drástico; cada uno respeta los más importantes del otro.)

Finalmente llegamos a esa zona de la personalidad que permite abundantes cambios; *son las preferencias,* cosas que, aunque nos gustan, podemos dejar de hacer sin grandes contratiempos. Por ejemplo, puedes dejar de ir a comer a casa de tus padres los domingos, y cambiarlo por los sábados, porque él prefiere salir fuera, o tiene una actividad deportiva. E incluso puedes dejar de llevar esa ropa y ponerte otra que a él le agrada más. No es importante (¡salvo que la ropa que él elija sea algo realmente horrible!). O quizás renuncies a vivir en la ciudad, porque él prefiere vivir en las afueras. Las preferencias son, básicamente, asuntos menores, muchas veces opinables, que pueden modificarse porque no afectan a tus valores o a tus patrones de vida. Éste es el ámbito más proclive a la negociación.

El dibujo 2 ilustra esta diferente permeabilidad ante el cambio. Observa que el núcleo es muy grueso; el círculo de los hábitos es más amplio (porque hay más hábitos que valores esenciales o principios) pero más voluble, mientras que el círculo de las preferencias es el mayor y más mudable de los tres.

Las tesis de la teoría

El contenido de cada uno de los círculos es específico para cada persona. Si bien suelen darse elementos comunes en muchas personas (debido a que vivimos en una misma cultura en un momento concreto de la historia), *no hay ninguna ley que diga que dos personas enamoradas han de tener los mismos valores esenciales o los mismos hábitos.*

Un error frecuente que señalaron las personas a las que entrevisté para escribir este libro fue que, realmente, no llegaron a saber cuáles eran sus valores esenciales hasta que no se vieron injustamente tratadas por sus parejas. Por extensión, esto significa que mucho menos conocían los valores de los hombres a quienes, en aquella época de sus vidas al menos, amaron. Por otra parte, las mujeres que se liberaron de una relación de violencia fueron capaces de comprender que sus valores de «ser respetada» y «ser tratada de un modo justo» eran realmente prioritarios en sus vidas; estaban dentro de su «núcleo».

Tesis primera: una relación sincera y fructífera se basa en el conocimiento de cuáles son los círculos concéntricos que nos definen a nosotros y a nuestra pareja.

Un inconveniente grave para cumplir con esta primera tesis es el aspecto emocional, arrebatador, del enamoramiento. Confieso que no sé cómo solucionar esto. Si el enamorado está «ciego», será fácil que se estrelle. Quizás la respuesta sea darnos tiempo y aplicar el conocimiento. Luego me ocuparé de esto en el epígrafe «el amor, la violencia y la libertad».

Otro error habitual de mis entrevistadas se puede resumir fácilmente: pensaron que ellas podían cambiarlos, o bien que cambiarían con el paso del tiempo. Pero esto es un inmenso error.

Tesis segunda: las personas, en lo esencial, no cambian su personalidad. Tú no puedes cambiar a nadie.

Observa que no digo que la gente «no puede cambiar»; digo que no cambia su personalidad, lo cual es diferente. Por ejemplo, tu pareja se queda sin empleo y pasa una temporada abatido, bebiendo demasiado. Se muestra huraño y descortés. Sin embargo, se trata de un acontecimiento quizás nuevo en su vida, al que no sabe cómo hacer frente. Tu ayuda aquí puede ser muy importante. Pero si él es un bebedor desde joven, y si te trata groseramente desde casi los inicios, eso no lo vas a cambiar. Él tiene ese modo de relacionarse contigo, el cual es una expresión de su personalidad que lo orienta sobre cómo tratar a determinadas personas y acerca de su sentido de la responsabilidad.

En conexión con lo anterior está la segunda parte de la tesis segunda: tú no puedes controlar a la gente; no tienes poder para que la gente haga lo que tú desearías que hiciese. Y, por supuesto, tú no puedes hacer que alguien que no te quiere acabe haciéndolo. ¡Es muy importante que recuerdes esto! Sólo podemos gobernar nuestras ideas y nuestras conductas, nada más (si tienes hijos adolescentes ya sabes de lo que estoy hablando). *Confiar en que alguien deje de ser lo que es «por amor» es una esperanza vana, no importa el empeño que pongas.*

Tesis tercera: cuanto más se dirija un objetivo de cambio hacia el interior de los círculos concéntricos, menos probable será que dé resultado.

Esto se desprende de la diferente magnitud de cambio que poseen los diferentes círculos: nula en el caso del núcleo, salvo excepciones muy dolorosas y costosas —correspondiente a los principios o valores esenciales—, limitada en lo concerniente al círculo intermedio de los hábitos, y muy amplia en el círculo periférico de las preferencias.

La última tesis es la que encierra la filosofía de toda la teoría, y la resume al mismo tiempo:

Tesis cuarta: el éxito de una relación se basa en el hecho de sumar fortalezas, no compensar debilidades.

O dicho de otro modo, cuando una o las dos personas buscan a alguien para que «rellene» algún agujero de su personalidad, cuando se buscan para combatir un temor y no enfrentarse a las exigencias que implica vivir una vida de modo pleno, entonces es más que probable que surja el tedio, la frustración o la violencia.

Desde luego, en esta teoría volvemos a necesitar del viejo aforismo de la sabiduría griega «conócete a ti mismo»: sólo conociendo qué es lo que realmente necesitamos como personas podemos llegar a comprender el valor de una relación. Felizmente, esto es algo que se puede hacer de modo progresivo, aprendiendo a descubrir al tiempo que vivimos las respuestas a una serie de cuestiones como las siguientes:

* ¿Qué considero intolerable en una relación con un hombre?
* ¿A qué no renunciaría bajo ningún concepto?
* ¿Cuáles son las cosas que hago habitualmente y que me ayudan a ser feliz?

Sin embargo, hay un problema. Este aprendizaje *no debe hacerse* a través de la experiencia de relaciones donde vas a ser golpeada o maltratada psicológicamente. ¿Por qué? En primer lugar, por la razón más obvia: sólo vas a recoger una cosecha de miseria en esas experiencias. Pero hay otra razón, y es que *para aceptar amar a un agresor de mujeres tuviste que, de modo más o menos consciente, renunciar a tus propios principios.* Esa experiencia es el camino más doloroso para aprender, y no es en absoluto necesario pasar por él. Espero que mi libro te ayude a conseguir esto.

Te propongo ahora analizar lo que hemos visto en este capítulo sobre la libertad y el coraje, aplicándolo a la teoría de los círculos concéntricos en el caso de las mujeres agredidas.

El amor, la violencia y la libertad

¿Puede un maltratador amar de verdad? Lo primero que necesitamos para contestar a esta pregunta es definir qué es un amor genuino. Me permito señalarte la última tesis de la teoría: amar significa dar, entregar de modo generoso nuestra contribución como seres humanos a la construcción de una vida compartida. De todo lo que hemos visto en el libro se deduce, sin embargo, que esto no es posible. El agresor, ya sea el tipo dependiente o el psicópata, está incapacitado para ello. ¿Por qué? Son personas narcisistas, es decir, preocupadas por apuntalar su ego a costa de la dominación de su pareja.

El narcisismo, antagónico a la razón y al amor

Una vez más Fromm lo escribió de modo nítido: «Mirándolo desde un punto de vista de los valores, es evidente que el narcisismo es antagónico a la razón y al amor (…). La orientación narcisista impide que se vea la realidad tal

191

y como es, es decir, objetivamente; en otras palabras, restringe la razón».

Y en el caso del amor: «Para el individuo narcisista, el copartícipe no es nunca una persona por derecho propio ni en su plena realidad. Existe sólo como una sombra del ego». Es todo lo contrario del amor real, el cual «es una relación entre dos personas que se sienten como entidades independientes, pero que pueden franquearse la una a la otra y llegar a ser una con ella. Para sentir amor, hay que sentir separación e independencia». El agresor dependiente, como su propio nombre indica, no posee ese sentimiento de separación: teme el abandono, es incapaz de afirmarse sobre la base de su mundo personal y precisa del otro para apuntalarlo. Por su parte, el psicópata sí que se siente separado del otro (de hecho, diferente y radicalmente ajeno al otro), pero es incapaz de considerar a su pareja como «una persona por derecho propio»; sólo la percibe como un medio para satisfacer sus deseos de dominio y explotación. *El agresor dependiente es violento porque tiene horror al vacío que siente si no domina a su pareja; el psicópata es violento porque su ego sólo puede ser satisfecho si engaña y manipula, si siente la satisfacción de la humillación de la mujer.*

¿Qué sucede en una relación de violencia con un agresor?

Sucede que tus principios esenciales se resquebrajan, ya que ninguna mujer puede tolerar la humillación y la violencia. Si lo hace, es a costa de su salud psíquica, y muchas veces de la física.

Por esa razón es necesario que comprendas que un hombre que posee indicios importantes de ser violento con las mujeres no debe ser objeto de tu interés amoroso. Debes emplear el conocimiento y tu intuición para no establecer esa relación. Esa es la mejor estrategia que tienes para evitar el acoso y la violencia. *Esa es la gran enseñanza de la tesis primera: una relación sincera y fructífera se basa en el conocimiento de cuáles son los círculos concéntricos que nos definen a nosotros y a nuestra pareja.*

Pero es que, además, no debes comprometerte con un agresor con la esperanza de cambiarlo o de que él sea capaz de cambiar. Recuerda la tesis segunda de la teoría: las personas no cambian en lo esencial; tú no puedes cambiar a nadie. *No puedes cambiarlo.* ¡Métetelo en la cabeza!

Para convencerte de ello bastaría con que hablaras con una muestra representativa de mujeres que han sufrido malos tratos y les preguntaras si su pareja las agrede en varios momentos distantes del tiempo. Como imagino que eso no te va a resultar fácil, deja que te exponga los resultados del estudio de los investigadores Jacobson y Gottman, quienes evaluaron a 63 hombres que abusaron física y emocionalmente de sus mujeres. Para este apartado lo importante es señalar que siguieron la evolución de su relación a lo largo de dos años. (Estas parejas ya eran violentas desde hacía años.) Su conclusión es meridiana: «En ausencia de una intervención de la justicia o de un programa terapéutico, *los hombres que agreden a sus mujeres continúan haciéndolo, al menos en los próximos años.* Cuanto más severa sea la violencia, menos probable es que se detenga. Cuando ya existe la violencia antes del matrimonio, entonces generalmente sigue allí durante la convivencia. *Y cuando esa violencia es severa, entonces casi nunca para».*

Debes creerme: tu pareja no va a cambiar en lo esencial. En el estudio mencionado los investigadores sospecharon que incluso en aquellos matrimonios en los que pareció haber cesado la agresión física, *la agresión psicológica se había mantenido.* «¿Cambiará alguna vez el agresor? —se preguntan los dos investigadores. Muchas mujeres permanecen en una relación de abuso porque esperan que sus maridos dejen de golpearlas. Se trata de una esperanza generalmente infundada».

Una esperanza infundada. Es tan claro este hecho que ¡incluso los jueces empiezan a reconocerlo en sus sentencias! Fíjate lo que escribió en una sentencia el estupendo juez que por vez primera condenó a un agresor por un delito de tortura moral (se comenta en el capítulo 9): «…la víctima se autoengaña pensando que la persona querida acabará cambiando de comportamiento».

Pero no es sólo que ellos sigan siendo agresores durante toda la vida, al menos emocionales. Es que cuando tú conoces a un hombre y hace cosas que discrepan fuertemente de tu círculo nuclear (tus valores) y de tus hábitos, has de pensar que esa discrepancia va a ser permanente, que no va a ser salvada en el tiempo. Salvo que tú o él los modifiquéis. Y, como sabes, eso no sucede fácilmente (tesis tercera: cuanto más se dirija un objetivo de cambio hacia el interior de los círculos concéntricos, menos probable será que dé resultado). Serás una mujer desgraciada si te unes con un hombre que, «salvo que cambie», te va a herir. ¡No corras ese riesgo!

8. LA PREVENCIÓN DEL ACOSO Y LA VIOLENCIA

Todos hemos leído repetidas veces la misma historia acerca de una mujer que ha sido asesinada por su marido. Puede ser algo parecido a ésta:

> Abrasada y sin piel en el 90% de su cuerpo. Ana Torres, de 28 años, sólo pudo sobrevivir 15 horas a la brutal agresión que sufrió presuntamente por parte del hombre con el que mantenía relaciones (...). El supuesto criminal, Mohamed E., de 48 años, nacido en Marruecos, decidió quemar viva a la mujer, embadurnándola dos veces con un líquido inflamable, probablemente cola para cueros. Ana deja una hija de siete años de una anterior relación matrimonial. Ana y Mohamed no convivían.

A lo largo de todo el libro trato de transmitirte un mensaje: *tú puedes prevenir implicarte en una relación violenta.* En este capítulo recogeré algunas de las ideas que ya he mencionado anteriormente, y procuraré ordenarlas junto con nueva información para que tengan una utilidad práctica en tu vida.

La prevención razonable y la prevención científica

Si leyeras libros especializados sobre violencia —aquéllos que leemos los que nos dedicamos profesionalmente a este campo— quizás sacaras la conclusión de que es realmente difícil predecir con exactitud si una persona, en un futuro, va a cometer un acto violento. Y lo es. Una de las razones de esa dificultad radica en que aquellos factores (o «variables», como decimos los psicólogos) que se relacionan con la violencia no son predictores perfectos, es decir, aunque se den en un individuo, no garantizan que aparezca el resultado, o sea, una agresión o un asesinato, que son los casos que nos interesan a nosotros.

Un ejemplo típico de esto es la relación existente entre el alcohol y los malos tratos. Existe una relación positiva entre frecuencia de consumo de alcohol o drogas por parte de los hombres y el maltrato (esta relación no se da para las mujeres). A mayor consumo de estas sustancias (especialmente las drogas) mayor es el riesgo de que la relación se vuelva violenta. Sin embargo, la relación está lejos de ser perfecta. La mayoría de los maltratadores, por ejemplo, no consumen drogas y la mayoría de los sujetos que las consumen no maltratan a sus mujeres.

Esto sucede con otros muchos aspectos que se han comprobado que se relacionan con la violencia contra las mujeres. Actualmente, lo que podemos decir es que los hombres que reúnan tales y tales circunstancias, o tengan unas determinadas características en su pasado o en su personalidad, *tendrán una mayor probabilidad de ser violentos con sus parejas*. Esto, en un plano científico, cuando lo que se requiere es, por ejemplo, determinar si una persona puede ser puesta en libertad condicional, plantea numerosos problemas. ¿Por qué? Porque tenemos que decidir, sobre la base de predictores imperfectos, acerca de cuestiones muy delicadas, que van a afectar a derechos importantes del individuo (su derecho a la libertad, su derecho a ser reintegrado a la sociedad) o de la comunidad a la que va a regresar (el derecho a no sufrir nuevos delitos por su parte, el derecho de sus familiares a no ser de nuevo maltratados).

Científicamente, sin embargo, es posible disminuir este problema empleando de forma adecuada los mejores predictores que tenemos —aunque sean imperfectos. La investigación revela que los estudios bien diseñados para predecir el comportamiento violento son capaces de mejorar de forma sustancial la predicción realizada al azar, o siguiendo métodos inadecuados. Para ello se requieren estudios complejos estadísticos y la experiencia y conocimientos clínicos de los profesionales que intervienen en los equipos que hacen esas valoraciones.

Ahora bien, está claro que en la vida ordinaria no podemos hacer esos estudios para determinar si la persona que te interesa, si el hombre del que tú te podrías enamorar, va a resultar una amenaza contra tu seguridad. ¿Qué es, entonces, lo que puedes hacer?

Bien, tú no puedes hacer una predicción científica, pero sí una *predicción razonable*. «Razonable» no implica segura, cien por cien precisa (que tampoco realiza el científico), pero sí significa que es la mejor que puedes hacer de acuerdo a las circunstancias en las que te encuentras. Para decirlo de otra manera: una predicción razonable sería aquélla que haría una mujer que tuviera la mejor información de que pudiera disponer.

¿Y cuál es esa información? En primer lugar, un conocimiento acerca de cómo una relación amorosa puede enmascarar la realidad, haciendo que los sentimientos y la pasión te impidan reconocer cuáles son tus auténticos principios y los de la persona por la que te interesas. La teoría de los círculos concéntricos te explicó este punto, espero que con claridad. *De esta teoría debes extraer una enseñanza vital para prevenir que te relaciones con un agresor:* preocúpate por conocer y comprender cuáles son tus metas fundamentales como mujer y como persona, e intenta averiguar si él las viola o no. De modo complementario, la teoría también te enseñó que esos valores esenciales no cambian, sino que permanecen durante toda la vida.

Esta primera enseñanza es la base sobre la que se sustentan todas las otras: si tú te conoces, si comprendes que para ti el respeto y la dignidad no son aspectos secundarios, entonces sobre ello puedes empezar a examinar al hombre que te interesa. *No confundas sus aspectos externos, su* look, *sus modales en el cortejo, con su auténtica personalidad.* Examina sus hábitos, lo que hace, no lo que dice; pregúntate por la forma en que trata a los demás; por sus metas como ser humano. Y reflexiona si ello es compatible con tus círculos concéntricos. Como ya te dije, si no son compatibles y sigues a su lado, observarás cómo tus preferencias, tus hábitos y —lo que es más grave— tus valores y principios irán siendo violentados, y tú notarás que tu vida cada vez será más difícil y desgraciada.

Pero «una mujer razonable» ha de contar con otros conocimientos, además de ser consciente de lo que se juega en el proceso del enamoramiento y del amor. Básicamente, otros dos elementos existen para ayudarte. Por una parte, *la intuición,* ese sistema de alarma interno que posees que no está contaminado por el exterior. Y por otra parte, *tu conocimiento de cuáles son las características de los hombres que, con mayor probabilidad, pueden ser individuos violentos,* física o psicológicamente. Con este fin —el del conocimiento— hemos estado analizando con detenimiento la psicología y el estilo de vida de los agresores, psicópatas y dependientes. Esto es ya muy importante. Para ti esos sujetos no tienen ahora por qué ser unos desconocidos; podrán engañarte al principio (especialmente si es un psicópata integrado, es decir, un psicópata que no forma parte de la cultura de la delincuencia, del mundo de la marginación), pero si eres precavida los detectarás. Y también con este fin del conocimiento de *los hombres peligrosos* hemos estado comentando todo un conjunto de circunstancias y de hábitos que son especialmente notables, a los que debes prestar especial atención.

Lo que te propongo en este capítulo es un análisis con mayor profundidad de cómo puedes emplear la intuición y el conocimiento para prevenir que establezcas una relación con un hombre que te pueda acosar, que pueda golpearte o maltratarte psicológicamente, o que incluso esté dispuesto a quitarte la vida.

La intuición

Vivimos en una sociedad que debe proteger a sus ciudadanos de los individuos violentos y antisociales. Cierto. Pero créeme: es mejor que tengas la opinión de que *tu seguridad es responsabilidad tuya,* y no de la policía, del gobierno o de los tribunales. ¿Cómo empezar a asumir esta tarea?

Disponemos de un gran recurso: la intuición. «La intuición nos conecta al mundo natural y a nuestra naturaleza. Está libre del yugo del juicio y unida a la percepción, lo que te permite hacer predicciones sorprendentes». Tales predicciones se resumen con frecuencia en una frase que musitamos *después* de observar *que algo ha sucedido*: «No sé cómo, pero lo sabía».

La intuición actúa antes de que seamos conscientes de la situación

¿Qué significa que está «libre del yugo del juicio»? Significa que no está afectada por eso que sabemos hacer tan bien: mentirnos a nosotros mismos. Negamos la realidad para no sentirnos angustiados. Es cuando la mujer se dice: «Luego no será tan violento, cuando aprenda que yo le quiero de verdad». O «en realidad no me pega a propósito, sólo está estresado». La intuición es rápida, y muy anterior a este proceso de enmascarar la realidad. Por eso es tan valiosa. Emily Spence, una especialista en acoso a la mujer, dice: «Recomiendo siempre que, a la primera señal que sintamos de desasosiego con un hombre, la mujer deje claro que no quiere seguir relacionándose con él».

Muchas veces negamos la intuición porque estamos preparados para ver lo que queremos ver. En su libro *El día en que el universo cambió,* el historiador James Burke señaló que «es el cerebro el que realmente ve, no el ojo. En efecto, la realidad ya se encuentra en el cerebro antes de que tengamos la experiencia de ella, o de otro modo las señales que obtenemos de los ojos no tendrían ningún sentido». Esta afirmación subraya una cosa: tenemos en nuestra cabeza todas las piezas del *puzzle* de la violencia antes de que las necesitemos, porque la evolución nos ha dotado de un sistema de «predicción natural» del peligro. De esta forma, cuando en el exterior aparece una amenaza para nuestra supervivencia la intuición dispara esa señal de alarma, ordena el *puzzle*, y nos dice: «¡Cuidado!».

De ahí que sea tan importante que uno se escuche a sí mismo. Esta habilidad la conocen bien los policías que saben leer las señales de la violencia cuando aparecen en su actividad cotidiana.

La intuición entonces, puede ser negada cuando preferimos «no ver». Pero no debemos olvidar otro obstáculo de la intuición, consistente en aquella información que se considera «real» o «científica», sin serlo. Por ejemplo, que una orden de alejamiento detendrá siempre la violencia de un ex novio o ex marido. En tal caso, la intuición se verá bloqueada porque no le daremos la oportunidad de ser considerada; todos dicen que hagamos eso, luego me dejo llevar. Ésta es la razón por la que en este capítulo intento presentarte un conocimiento riguroso sobre las claves de la actuación preventiva.

La intuición es un fenómeno radicalmente personal

Aunque un profesional tenga experiencia con muchos casos de violencia, lo cierto es que las personas son las únicas que tienen la experiencia con su caso. El psicólogo G. de Becker es el que más ha desarrollado las posibilidades de la intuición en la prevención de la violencia. En su opinión, «dentro de cada individuo está la información necesaria para realizar una valoración acertada de la situación (...). Ninguna teoría es demasiado remota para explorar, ninguna persona está exenta de ser considerada, ningún sentimiento carece de base».

Cuando Becker entrevista a una víctima le pregunta: «¿Quién podría enviar estas cartas (o llamadas)?» Y entonces empieza a hacer una lista, sin reparar en los motivos. Luego asigna un motivo a cada uno, de este modo se ejecuta un proceso creativo sin ninguna presión. Se trata de un *puzzle*, en el que hay suficientes piezas disponibles para revelar una imagen.

Por supuesto, la intuición es algo muy valorado por los hombres de ciencia y los artistas. No hay ninguna razón para que nosotros no la consideremos como algo valioso en la orientación de nuestras vidas. La curiosidad vendría a ser el modo en que reaccionamos cuando la intuición nos susurra que «debe de haber algo allí».

El sentido de la violencia

Toda violencia tiene un propósito, incluso la «sin sentido». Quizá sea nuestra decisión llamarla de este modo, pero no por ello dejará de tener un propósito para el agresor.

De igual manera, podemos llamar al agente de esa violencia «un monstruo», pero para predecir esa violencia hemos de ser capaces de hallar su humanidad, lo que tiene en común con nosotros.

No deja de ser sorprendente leer o escuchar en televisión una noticia como la siguiente: un hombre ha matado a su mujer de un disparo de escopeta cuando volvía del trabajo. La mujer había interpuesto hace una semana una demanda de separación, después de años de sufrir amenazas y violencia. Hace un mes parece que su marido le dijo: «Te aconsejo que no hagas ninguna tontería; puede que sea la última». Pues bien, es muy habitual que la noticia se cierre con algún testimonio del talante de «esperábamos algún altercado violento, pero nadie podía imaginarse este desenlace».

La razón es que creemos que «cada persona es un mundo», con múltiples motivaciones y personalidades, y que todo ello hace imposible predecir la violencia. Sin embargo, si consideramos un misterio a la violencia, jamás podremos prevenirla; quizá sirva para reducir nuestra ansiedad o no tomar ninguna iniciativa, pero ello tiene un gran coste para la víctima.

Lo cierto es que las grandes preguntas pueden ser contestadas de un modo razonable. ¿Por qué? Porque la intuición, aunque no siempre responda a un peligro real, sirve como señal interna de que estamos en una situación que *parece* peligrosa. Y ello nos hace estar precavidos, lo que no es ningún defecto. Y por otra parte, si sabes, si conoces los elementos más relacionados con la violencia, dispondrás de un juicio no viciado, y podrás ayudar a tu intuición. De este modo estarás preparada para contestar a esas «grandes preguntas», como: ¿Esta persona que me inquieta será capaz de atacarme? ¿Cuál es el mejor modo de responder a alguien que me acosa? ¿Cómo he de responder frente a las amenazas?

Detectar a extraños peligrosos

Sé que este libro versa sobre la agresión de gente a la que conocemos o amamos. Pero algunas personas que buscan tu intimidad, una relación contigo, emplean algunas tácticas que comparten con los extraños que buscan que te confíes para disponer de la oportunidad de agredirte.

A continuación te detallo algunas de esas técnicas:

a) El «equipo forzado»: se trata de crear la impresión de que «en esto vamos juntos»; es una actividad dirigida e intencionada, una manipulación sofisticada. La señal detectable es la proyección de una intención o una experiencia compartida cuando no existe ninguna. Por ejemplo, estás en un lugar apartado y tienes problemas con la cerradura de tu coche. Alguien se te acerca y te dice: «¡Vaya, otro conductor de un coche X [una marca cualquiera de coche] en apuros. Déjeme, yo tengo uno igual y debemos apoyarnos». La mejor respuesta es ésta: «No he pedido su ayuda, gracias de todos modos».

b) Ser seductor: implica «encandilar», controlar mediante el atractivo o la seducción. La mayoría de los acosadores y hombres violentos —no hace falta que sean psicópatas— buscan darnos una muy buena impresión. Todo hombre quiere dar una buena imagen, pero el agresor oculto se esforzará en ella; y tú deberás buscar signos de inquietud en ti misma (la intuición) dentro de tanta representación destinada a seducirte. Piensa en esta estrategia como un verbo, no como un rasgo. Serás capaz de detectarlo si tú piensas: «Esta persona está intentando seducirme», en vez de «esta persona es encantadora». La mayor parte de las veces comprobarás que no hay nada siniestro detrás de ese atractivo, pero otras veces habrás acertado. ¡Y son éstas las que justifican que seas precavida!

c) La amabilidad: sé que estás pensando: «yo no puedo ir por ahí desconfiando de la gente amable». De acuerdo, pero te ruego que leas lo que sigue. La amabilidad es una decisión, una estrategia de la interacción social (algo que decides hacer cuando estás con alguien), no un rasgo del carácter, como la bondad. La amabilidad no solicitada puede tener un motivo oculto, y hemos de ser capaces de verlo con atención. Se trata, sin embargo —como hace un momento me has objetado—, de una estrategia muy difícil de rechazar. Se nos enseña a ser agradecidos con la gente amable, especialmente a las mujeres. Dice Becker: «Yo aconsejo explícitamente a las mujeres que rechacen las aproximaciones no solicitadas, pero sé que es difícil (...). Por encima de todo, se espera que una mujer responda a cualquier intento de comunicación realizado por un hombre». Sin embargo, ello puede dar tiempo y oportunidades a un hombre para evaluar sus opciones con una mujer. Mi consejo es: acepta un ofrecimiento amable cuando haya personas cerca que puedan ver todo lo que pasa; en caso contrario, manténte alerta.

d) Poner etiquetas: un hombre da una etiqueta ligeramente despectiva a una mujer, esperando que ella reaccione en el sentido deseado: «Quizás seas de ésas que no hablan con tipos como yo». Y entonces tú, naturalmente, le demuestras que no eres «una de ésas», y te quedas a tomar una copa con él.

e) Imponer una obligación o deuda: ofrecer ayudar en algo para ganar control sobre la víctima, haciendo que ella baje la guardia (por ejemplo, llevarle los paquetes). Así, Luis Patricio —el asesino de Mar Herrero— buscó imponer una deuda con su novia presentándose como «hombre de contactos con el cine». Eso le dio oportunidad de seducirla y, posteriormente, asesinarla.

f) La promesa no solicitada. La razón por la que alguien te promete algo, es porque ve que no estás convencida. Alguien al que acabas de conocer te ofrece llevarte a tu casa, y sin que tú se lo exijas te dice: «Te prometo que me portaré como un caballero. Fíate de mí». Tú dudas (un mensajero de la intuición), porque hay razones para dudar.

g) No considerar la palabra «no», cuando tú ya la has pronunciado. Esta palabra no debe negociarse. Cuando dices a alguien «no», su insistencia debe ser vista con suspicacia (volveremos a este punto cuando discutamos la respuesta al acoso).

Hay cosas que no podemos evitar (como que alguien se fije en nosotros), pero otras, como las respuestas que damos a alguien que nos está haciendo preguntas u ofrecimientos como los aquí señalados, sí que están a nuestro alcance.

Esto es importante. Conocer estas estrategias e intenciones en los agresores desconocidos no implica que tú hayas de estar siempre temerosa, viendo agresores en todas partes; *sólo supone que permites que exista la oportunidad de que tu intuición te avise.* Piensa que la intuición tiene siempre razón en dos sentidos: 1) surge siempre en respuesta a algo, y 2) siempre actúa en tu mejor interés.

Quizás te resistas a la idea de que la intuición siempre tiene razón, pero ello no quiere decir que siempre que actúe es porque haya un peligro real, sino que responde ante algo, y dado que ella se ha puesto en acción, es más sabio hacerle caso.

La intuición siempre está aprendiendo, y envía siempre señales significativas. La más urgente de todas es el miedo, y luego siguen en el *ranking:* aprensión, sospecha, vacilación, duda, sentimientos de desagrado, corazonadas y curiosidad. También, aunque menos urgentes, son las sensaciones físicas, ideas persistentes y ansiedad. Dice Becker: «Si eres capaz de pensar acerca de estas señales con una mente abierta cuando aparecen, entonces aprenderás cómo comunicarte contigo mismo de una manera fluida».

Veamos un ejemplo práctico de predicción razonable; un caso en el que tanto la intuición como el conocimiento podían haber intervenido para evitar un periodo de angustia en Eulalia.

El acosador con el que has salido alguna vez

El acosador con el que has salido alguna vez, pero dejó de interesarte, es bastante parecido al agresor de mujeres, pero tiene un menor potencial violento (en general). Es muy raro que una persona así te ataque gravemente, o que intente algo peor (salvo que sea alguien muy obsesionado y muy violento). Sus estrategias incluyen comportarse de forma lastimera para que te sientas culpable o le tengas simpatía, llamarte o escribirte recordándote viejas y supuestas promesas que le hiciste, abrumarte con visitas inesperadas en lugares donde estés trabajando o divirtiéndote para que cedas finalmente, y también actos más violentos como amenazarte, romper cosas de tu propiedad, etc.

¿Se puede predecir con antelación qué personas pueden más tarde darte problemas de esta índole? La respuesta, de nuevo, *es sí*. Aquí tienes unos cuantos precursores, extraídos de la historia que me contó Eulalia:

> Yo asistía a una convención de mi trabajo, en un hotel cerca de la costa. Allí se presentó alguien al que no conocía, Pedro. Trabajaba en mi misma empresa, pero en una delegación de otra ciudad en la que yo vivía. Dijo que me había visto en la convención del año pasado, pero que yo seguramente no me acordaría de él, porque sólo estuvimos juntos una vez, en un grupo más amplio. En

efecto, no lo recordaba. Pero él me dijo que se había asegurado de que yo también iba a estar aquí, y que se había apuntado en mi grupo de trabajo (*workshop*) sólo para poder conocerme mejor. Me pidió que le dejara invitarme a cenar esa noche, pero yo ya le dije que esa noche estaba comprometida, y la noche siguiente (al otro día acababa la convención). Pero él contestó que no podía admitir un no por respuesta. Que estaba realmente fascinado por mí, y que pensaba que él podría ayudarme mucho en mi trabajo. Yo le contesté que quizás pudiéramos vernos después de finalizadas las actividades del día, antes de la hora de cenar.

Ese día nos vimos a las 7 de la tarde. Cuando se hicieron las 8.30 y me despedí de él, se sorprendió mucho, y me dijo que yo había prometido ir a cenar con él esa noche. Yo lo intenté sacar de su error, pero se molestó mucho, y yo para «compensarle» quedé con él a la noche siguiente. En el fondo me halagaba su interés por mí. Cuando salí con él a la noche siguiente me di cuenta de que era inteligente, pero también muy posesivo. Hablaba como si él y yo tuviéramos planes para diferentes proyectos, y como si nos fuéramos a ver muy a menudo. ¡Me dijo que había pedido a su jefe, aprovechando la convención, que lo trasladaran a mi ciudad!

Así empezó una pesadilla para Eulalia, que se extendió durante un año. Cuando me comentó su historia le señalé algunas cosas que tenía que hacer, y felizmente, seis meses después, parece que dieron sus frutos, ya que él dejó de perseguirla.

Pero analicemos ese primer encuentro. Aquí ya podemos observar señales, avisos, elementos de predicción de que la relación va a ser difícil y tortuosa. En primer lugar, el acosador *investigó* previamente a la víctima (averiguó si iba a ir a la convención). En segundo lugar, se matriculó en el mismo grupo de trabajo para estar con ella (*empleó un truco* para estar cerca de ella; también hay aquí una *gran inversión personal*). En tercer lugar, y lo más importante, *no hizo caso a lo que le dijo la mujer*. Forzó una cita, quiso hacer su voluntad aun cuando ella le dijo que la primera noche (cuando quedaron para después de la sesión de trabajo) ella no iba a salir con él. En cuarto lugar, Eulalia se sintió un poco extraña con él, lo percibió como alguien posesivo (*deseo de posesión* y *el aviso de la intuición*). En quinto lugar, quiso *crear en ella una deuda* (le dijo que la iba a ayudar en su trabajo). En sexto lugar, *actuó de manera muy apresurada y urgente,* como si ambos ya formaran un equipo (los proyectos conjuntos). Y finalmente, tomó una decisión inadecuada a todas luces dado el estado de esa «relación» (el traslado de ciudad; de nuevo gran inversión personal).

Como ves, hay en la historia de Eulalia varios precursores de acoso, pero existen otros. A continuación te los relaciono.

Los precursores del acoso

1. Investigar a la víctima.
2. Emplear engaños o trucos para ver a alguien.
3. Hacer una inversión personal importante (en tiempo o esfuerzo) y exagerada.
4. Mostrar urgencia, elaborar planes de forma prematura.
5. No escuchar, no respetar lo que dice la mujer.
6. Gran atención; recordar cualquier cosa que digas, por pequeña que sea.
7. El aviso de tu intuición: te sientes incómoda.
8. Ofrecer ayuda de forma no solicitada; hacer que estés en deuda con él por algo que no pediste.
9. Proyectar en los otros emociones o promesas que la víctima no ha hecho explícitos.
10. Controlar la actividad y movimientos de la mujer.
11. Posesión, celos.

12. Querer aislarte, que pierdas el contacto de familiares y amigos.
13. Presentar antecedentes psiquiátricos (ver capítulo 2).

El acosador muestra muchas de estas indicaciones, generalmente, de forma temprana en la relación; otras señales pueden tardar un poco más en aparecer (como querer que no veas a alguien en particular), pero si tú estás atenta *puedes prevenir una relación con una persona así antes de que sea demasiado tarde*.

Sea como fuere, lo que trato de decirte es que quedar con alguien es siempre una oportunidad de vivir una relación interesante que, al mismo tiempo incluye el riesgo de conocer a alguien que puede acosarte. Es, por ello mismo, también una oportunidad para que emplees tu conocimiento para evitar problemas. No tienes necesidad de quitarle romanticismo a una cita. Tú, de todas formas —como cualquiera— vas a evaluar a ese hombre con el que quedas. Sólo te aconsejo que incluyas lo que has leído aquí como parte de esa evaluación. En particular te pido que investigues, si tienes oportunidad, la última relación de la persona que acabas de conocer. Averigua si esos indicadores estaban ya en esa última relación: ¿fue difícil su ruptura?, ¿escuchó y atendió a lo que la otra mujer le planteó?, ¿dice cosas que revelan que él todavía guarda una cierta obsesión?, ¿quién rompió con quien? —esta pregunta es importante porque rara vez los acosadores son los primeros en dar el paso de la ruptura. También es muy revelador que esta persona con la que quedas haya tenido varias relaciones intensas producto de amores «a primera vista», ya que ello indica que es alguien que se obsesiona rápidamente con una mujer. Otras cuestiones que te aconsejo que explores son su percepción de los roles sexuales (¿tiene ideas trasnochadas sobre el trabajo o la conducta de la mujer?

No estoy diciendo que crea en el «amor libre», sólo que veas si cree que la mujer ha de seguir la voluntad del marido como un militar las órdenes de su superior) y en qué medida él piensa que siempre tiene razón, o el grado en que intenta que veas las cosas de una única manera: la suya.

No te pido que le hagas un interrogatorio, ni que contemples estas cuestiones que te señalo como una especie de encuesta. Pero sí que, en el transcurso de unas *pocas* citas, observes todas estas cuestiones. Al fin y al cabo, quieres conocerle, ¿no?

Detectar una posible relación agresiva

Estas recomendaciones han versado sobre los encuentros entre extraños. ¿Qué hay acerca de las personas que están dentro de nuestras vidas de modo regular, como aquéllas con las que salimos o con las que nos vamos a vivir juntos —casados o no? Nuestras relaciones realmente comienzan haciendo nosotros predicciones que determinan —literalmente— la cualidad y el curso de nuestras vidas. ¿Por qué no intentar mejorar el sistema de evaluación de las mujeres cuando se interesan por un hombre?

Considerar lo que nos une con un posible agresor

En primer lugar, debes encontrar en él una parte de ti misma, y en ti misma una parte de él; busca algo que compartes con él, eso te ayudará a ver la situación como él la percibe. Por ejemplo, el que te llama de forma anónima, diciéndote cosas obscenas, parece que busca disfrutar del miedo que provoca en ti. Eso no parece que tenga mucho que ver contigo: tú no eres alguien que disfrute causando miedo a los demás. Sin embargo, puedes recordar que, hace algunos años, podías pasarte un buen rato cuando asustabas a tu hermano pequeño saliendo de un lugar oscuro y le hacías pegar un salto. Por otra parte, puede que tu anónimo comunicante no busque hallar satisfacción a través de tu miedo, sino que, por encima de todo, lo que él desea es disponer de tu atención, ya que cuando llama diciendo cosas asquerosas logra que su oyente le preste mucha atención. Quizá tenga mejores opciones para que alguien le pueda prestar atención, pero él no las ve, y hace lo que le ha funcionado otras veces.

Considerar sus puntos de vista

En segundo lugar, muchos errores de predicción provienen de la creencia de que los otros perciben la realidad como lo hacemos nosotros. Y si hay una excepción a esta regla, créeme que la representa el psicópata. Para poder predecir lo que va a hacer, *has de ser capaz de ver las cosas tanto desde tu punto de vista como desde el suyo.* Presta atención. Lo que te pido es que veas el panorama tal y como él lo ve, no que compartas o asumas esa posición. Esa habilidad se llama «toma de perspectiva» o «empatía cognitiva» y es la que nos permite comprender de qué modo la gente difiere de nosotros en sus opiniones acerca de las cosas. Tú necesitas esa habilidad porque el psicópata la posee; a diferencia de la empatía emocional —que permite que tú sientas cómo se siente otra persona—, imposible para el psicópata. Si no empleas la toma de perspectiva el psicópata te llevará una considerable ventaja.

«Predecir la conducta humana depende, en buena manera, de que seas capaz de reconocer cuál es la película después de haber visto sólo unos pocos minutos», dice Becker. Resulta curioso que tengamos tantas dudas acerca de nuestra capacidad de predecir la conducta violenta, cuando no la tenemos en relación con otras situaciones. Por ejemplo, imagínate que un familiar tuyo tiene el tiempo justo para ir a la estación a tomar un tren. ¿Serías capaz de predecir cómo conduciría? ¿Lo puedes ver corriendo por la estación? ¿Se subiría al tren aun cuando no hubiera podido sacar el billete? «Bien —puedes responderme— yo conozco a esa persona, sé lo que haría».

Sin embargo, mucha gente actuaría como lo hace tu familiar si estuviera en esa situación. Es cierto que tu predicción de esas otras personas sería peor, ya que no las conoces, pero muchas de las claves de sus actos (apresurarse con el coche, correr por la estación, quizás pedir permiso a los otros clientes de la ventanilla para sacar el billete) son muy semejantes en todo el mundo. *Mucha gente cree que no puede predecir la violencia porque no la conoce, pero el proceso de predecirla es el mismo que en cualquier otro tipo de conducta.* De ahí que sea muy importante para ti que tengas la información relevante para interpretar la posible situación violenta.

Aplicar la regla de los opuestos

En tercer lugar, para predecir la violencia puedes aplicar la regla de los opuestos. Consiste en, primero, hacer una lista mental de cuáles son las conductas adecuadas que tú esperas de una persona en una determinada situación, para, acto seguido, pensar en las contrarias. Por ejemplo, imagínate que estás en una fiesta de cumpleaños, en un *pub,* y conoces a un primo de tu amigo. ¿Qué conductas te parecen adecuadas en esa situación? Aquí tienes algunas. El primo de tu amigo…

* Guarda una distancia prudente.
* Hace comentarios apropiados.
* Cuenta anécdotas de buen gusto.

Bien. ¿Qué dirías tú en cambio si él... te rozara con frecuencia, hiciera comentarios con un fuerte contenido sexual e hiciera bromas crueles sobre determinadas personas?

Estás aplicando la regla de los opuestos, un poderoso instrumento para predecir el comportamiento (piensa, sin embargo, que los psicópatas son maestros de la simulación; presta mucha atención al apartado que dedico sobre cómo detectarlos). *Cuando una persona hace lo contrario de lo que esperarías que hiciera, es una señal de peligro.*

*Reconocer la importancia de la conducta pasada
para predecir la futura*

Del mismo modo que somos capaces *de predecir la conducta una vez que conocemos la situación* (por ejemplo, llegar con el tiempo justo a la estación), también somos capaces *de predecir la situación conociendo la conducta.* Por ejemplo, tú sales con un chico durante seis meses. Estáis en una fiesta, y ahí ves a un antiguo novio tuyo. Sólo hablas con él unos minutos, porque sabes que a tu novio actual le molesta que tengas esas «libertades». Un rato después le preguntas algo y no te contesta; te rehuye la mirada. Tú ya puedes predecir la situación: ¡un nuevo ataque de celos!

La cuestión es: ¿Qué probabilidades hay de que tu novio se comporte de este modo una vez que te cases con él? ¿Piensas que ya no tendrá necesidad de ponerse celoso porque entonces ya «serás de él» definitivamente? Si lo piensas, cometerás tres errores. Primero, desoyes a tu intuición, que te dice que él no respeta tu libertad, tu autonomía como persona. Haces caso omiso de tu sabiduría interior que te está dando un aviso importante, al oído: «¡Su carácter viola uno de tus valores esenciales, y es el respeto a tu decisión sobre cómo relacionarte con la gente!». Segundo, no haces caso de los ejemplos anteriores que tú ya has vivido. Observa que en el ejemplo he escrito: «¡Un nuevo ataque de celos!».

Uno de los mejores predictores —si no el mejor— *de la conducta futura es la conducta pasada en situaciones parecidas* (en este caso, fiestas o reuniones donde tú te relacionas con otros hombres). Por consiguiente, prefieres cerrar los ojos ante un fuerte aviso de problemas. El tercer error es creer que «las cosas cambiarán», o bien que «mi amor lo hará cambiar». Recuerda lo que te dije cuando te presenté la teoría de los círculos concéntricos del amor: tú no puedes cambiar a nadie, y mucho menos tu amor. Las personas, en lo sustancial, no cambian, salvo excepciones muy marcadas (como en el *Cuento de Navidad* de Dickens, en el que Mr. Sgrooge se convierte de la noche a la mañana en alguien completamente bueno cuando antes no era sino un miserable. Pero para que este milagro sucediera, ¡tuvieron que intervenir tres fantasmas —el del pasado, el del presente y el del futuro— en una sola noche! Créeme, esto no sucede todos los días).

Te ahorrarás muchos disgustos si eres capaz de predecir antes de que te impliques realmente con una persona. Cuanto más metida estés emocionalmente, menos despejada tendrás la cabeza para pensar con claridad, más podrán los aspectos irracionales del amor (la pasión, el enamoramiento) dictar tu comportamiento. Ésa es la razón por la que necesitas el coraje, por la que has de tomar la decisión de que una persona así no te conviene aunque te guste, aunque sientas que te estás enamorando, aunque te encuentres sola, ¡aunque pienses lo que sea que pienses! *Tu mejor opción para no ser agredida por un hombre es reconocer cuándo muestra éste rasgos de su carácter que amenazan seriamen-*

te tu estabilidad emocional (o tu integridad física), y actuar con coraje tomando una decisión que te va a doler.

Es obvio que cuanto más implicada estés en esa relación más coraje vas a necesitar. Es curioso lo difícil que nos resulta modificar la situación en la que vivimos, aunque sea claramente dañina e incómoda. Eso lo saben muy bien los psicólogos, que ven todos los días, por ejemplo, a mucha gente con fobia a los espacios cerrados vivir situaciones muy incómodas en vez de afrontar seriamente su fobia. En parte, esto sucede porque el fóbico —como la mujer que sabe que su vida va hacia el caos— tiene al menos un modo de relacionarse con la realidad que le resulta familiar, predecible, aunque sea algo que lo hace sufrir. Pero le da más miedo cambiar, lo desconocido, enfrentarse a la angustiosa experiencia de entrar en un ascensor; él piensa que esa situación es terrible, y frente a lo «terrible», subir a pie doce pisos del edificio España de Madrid es mucho más apetecible.

«¡Un momento! —seguro que me vas a interpelar. ¡No compare usted ambas situaciones! El fóbico tiene miedo a algo inexistente; cuando entre en el ascensor nada malo *real* va a sucederle. Pero si una mujer deja a su marido, y se lleva a su hijo, pueden ocurrir muchas cosas *malas reales*. Por ejemplo, que ella no disponga de dinero para subsistir, que no tenga dónde ir, y que él la busque, la acose y la golpee… o peor aún, como Ud. ha escrito en este libro, que la amenace seriamente con matarla.»

Bien, ya hemos hablado de esto. La mujer tiene razones legítimas para temer dar ese paso (más sobre esto en el próximo capítulo), pero sigue siendo verdad que antes de tomar esa decisión es necesario acabar de reconocer que su conducta (esperar que su marido cambie) tiene mucho de creencia mágica. La liberación supone reconocer que «ya no quiero seguir subiendo a las casas por las escaleras».

Considerar cómo percibe la posible persona agresiva la violencia

En cada una de las predicciones acerca de la violencia debemos preguntarnos si para el hombre en cuestión el uso de la violencia lo acercará al objetivo que pretende, o contrariamente lo alejará de lo que busca. Responder a esta pregunta exige que consideremos cómo percibe el posible agresor cuatro factores o elementos.

Pero seamos prácticos. Te propongo un ejemplo —real, desgraciadamente, como todos los que aparecen en este libro— con el que analizar lo que te voy a explicar a continuación.

A las 16.00 horas del día de Nochevieja, José Rodríguez Rangel, jugaba a las cartas con sus amigos en un bar de Almendralejo. Minutos después se despedía de ellos. «Me voy, que tengo que matar a mi mujer.» Dicho y hecho.

El hombre se dirigió al domicilio que había compartido durante esos treinta años con su mujer, Josefa Días Narra, cruzó el umbral de la entrada y se aseguró de que la puerta quedara cerrada bajo llave. Ya en el interior, de nuevo las riñas, de nuevo los gritos de Josefa. Pero esta vez no encontró respuesta, ninguno de sus cinco hijos la acompañaban a esa hora de la tarde en casa. Tras una fuerte disputa, el marido buscó su escopeta de caza, una de sus aficiones junto con la bebida, y descargó un tiro certero en mitad del pecho de Josefa. La mujer quedó tendida, sin vida, en la habitación en donde se había refugiado. A continuación, José apuntó a su propio corazón. Otro tiro certero puso fin a su vida.

Esa misma mañana, José Rodríguez, agricultor de 55 años, había recibido una carta del juzgado en la que le notificaban que debía abandonar el domicilio familiar en pocos días, ya que Josefa había decidido meses atrás acabar con tan malogrado matrimonio y presentó una demanda de separación que su marido nunca quiso aceptar.

Año nuevo, vida nueva, debió de pensar la mujer de 50 años, cansada de llevar la cara marcada por los malos tratos de que era objeto. Ayer, Año Nuevo, recibió sepultura en su ciudad natal de Almendralejo.

La autopsia reveló que José Rodríguez había bebido mucho. Un vecino dijo que «José tenía muy mal beber», y lo pagaba su mujer, porque fuera de casa en seguida se acobardaba. Pero no con su mujer. En casa ya había sacado anteriormente la escopeta. En particular, había amenazado a su cuñado por una disputa familiar, pero entonces Josefa intercedió y no llegó la sangre al río.

Las denuncias de Josefa en el juzgado contra los malos tratos de su marido eran de sobra conocidas en el pueblo. «Claro, eran frecuentes los palos en esa casa desde siempre», cuentan los vecinos de Almendralejo, que recibieron el año nuevo con la triste noticia de las muertes de sus vecinos (…). «Era una buena persona para todos. Es una pena que denunciara tantas veces las palizas que le daba y que tuviera que seguir aguantándolo.»

Justificación percibida

¿Se siente la persona a la que tememos justificada para ser violenta? Las justificaciones son muy variadas, tales como sospechar que le estás siendo infiel o que lo has provocado (hay docenas: no haces nada a derechas, no atiendes a los hijos, no lo obedeces, no ganas dinero, no eres de fiar, no soporta a tus padres, no te perdona que te acostaras con fulano antes de salir con él…). Como puedes apreciar, muchas de estas «razones» apenas guardan relación con un evento agresivo, físico o psicológico, pero has de pensar que la cólera que precede a una agresión tiene un efecto placentero en el agresor: el sistema nervioso y hormonal genera energía y un sentimiento de poder. Los agresores crónicos acostumbran a enfrentarse a situaciones que son objetivamente neutras activando justificaciones que les permitan abusar de personas que no les van a suponer amenaza alguna. *Sí, sólo actuarán con las personas a las que ellos saben que pueden dominar sin temor a serias represalias.*

En el lamentable caso de Josefa, es evidente que —como ocurre tantas veces— el agresor se sentía más que justificado para emplear la violencia. De hecho, estaba siendo violento desde hacía mucho tiempo, y no podía aceptar que él, «el hombre», saliera de su propia casa. Ya había esgrimido la escopeta. Ya había dicho claramente con sus actos que «con él, no se jugaba».

Alternativas percibidas

Otra pregunta importante es si tiene otras opciones, al margen de la violencia, para conseguir su objetivo. Lo que sea «el objetivo» es la cuestión fundamental. Si un hombre quiere tu dinero y sólo lo puede lograr amenazándote, será más probable que convierta esa amenaza en realidad que otro sujeto que puede vender algo de valor. Si su objetivo es causarte un daño físico, entonces hay pocas opciones. Si quiere controlarte psicológicamente y dispone de muchos recursos para hacerlo, entonces es menos probable que te golpee. La regla a aplicar aquí es que *la violencia será más probable cuando haya menos opciones para lograr lo que él pretende por otros medios.*

El asesino de Josefa no tenía —en su cabeza— *otra alternativa.* El juez ya había determinado que se tenía que marchar de casa. Y en tal caso, la afrenta que iba a sufrir en su débil personalidad no podía ser tolerada. La suerte estaba echada. De ahí que anunciara el propio asesinato de su mujer. Es como si hubiera dicho: «Amigos, ya no queda nada que hacer, no me deja otro camino. He de ir a matar a mi mujer».

Consecuencias percibidas

Antes he dicho que los agresores se permiten abusar de personas que no les van a suponer amenaza alguna. Sí, sólo actuarán con las personas a las que ellos saben que pueden dominar sin temor a serias represalias. Ese temor a las consecuencias puede provenir de una actuación por parte del sistema de justicia, y ésa es una valiosa razón por la que estos delitos deben ser perseguidos con rigor. Pero reflexiona sobre este hecho: la inmensa mayoría de los que matan a sus parejas reciben una dura condena de prisión (además del correspondiente estigma social), y ése hecho no les impidió cometer un homicidio. Y, todavía más, algunos agresores —como el desdichado que nos ocupa— no dudan en perder su vida con tal de asesinar a su mujer. Es el testimonio más definitivo de que ciertos asesinos de mujeres no se detendrán ante nada. Sólo el encarcelamiento impediría que, materialmente, atacaran a su mujer.

La conclusión de lo anterior es la siguiente: las consecuencias negativas de la violencia pueden detener a un agresor, pero para otros éstas no servirán.

Capacidad percibida

El uso de la violencia se facilita si el individuo se siente cómodo con ella. Ésta es la razón por la que nunca deberías arriesgarte a salir con un hombre que haya sido violento. Recuerda: *el mejor predictor de la violencia futura es la violencia pasada.* Si esa violencia también (o solamente) ha sido dirigida anteriormente contra las mujeres, las probabilidades de que te pase lo mismo se incrementan todavía más.

Y en efecto, el asesino de Josefa se sentía a gusto y capaz en el manejo de las armas. Él se consideraba muy capaz de cometer un homicidio. Ya había demostrado ser violento y había esgrimido un arma de forma muy amenazante.

Estos cuatro aspectos vuelven a subrayar la importancia de que veas la situación *con sus ojos,* además de con los tuyos. Poder predecir la peligrosidad de un agresor puede ser una tarea más llevadera si valoras la situación desde los cuatro puntos que acabo de mostrarte. *Es la comprensión de su psicología lo que te puede dar la ventaja.* Reflexiona sobre el terrible suceso que pasó en Valencia a fines del año pasado.

> Noelia O. T., de 16 años, murió ayer [21 de diciembre de 2000] pasadas las cuatro de la tarde tras caer por el patio de luces desde una quinta planta en el barrio de Nazaret. Minutos antes, los vecinos del inmueble oyeron un sinfín de gritos y golpes. La madre salió a la calle a avisar por teléfono a su hija mayor de lo que ocurría en casa. Cuando volvió, las vecinas no dejaron que pasara del zaguán. El cuerpo sin vida de Noelia yacía en la terraza de la planta baja.
>
> Una de las vecinas del inmueble se encaminó hasta la quinta planta. «Empezamos a llamar a la puerta. No abría nadie, pero se oían ruidos. Y le grité que abriera la puerta, que la policía estaba en camino. Y de pronto, el padre nos abrió diciéndonos que qué queríamos, que no pasaba nada. La casa estaba destrozada, los muebles tirados, cristales y puertas rotos. Un verdadero desastre.»

«No pasa nada», dice el sospechoso. Su hija acaba de morir, su casa está destrozada (por la intensa pelea que precedió al más que probable crimen), y ¡no pasa nada! Por supuesto, el agresor no es un imbécil. *Sabe que ha pasado algo muy serio.* Pero con esa expresión lo que realmente quiere decir es: «No ha pasado nada que no tuviera que pasar, que ella no hubiera buscado». Esta persona no ha sido todavía juzgada, pero me atrevo a hacer esa interpretación —acerca de lo que significa su increíble respuesta, no sobre su culpabilidad— porque, precisamente, es muy reveladora de los hombres que suelen tener una rabia inmensa y que, con mayor o menor frecuencia, sacan a la luz.

Este caso es interesante por otra cuestión. Una vez más, los consternados vecinos dijeron, al principio, que fue algo absolutamente sorprendente. Del hombre dijeron que era muy educado, «de los que siempre te saludan». Pero al día siguiente, Lydia Garrido (la estupenda periodista que *no es* familiar mío) ahonda más, y cita el siguiente comentario de una vecina:

«A veces hay que leer entre líneas y a todos nos parece que una cosa así nunca nos va a pasar. Pero cuando lo piensas dos veces y empiezas a recordar alguna conversación o alguna situación en la que no reparas, atas cabos.»

O lo que es lo mismo: *esa violencia no vino porque sí, quizás podía haberse predicho.* No quiero culpabilizar a nadie. Es sólo un ejemplo valioso porque la tesis fundamental del libro la resume admirablemente esa reflexiva vecina: no creemos que algo así nos pueda suceder, pero haríamos bien en atender a una serie de señales («entre líneas») que nos avisan de que hay un riesgo —mayor o menor— de que, efectivamente, eso suceda. Estoy de acuerdo en que algunos de los mejores indicadores o señales de un acto violento están dentro de la cabeza del agresor (su decisión de matar a alguien es una idea, no algo material), pero aun así una relación con una persona generalmente permite un grado suficiente de conocimiento para posibilitar una predicción informada. Te lo repito: tal predicción no tiene por qué ser perfecta: basta con que *ponga de relieve que hay un riesgo por encima de lo que estás dispuesta a tolerar* (y te aconsejo que seas poco tolerante en este punto). Ésta es la razón por la que deseo que este libro te sea de utilidad: quiere suministrarte el conocimiento del fenómeno de la violencia del hombre contra la mujer, para que tú puedas actuar: primero (¡lo más importante!), evitando implicarte en una relación así, y luego —si ya estás metida en una de ellas— ayudándote a que la termines (próximo capítulo).

Considerar que la predicción es una cadena

Piensa en un acto como el suicidio. Generalmente, sólo nos fijamos en uno de los eslabones de esa cadena. Por ejemplo, si alguien nos pregunta acerca del motivo que haya tenido una persona para suicidarse, podemos contestar: «Estaba muy deprimido porque se arruinó en la bolsa». *Pero ésa no es una razón.* Mucha gente se queda sin dinero, pero no comete suicidio. La ruina económica fue un eslabón más de una cadena que se formó en el tiempo. Aunque solemos pensar que la violencia es un asunto de causa y efecto, realmente es un proceso, una cadena en la que el acto violento es sólo un eslabón. Cuando tú te enteras de que un amigo tuyo ha perdido su trabajo, no creo que digas «bien, ahora se suicidará», salvo que conozcas toda una serie de hechos previos que te hagan temer ese resultado. Esos hechos previos (otras veces lo ha intentado, lleva mucho tiempo diciendo que la vida no tiene sentido, hace tiempo que se encierra en casa y no sale, vive solo, etc., a modo de ejemplos) son las señales, indicadores o «eslabones» de esa cadena o proceso.

Lo mismo es cierto en relación con el homicidio. Aunque podríamos intentar explicar un asesinato empleando una simple explicación de causa y efecto (por ejemplo, «la mató porque ella lo abandonó»), este sistema no sirve para que podamos prevenir este hecho. Como los terremotos (cuya acción destructiva viene precedida por movimientos sísmicos que nacen de largos procesos de acoplamiento de la corteza terrestre), el homicidio es el resultado final de un proceso que comenzó mucho antes que ese hombre contrajera matrimonio.

Los predictores de la violencia y el asesinato

Hasta ahora hemos visto cosas importantes que te ayudan a predecir. En especial hemos destacado la intuición y determinadas estrategias que facilitarán que puedas detectar a un hombre potencialmente peligroso. Los predictores del asesinato son los mismos, en lo sustancial, que los de un asalto grave. No debes considerarlos infalibles, a modo de Biblia. Pero son sin duda muy útiles, ya que resumen muchos años de investigación en este tema.

Pocos episodios de la crónica de mujeres asesinadas me impresionaron tanto como el de Mar Herrero, ya descrito anteriormente. En éste y en otros muchos casos, podemos preguntarnos si ya había señales, indicadores suficientes para haber tomado algún curso de acción antes de que ocurriera el crimen. Becker cita veintinueve indicadores; éstos «no están en todos los casos, pero si coinciden varios de ellos en una situación [y cuantos más hay, mayor motivo de preocupación], entonces deberíamos hacer algo».

1. La mujer tiene la intuición de que se halla en peligro.
2. Al comienzo de la relación el hombre presionó a la mujer para que se comprometieran, vivieran juntos o se casaran.

3. Resuelve los conflictos con hostilidad, intimidando o siendo agresivo.
4. Emplea palabras y argumentos que suponen abuso psicológico (insulta, humilla, etc.).
5. Usa amenazas e intimidación como medios de control o abuso, tales como amenazas de palizas, calumniar, restringir la libertad de su pareja, revelar secretos, dejarla sin amigos o dinero, abandonarla o cometer suicidio.
6. Rompe cosas en ataques de ira, muchas veces con un contenido simbólico, como rasgar la foto de boda, destrozar objetos significativos, etc.
7. Ha golpeado a otra u otras mujeres anteriormente.
8. Toma alcohol o drogas con efectos facilitadores de la violencia (pérdidas de memoria, accesos de ira, profunda suspicacia, actos de crueldad).
9. Asegura que el alcohol o las drogas son la causa de su comportamiento violento (en otras palabras, como excusas: «No era yo quien hizo eso»).
10. Ha sido arrestado anteriormente por hechos como amenazas, coacciones, malos tratos o delitos de lesiones.
11. Ha habido más de un incidente de conducta violenta contigo.
12. Usa el dinero para controlar las actividades, compras y la conducta de su pareja.
13. Es celoso de cualquier persona o actividad que le quite a él control de su pareja; le pide que explique todo lo que hace.
14. No acepta que lo rechaces.
15. Da por hecho que la relación va a ser para siempre, «sin que nada nos pueda separar», a pesar de que tu entusiasmo no llega a tanto.
16. Proyecta emociones extremas sobre otras perso-

nas (de odio, amor, celos...) sin que parezca justificado.

17. Quita importancia a los incidentes de abuso.

18. Emplea mucho tiempo hablando de ti, y se desprende que una gran parte de su valía o identidad se deriva del hecho de que él es tu marido, amante, novio, etc.

19. Intenta implicar a los familiares o amigos de su pareja en una campaña para recuperar la relación, si ésta se ha roto.

20. Te ha vigilado o perseguido.

21. Cree que las personas que te rodean están en su contra y que te animan a que lo dejes.

22. Parece muy rígido en su forma de pensar, y no quiere adquirir ningún compromiso que le suponga cambiar.

23. Justifica la violencia realizada por otras personas, cuando un observador sensato la desaprobaría.

24. Sufre cambios súbitos en su estado de ánimo, o bien suele estar depresivo o iracundo.

25. Suele echar la culpa a otros por sus errores; no se responsabiliza de sus acciones.

26. Hace comentarios que te llevan a pensar que él se siente poderoso y dominador cuando tiene un arma de fuego (escopeta, por ejemplo) u otros objetos susceptibles de causar la muerte (un hacha, navaja, etc.).

27. Emplea los «privilegios de ser varón» como una justificación para su conducta (te trata como una criada, toma él todas las decisiones importantes, tiene expresiones despectivas sobre tu sexo, etc.).

28. Vivió de niño en un ambiente de violencia.

29. Le tienes miedo; temes que te golpee o incluso que haga algo peor.

Esta lista debes emplearla junto a lo que tú ya sabes de la intuición y la predicción.

Finalmente, es valioso mencionar el estudio del Instituto de Criminología de la Universidad de Sevilla, el cual consideró que el lugar donde vive la pareja también guarda una relación con la violencia conyugal. Así, se halló que existía una relación inversa entre ingresos y malos tratos. Aunque el maltrato se da en todas las clases sociales, el riesgo de que una relación sea violenta (abusos físicos) es mayor en los grupos sociales con menos recursos económicos.

En esta línea, también se descubrió que el maltrato es más habitual entre las mujeres que viven en barrios en los que hay menos contacto con los vecinos, hay más problemas sociales y los vecinos se apoyan menos. Estas mismas conclusiones son extrapolables al asesinato.

«Razones» para asesinar a la mujer en España

Anabel Cerezo (a quien ya conocemos por su excelente estudio sobre el homicidio entre parejas) destaca la premeditación con la que se suelen cometer los asesinatos de las mujeres. Y añade: «La idea de posesión se plasma como la causa más común en este tipo de sucesos. En la mayor parte de los homicidios, la combinación de factores tales como el maltrato habitual entre los miembros de la pareja, la separación de ambos, así como los celos fundados o infundados fue la que se produjo con más frecuencia. Otros estudios llegan a resultados similares». A estos tres grandes factores de riesgo debemos añadir el acoso que se deriva de ese intento de separación. En el estudio desarrollado por el Instituto de Criminología de Sevilla se concluyó lo siguiente:

«Aproximadamente 20 de cada cien mujeres que se divorcian o se separan de sus maridos son acosadas por éstos hasta el punto de que sienten mucho miedo o temen daños a su integridad física.»

Atendiendo a su investigación, la doctora Cerezo distingue diferentes tipos de asesinos en España, y los clasifica por el móvil que llegó a determinar, en su momento, la policía cuando investigó cada caso.

El hombre abandonado. «Estas personas ven cómo han perdido un objeto de su propiedad, algo que les pertenecía y les daba su categoría e identidad como seres sociales. Al intentar la pareja buscar un espacio como persona en lugar de asumir su rol de objeto, es cuando se producen situaciones realmente conflictivas. La idea de posesión, unida a la del honor, desempeña un papel muy importante (…). Con el acto delictivo, el homicida está lavando su honor, su imagen como persona que ha sido burlada, a la que han abandonado, humillado y arrebatado su poder cotidiano.»

Se encuentran aquí antecedentes en la relación de pareja de malos tratos psíquicos, físicos y/o sexuales o amenazas de muerte.

De ahí que la acción judicial pueda ser un desencadenante del homicidio. El que la muerte se produzca en ocasiones años después de la separación revela cómo el agresor aún la sigue considerando de su propiedad, sin que sea un factor de seguridad que el marido pase a vivir con otra mujer.

El celotípico. Junto con los malos tratos habituales y el abandono, constituyen una «trilogía letal», que apareció en 11 casos (21% del total de casos estudiados por Cerezo). Los celos con los malos tratos habituales se dieron en el 58% de los casos. Muchas veces el celotípico no se arrepiente del hecho.

El hombre violento. Aquí el agresor «se excede» en su violencia habitual y, utilizando sus manos o un arma, asesina a su pareja. El alcohol es muy habitual en estos casos; de 21 agresores habituales, 16 consumían alcohol o drogas.

El hombre desatendido. El homicidio se produce porque la mujer no cumple con sus «obligaciones» de esposa o madre.

El hombre humillado. Atentado al honor o autoridad del hombre.

El enfermo mental. Esquizofrénicos y paranoicos, criminalmente irresponsables.

¿Por qué muchas mujeres prefieren no atender a esas señales de peligro?

Una primera explicación parece una ingenuidad, pero está como uno de los fundamentos de por qué escribo este libro: muchas mujeres no se van, porque no son conscientes de que hay otras alternativas a soportar esa terrible experiencia. Como el niño golpeado, la mujer maltratada vive con gran alivio el fin del episodio violento. Ella llega a engancharse a ese sentimiento de alivio. El abusador es la única persona que puede proporcionar momentos de paz, volviendo a ser una persona «adorable» por un tiempo. *De este modo, él posee la clave de tus sentimientos, él llega a controlar el modo en que tú te sientes.* Observa que cuanto mayor sea el daño que te causa, mayor es el alivio que experimentas cuando saca su cara buena. A todo ello he de añadir tu creencia infinita en que, esta vez sí, este episodio de abuso ha sido «realmente el último».

Hay otra razón poderosa que explica por qué permanece una mujer en una situación tan kafkiana: su maltrato permanente le ha dañado su «mecanismo de valorar el miedo», su radar que la avisa que está en una situación verdaderamente difícil. Simplemente, está tan emocionalmente superada que no comprende realmente la situación en la que vive. Desgraciadamente, la realidad no tarda en imponerse y pronto vuelve a vivir una nueva experiencia de terror. *Su instinto de protección ha sido eliminado.* Por otra parte, si como ocurre muchas veces, ella cree que tiene mucha culpa en todo lo que pasa, pensará que se merece lo que le suceda, y sus fuerzas para salir del agujero estarán muy menguadas.

Debido a que la capacidad de ver las cosas objetivamente no existe, la mujer maltratada precisa otro tipo de análisis para encontrar una razón válida para luchar. Su coraje puede venir del temor que siente porque su hijo/a reciba un tratamiento parecido por parte de su pareja: ella puede tolerar su papel de víctima, pero no el de su hija. Además, aunque una mujer no tenga hijos, puede ser sacudida por una reflexión parecida: «¿Qué harías tú si tu hija saliera con un chico que la maltratara?». Cuando ella responde algo así como: «Le pediría que no saliera con él», nuestra próxima pregunta es obvia: «Entonces, ¿por qué no haces tú lo mismo?».

Cómo detectar a los psicópatas

Ya ha terminado el siglo XX, y a pesar de que seguimos teniendo unos niveles intolerablemente altos de violencia, hoy en día sabemos cada vez más acerca de ella (otra cuestión diferente es que lo que sepamos lo pongamos en práctica).

Por ejemplo, el pensador George Steiner dijo recientemente en una conferencia que dio en Madrid que «sabemos ahora que un hombre puede leer por la noche a Goethe o Rilke, gozar fragmentos de Bach o Schubert, y al día siguiente acudir a su cotidiano trabajo en [el campo de exterminio de los nazis en la II Guerra Mundial] Auschwitz».

O lo que es lo mismo: el sujeto más perverso no tiene por qué tener cara y modales de asesino. Y todavía más: la cultura no es, necesariamente, un antídoto contra la violencia de determinadas personas.

Nadie más preparado para parecer un hombre honesto y formado que un psicópata integrado. Y no hay peor compañía para convivir, como te dije en el capítulo 4. Al menos el agresor dependiente te necesita, puede arrepentirse sinceramente de su agresión (aunque luego vuelva a empezar), pero el psicópata es pura manipulación, pura maldad, puro deseo de controlarte y usarte en su beneficio. No te quiere en absoluto, ya que no quiere a nadie en el mundo, ni a sus padres (a los que puede temer, sin embargo) ni a sus hijos, los haya tenido contigo o con cualquier otra.

Por consiguiente, es absolutamente prioritario que aprendas a detectarlo desde el comienzo, o al menos, antes de que te decidas a formar pareja con él. Hay ciertos estudios que indican que es más difícil abandonar a un psicópata que a un agresor dependiente; aquél no es necesariamente más peligroso, pero sí es más costoso de erosionar la coacción psicológica a la que te somete. Te presento una serie de recomendaciones para que aprendas a evitar a los psicópatas. No son estrategias seguras, pero suponen una gran diferencia si las comparas con la credulidad y buena fe que muchas mujeres ofrecen como respuesta a la manipulación y la mentira habituales.

a) Presta atención, por encima de todo, *a lo que hace, no a lo que dice.* Observa si es cierto lo que dice sobre su mundo de amistades, de su familia, sobre su pasado: otras relaciones, estudios y trabajos efectuados, etc. Si determinados planes o promesas se rompen —con cierta frecuencia— por su causa o «por accidente», averigua cuáles son las razones de ello.

b) Fíjate si tiene amigos de verdad, no sólo conocidos o compañeros de trabajo. Evalúa cómo habla de las personas que conoce, especialmente si él se cree muy superior o desprecia a mucha gente.

c) ¿Tiene cambios de humor difíciles de explicar? Es decir, ¿tienes problemas para predecir cómo va a reaccionar ante determinadas situaciones? ¿Cómo responde a las frustraciones? ¿Tiene accesos de cólera poco apropiados?

d) Observa si tiene actos de crueldad, aunque no sean muy notables, hacia ti o hacia otras personas.

e) Fíjate si es capaz de arrepentirse de verdad cuando reconoce que ha hecho algo mal. No basta con que lo diga, ni siquiera que llore (¿conoces la expresión «lágrimas de cocodrilo»?). El arrepentimiento lleva consigo una huella emocional, un dolor psíquico que supone un intento de reparación y un proceso de cambio.

f) Generalmente querrá tener razón, tendrá una forma rígida de pensar. Si te responde que «quizás tengas razón», lo hará de modo condescendiente, casi con desprecio. No valorará en absoluto tus opiniones o puntos de vista sobre algo.

g) Querrá controlarte, meterse de modo insistente en tu vida, y lo hará con mucha persistencia. La necesidad de control es omnipresente en la vida del psicópata, tanto en su ámbito laboral como social. Eso le genera problemas —que él intenta ocultar— con compañeros de profesión, jefes, amigos, familiares, y otros.

h) Recuerda que él es «encantador» e inteligente. No lo juzgues nunca por su aspecto exterior; intenta ver si sus sentimientos van más allá de lo superficial. Por ejemplo, mira si determinados acontecimientos que deberían afectarlo (porque le suceden a él, o a ti, o a otras personas supuestamente importantes para él) le producen reacciones que tú puedas calificar como compasión, piedad, simpatía profunda, alegría genuina (por cosas positivas que *no* le suceden a él), generosidad, sacrificio, etc. Observa si cuando actúa de forma generosa puede haber un objetivo último oculto (por ejemplo, que le deban un favor, causar una buena impresión, etc.).

Es difícil creer que alguien «respetable» esconda un trastorno de esta índole. Pero ya has leído varios casos así en este libro. Tengo muchos más, ¡pero no me caben! Aquí tienes otro ejemplo, con tortura psíquica a una empleada y familiar. Relata el caso un pariente de la afectada:

La persona que me preocupa tiene 55 años y es médico, especialista en traumatología. Tiene prestigio como tal y ha ganado mucho dinero y ha tenido como recepcionista, en su consulta privada, durante más de 35 años, a una hermana quien en alguna medida controlaba, aparte de su consulta, sus andanzas. A la vez su gran fidelidad le servía a él de cobertura de sus pequeñas miserias, que permanecían siempre ocultas.

Apreciamos en él las siguientes características: es solitario, huidizo, muy envidioso y bastante antisocial. Se comporta con alardes de aparente respetabilidad dignidad y elegancia, no para su propia satisfacción, sino para impresionar, para generar admiración y envidia. No es buen compañero de sus colegas y no puede asimilar que los tiempos cambian y se produce inevitablemente un relevo generacional, con nuevas técnicas y nuevas modas que también llegan a la medicina. Se le ha reducido sensiblemente su clientela.

Culpando a su hermana de este descenso en su nivel de ingresos la ha maltratado despectivamente, habiéndola sometido a una tortura psicológica durante más de un par de años con el propósito de que dejase su trabajo. La ha mantenido durante ese tiempo sentada en una mesa frente a una pared con luz eléctrica (el puesto de trabajo es interior) para atender exclusivamente al teléfono, y le ha prohibido ocupar su tiempo libre, hojear revistas, libros o moverse.

Al final de ese período la despidió.

La convivencia familiar con él resulta muy difícil. No acepta que nadie discrepe de sus opiniones, pues cree estar siempre en posesión de la verdad, cualquiera que sea el tema del que se trate. Tanto en casa como fuera de ella, a quien le lleva la contraria lo considera un enemigo. Sus acciones vengativas son siempre a traición y por la espalda. Es muy mentiroso y manipulador. Está siempre muy pendiente de lo que los demás puedan pensar de él. Tiene actuaciones «camaleónicas», con una personalidad aparente en la calle y otra antagónica en casa, donde se muestra antipático, dominante y despótico.

Incapaz de reconocer sus errores, cuando los acontecimientos no le son favorables (juicio por despido de su hermana y sentencia condenatoria), se vuelve violento e intenta en dos ocasiones agredir a sus hermanas, amenazarlas con darles una paliza cuando las encuentre solas o encargar a unos matones que lo hagan. Sin embargo, en el fondo es un gran cobarde.

No goza de simpatías en los distintos ambientes sanitarios: hospital, Seguridad Social, clínicas, médicos, ATS, enfermeras…

Ha sido reprendido por el Colegio de Médicos por proferir opiniones injuriosas hacia el mismo al no apoyarle como él pretendía en algún asunto.

No se entiende con ninguno de los vecinos de su consulta privada.

Pincha las ruedas de las bicicletas que los niños de la vecindad dejan en el portal.

Vacía la tierra de los tiestos de su consulta en el portal para hacer daño y que los vecinos se enemisten entre ellos. Recientemente, y sin ningún motivo, ha arrojado media docena de huevos pasados de fecha contra la fachada de un convento frente a su casa, asegurándose de que nadie lo viese ni sospechase de su «ejemplar» acción.

Necesita tener permanentemente alguna persona en contra para criticar y martirizar psicológicamente. Disfruta haciendo daño.

Tiene una radio con la que capta las conversaciones de los teléfonos móviles de la vecindad y a través de la cual, sin la menor dignidad, conoce muchas de sus miserias.

Vemos en él un acusado sentimiento narcisista. Es egocéntrico (se considera el centro de la admiración de los demás) con grandes rasgos de sadismo y maldad que no somos capaces de evaluar.

Observamos en esta persona los rasgos típicos del psicópata integrado: buena educación e inteligencia, no comete actos delictivos, pero su comportamiento es amoral y antisocial. Incapaz de comprometerse emocionalmente con nadie, es impulsivo y sin capacidad de arrepentirse ni de construir una vida con sentido. Lo que él precisa es controlar a los demás, hacer su capricho, aunque sea mediante actos infantiles y claramente patéticos para su edad. Varían mucho los psicópatas en su capacidad de sorprendernos: los hay muy sofisticados en sus torturas y manejos; otros, como este caso, son burdos y profundamente desconcertantes, aunque no por ello con menor maldad. Cuanto más sofisticado y «camaleón» sea, más probable es que engañe a una mujer. Hay psicópatas, sin embargo, que no se comprometen con nadie, ya que su deseo de control se deriva hacia otras personas, y no precisan convivir con una mujer. En todo caso, aquí él sí tenía esa mujer: su hermana.

La idea fundamental de este capítulo es simple: cuanto antes reacciones ante un hombre peligroso, más opciones tendrás de actuar en tu propio beneficio (recuerda lo que hablamos de la libertad en el capítulo 7). Hay estudios que revelan que el modo en que la mujer reacciona a los primeros intentos de abuso físico es muy importante para determinar la duración e intensidad de ese abuso. Las mujeres que responden con determinación, afirmando su dignidad, salen mucho mejor libradas. Tanto mejor cuanto hayas sido capaz de evitar convivir con él. Pero es hora ya de ocuparnos de la parte más dura: cómo luchar contra el acoso y la violencia que ya se han producido. Lo discutiremos en el capítulo siguiente.

9. LA RESPUESTA AL ACOSO Y A LA VIOLENCIA

La importancia de reconocernos libres y responsables de nuestros actos

Escapar de una relación de abuso (sobre todo si el agresor es un psicópata posesivo) es difícil y arriesgado. Muchas mujeres tienen grandes presiones sociales y económicas para no hacerlo. Otras veces sus propias creencias sobre el amor y la relación también las atan a su agresor. Por eso necesitan toda nuestra ayuda. Pero esto que acabo de escribir ha de compatibilizarse con *la creencia en la libertad como principio de liberación*. Ya lo leíste en el capítulo 7: podemos ver restringida nuestra libertad cuando cada vez más estamos metidos en un pozo, pero siempre queda un margen. Y, lo que es más importante, ese margen va ampliándose a medida que tomamos decisiones correctas, o lo que es lo mismo, a medida que vamos ejerciendo nuestra libertad. Toda la labor de los profesionales y amigos que se preocupan por la víctima ha de ir encaminada a ampliar sus opciones, su horizonte de vida. *Y la primera regla, la regla de oro es ésta: acabar con una relación violenta es siempre una posibilidad.*

Gavin de Becker, a quien conoces por su trabajo sobre la intuición que revisamos en el capítulo anterior, ha escrito algo provocativo, pero yo creo que necesario:

Aunque marcharse no parece ser una opción disponible para muchas mujeres golpeadas, creo que la primera vez que una mujer sufre un ataque es una víctima, pero no así la segunda vez. Invariablemente, cada vez que salgo en un programa de televisión o dicto una conferencia y mantengo esta opinión, recibo muchas críticas, la mayoría de las cuales insisten en que «no entiendo la dinámica de los malos tratos», o no comprendo bien «el síndrome de la mujer maltratada». Sin embargo, para mí es obvio que permanecer en una situación así es una elección. A mis críticos les pregunto: lo que explica que una mujer decida marcharse de la relación —como muchas hacen—, ¿es también un «síndrome», algo que se hace de manera involuntaria? Yo creo que es absolutamente fundamental que la mujer comprenda que permanecer en una relación violenta es una elección, ya que sólo de este modo podrán contemplar la posibilidad de irse como otra elección.

De la misma manera, si negamos la capacidad de decisión, de actuar de acuerdo a su responsabilidad, a una mujer, tendríamos que aplicar el mismo criterio al hombre que la golpea. ¿Podemos ignorar que muchos de ellos vienen de hogares igualmente violentos, con una infancia desgraciada, cuando no presentan rasgos de personalidad agresivos que tienen un marcado componente genético? Podríamos igualmente disculparlos a todos, agresores dependientes y psicópatas. Sin embargo llevamos años diciendo que tienen que responder de sus fechorías ante la justicia, y pidiendo una política educativa que les enseñe unas relaciones positivas —no sexistas— con las mujeres. Aunque comprendemos que muchos de ellos han pasado por circunstancias difíciles, no los disculpamos. Y hacemos bien.

Yo no culpo a las mujeres por aguantar en una situación así. Comprendo que en muchos casos tienen razones poderosas para no irse. Pero eso no invalida la aseveración de que permanecer es una elección. Hago mías las palabras de Becker: sólo si contemplamos la sumisión como elección podremos ayudar a las mujeres para que comprendan que pueden elegir otra cosa, que pueden no ser víctimas por más tiempo. *De ahí que yo prefiero poner el acento en la cuestión de la lucha, del desafío, en el análisis de por qué se marchan las mujeres.*

¿Hay mujeres predispuestas a sufrir el abuso?

Así como hay hombres que tratan con violencia a cada una de sus parejas, también hay mujeres que se implican emocionalmente con más de un hombre violento.

Uno de los mayores errores es basarse en la predicción del «futuro esperanzado», que significa creer que ciertos elementos podrían sumarse favorablemente en un cierto futuro diferente («es así ahora, pero sería diferente si ciertas cosas cambiaran»). Observa que ahora es así (agresivo, bebedor, sin trabajo...); predecir que cambiará dados unos cambios teóricos («cuando pase la mala racha», «cuando se acostumbre a su nuevo trabajo»... puedes poner tus razones favoritas) es una mala estrategia predictiva, algo que con seguridad interfiere en tu intuición. La explicación es bien sencilla: lo que ha sido y es, tiene muchas posibilidades de seguir siendo, especialmente si esas razones para el cambio sólo las ves tú o las personas que tratan de encubrirlo.

Muchas mujeres maltratadas han definido a sus parejas, al principio, como las personas «más encantadoras del mundo». Sin embargo, incluso en esta etapa de seducción *todavía hay signos de su personalidad violenta:* lo que ocurre es que tú prefieres no ver, quizás porque durante el enamoramiento preferimos conservar la ilusión, echar tierra sobre las impurezas de su carácter; en definitiva, emplear el mecanismo psicológico de la negación: negar que existe una realidad al margen de mis deseos.

No existe la mala suerte en la selección habitual o sistemática de hombres que abusan de sus mujeres, de la misma manera que no la hay cuando te enamoras del hombre que «no te va», pero te atrae mucho, al margen de que sea o no violento. Te ruego que leas con atención el siguiente relato de Sara. Es interesante, porque ilustra un caso de psicopatía moderada, en el subtipo de posesión, modalidad de abuso psicológico. Además, te pido que aprecies el fino humor con el que escribe. Es algo más que un recurso literario, porque poder bromear a costa de las heridas de uno es un maravilloso bálsamo, una prueba fehaciente de que logras ver *el corazón de las tinieblas* desde fuera (aunque algunas veces todavía se sienta vértigo).

Lo conocí el 29 de agosto de 1997. Mi amiga Eugenia dice que es el peor fin de semana del año, ya que, como finaliza el verano, estamos desesperadas: ¡Otro verano más y no he conocido al hombre de mi vida!, así que es partidaria de encerrarse en casa y no salir durante esos días.

Muchas veces pienso: ¿Por qué no le haría caso? ¿Por qué fui ese día a La Cabaña [un lugar de copas y baile] si nunca voy a ese sitio? ¿Por qué estaba esa noche él allí?

Me lo presentó Santiago, el novio de mi amiga María Jesús (se conocían aunque no mucho, claro, porque Santiago me dijo que no tenía novia). No ha vuelto a presentarme a ningún amigo más. Íbamos mi amiga Ana y yo con ellos dos esa noche, aunque Ana se marchó antes a casa porque trabajaba al día siguiente. También el amigo con el que él estaba desapareció en algún momento de la noche.

Terminamos los cuatro en casa de los padres de él. Nos bebimos Escocia entera. La casa era impresionante, Santiago comentaba que el pasillo era más largo que la Castellana y mientras ellos pasaron al piso de al lado, para ver no sé qué, que luego resultaron ser serigrafías, María Jesús y yo nos dedicamos a cotillear por la casa.

Sobre las seis de la mañana, nos quedamos solos y lo que sigue a continuación no lo escribo, primero porque no es apto para menores, y segundo porque no lo recuerdo, estaba en eso que se llama coma etílico. Imagino que le haría ilusión acostarse con una muñeca, pero, en vez de hinchable, de carne y hueso. Cuando me llevó a casa me pidió el teléfono y me dio una tarjeta de su trabajo. Primera objeción: ¿Por qué no el de su casa o el de su móvil? [primer aviso de la intuición, que Sara desprecia].

No sé por qué volví a quedar con él. Pero eso ya no importa. A partir de ese día nos fuimos viendo, al principio una vez por semana, luego con más frecuencia. Siempre era él el que concertaba las citas, a la hora y el día en que a él le venía bien [el agresor empieza pronto a mostrar control. La intuición sigue dando la señal de alarma, pero Sara «está de vacaciones»]. Y comenzaron las mentiras: este fin de semana no podemos vernos porque viene mi hermana de Madrid, no podemos ir a mi casa porque está en obras, tuve novia pero hace meses que lo dejamos, tengo mucho trabajo y me es imposible quedar y otras miles que no recuerdo porque me las tragué todas.

Estuvimos en septiembre un fin de semana en Segovia. Nos alojamos en un hotel y quedamos para cenar con unos amigos suyos. En la habitación parecía que había caído una bomba atómica, todo tirado por el suelo. Cuando le recriminé que no recogía las cosas, me contestó que *para eso estas tú aquí* [tercer aviso]. Otra hubiera recogido su maleta y hubiera salido pitando, pero yo me quedé.

Lo cierto es que estaba muy enganchada. Acompañada de otra amiga, fui a que me tiraran las cartas. Matilde (que así se llama la bruja) me dijo que ese tío no me interesaba para nada, que era muy peligroso, que iba a sufrir mucho, que tenía una relación de muchos años y que firmaba papeles, y que si yo estaba gilipollas o qué: ¿Cómo que no conocía su casa en tres meses y no tenía su número de teléfono?

Vicente, sé lo que estás pensando: no hubiera visto a un elefante que se paseara por mi lado. Un día estábamos en un café y se sentó con nosotros un chico y me preguntó si yo estaba con él, cuando le dije que sí me contestó que si yo sabía que él se casaba. Me quedé alucinada, pero como yo pensaba que estaba medio chalado (creo que se quedó mal por algo/alguien) no le di apenas credibilidad. Gran error, ya que como dicen «los locos y los niños no mienten».

Pero ya no tuve tiempo de decirle que quería ir a su casa. Esa misma semana, en un periódico del sábado leí en la columna de sociedad que el siguiente viernes se casaba. Llamé estupefacta a Eugenia y me dijo: ¿No será otro? Yo contesté: ¿Con los mismos nombres y apellidos? Tuve que salir de casa corriendo e irme a llorar a casa de Ana, que por cierto esa misma noche llamó a su casa (lo del teléfono era tan fácil como llamar al 1003) y felicitó a su entonces futura mujer.

Esa misma noche lo encontré celebrando su despedida de soltero. No me lo podía creer, no hacía ni quince días que habíamos estado juntos en Granada (celebrando otra despedida de soltero). Mis amigas y yo le dijimos más que a un perro. Ante la situación optó por sacarme de allí y llevarme a casa, después de oír una sarta de mentiras, como que no sabía cómo decírmelo, que él no quería casarse, que lo hacía obligado, que yo no conocía toda su historia…

Dos días antes de la boda (miércoles) estuvimos comiendo y haciendo la «siesta» en el chalet que tienen mis padres. Olvidé mi cartera en su coche. Al día siguiente llamé a su trabajo y le dije a su secretaria que lo localizara porque había perdido la cartera y no podía esperar a que regresara de viaje. Recordé que en mi despacho se registran las llamadas entrantes y así, en los listados de los meses anteriores encontré su número de móvil. Así que el mismo día de la boda nos vimos.

Como decía Santiago, el novio de mi amiga María Jesús, en tono de broma, «en volviendo del viaje te llamará». Y así fue. Durante esos meses, hasta el verano en que comenzó la verdadera pesadilla, nos veíamos todas las semanas, pero yo seguía haciendo mi vida. Y digo mi vida, lo que no incluye a otras relaciones (algún coletazo que luego se verá), *pero al menos no estaba sujeta al control por el que luego pasé*. Yo entraba y salía dando más o menos explicaciones y al menos lo llevaba bien. Bueno eso de bien habría que matizarlo, ya que al día siguiente de la despedida de soltero monté el numerito en mi casa y mis padres se enteraron de lo de la boda (hasta ese momento él me llamaba a casa con toda naturalidad), por lo que al continuar con él tuve que ocultarlo en casa, con la presión que eso me producía, y obviando que mi madre no es tonta y estaba al corriente de todo.

No recuerdo apenas cosas de esos meses y la agenda (la famosa agenda que más adelante conoceremos) la tiré. Pero creo que entonces no estaba tan enamorada como para no poder aguantar la situación y pienso que para mí era una aventura (estar con un hombre casado) y que de un momento a otro terminaría. Y así iban pasando los meses y los días [esto era una racionalización que empleaba para justificarse a sí misma; si yo me digo que «para mí es sólo una aventura», puedo aguantar situaciones que yo sé objetivamente que dañan mi autoestima. Este fue el modo que Sara eligió para acallar su intuición y luego los más que evidentes actos de control y mentiras que tenía que soportar].

Ese verano fuimos a Torremolinos, a una feria de turismo. Era todo muy romántico, dentro de la rígida jerarquía militar de «ordeno y mando»; hacíamos lo que él quería, comíamos lo que le apetecía, etc.

Cuando volvíamos en dirección a Madrid estuvo todo el trayecto callado. Le pregunté varias veces por qué no me hablaba y no obtuve respuesta. Al llegar a Madrid se estropeó el coche (¿o él me dijo que se había estropeado?) y me pidió que bajara al aparcamiento a recoger su agenda para llamar a su seguro. Me hizo bajar un par de veces más, cada vez para algo diferente [fíjate en que él podía haber ido perfectamente, no estaba inválido; simplemente, eran acciones de castigo]. Fuimos al Reina Sofía y

242

la tensión iba en aumento. Finalmente le pregunté qué le pasaba y conocí la respuesta: había estado revisando mi agenda. Empezó el interrogatorio: ¿Quién es Miguel? ¿Con quién fuiste tal día a El Corazón de Diamantes» [una discoteca]?

Ésta es una parte interesante para nuestro análisis. Fíjate bien en la situación: Andrés, que había engañado miserablemente a Sara ocultándole que se casaba, se siente traicionado porque ella tiene nombres de chicos en su agenda. En particular algo «muy grave» fue que había conocido a un chico la misma semana en que él la conoció y la engañaba sin reparo alguno (esto te lo cuenta Sara más adelante). Ve aquí la posesión, que no el amor. Acuérdate del capítulo 7: el amor es vida, es querer felicidad para el otro. Andrés sólo quiere controlar, poseer. Él destruye, la está destruyendo, pero no le importa con tal de satisfacer su vanidad.

Regresamos al hotel, y recuerdo esa noche como una de las peores. Estuvo horas y horas gritándome, llamándome zorra, puta y otras mil perrerías. Yo estaba al borde del colapso, llorándole, suplicándole, pidiéndole que no me dejara y explicando una y otra vez, las anotaciones de la agenda… No me dejaba acercarme a él ni que lo tocara, le daba asco (esto me lo ha hecho varias veces a lo largo de estos tres años)…

Aquí puedo contar lo de una antigua amante suya (que compatibilizaba con la que entonces era su novia y luego su mujer), Mercedes, por la que yo pensaba que estaba pagando todas sus culpas, cuando lo cierto es que el único culpable era él. Ellos se conocieron en el gimnasio y estuvieron saliendo juntos. Según él, dejó a su novia por ella, pero finalmente ella lo traicionó (es decir, se lió con uno). Él le ocultó que había dejado a su novia (¿sería cierto o no?) para ponerla a prueba (una de esas miles pruebas que he pasado yo). Y ella fracasó. Él, *sabiendo que iba a dejarla,* se volcó completamente en ella (le dijo que pasarían el fin de semana fuera, sin decirle dónde, y que iría a recogerla para llevarla al aeropuerto e irse a París, comprarle todo tipo de cosas, ir con ella a ver la casa en la que iban a vivir juntos cuando se casaran...) para hacerle más daño el día que la dejara, que por cierto (según él) lo hizo con una frase del tipo: «Mañana es el último día que me ves». Bueno, según me contó, ella se trastornó, lo perseguía, lo esperaba en la puerta de casa, en el trabajo, fue a ver a su novia, tuvo que estar en tratamiento... Creo que es cierto que la trastornó: la vi un día en el Retiro visitando un *stand* de turismo que él tenía; no se acercó a él, pero recuerdo que se metió en la cafetería y desde allí nos miraba fijamente con una cara de loca y odio que a mí me dio miedo.

Como ves, pura psicopatía en acción. Él estaba engañando a su novia, pero reacciona ferozmente cuando su amante de turno tiene una relación ocasional con otra persona. *Nunca evalúa la moralidad de sus propios actos.* Sólo actúa movido por su narcisismo herido. Y entonces planea con todo detalle la destrucción psicológica de la persona que ha osado desafiarlo. Puedes comprender claramente que este hombre es un necrófilo en el sentido de Erich Fromm (capítulo 4): sólo distribuye dolor y muerte entre sus mujeres. Allí donde va, mancilla al amor.

Después de la ruptura, según me contó (bueno voy a omitir a partir de ahora lo de según él y según me dijo o me contó... y pensaremos ¿equivocadamente? que todo es cierto) lo pasó fatal, se fue unos días a Aranjuez donde tenía una casa de verano, porque no podía ir ni a trabajar. Era el amor de su vida, nunca ha estado tan enamorado de nadie. Esto me ha hecho mucho daño, ya que siempre he estado compitiendo para que a mí me quisiera más que a ella (y que a su mujer, claro) y a veces se lo preguntaba.

Volvió con su novia (su actual mujer, Eva, en la que confiaba plenamente y nunca lo iba a engañar), pero a condición de que ese mismo año fijara fecha de boda, y como el año tiene doce meses, por no decir el último, Eva dijo que en noviembre. Me contaba que durante los últimos meses que estuvo con las dos, era como vivir con dos cadáveres, de los kilos que ambas perdieron. Pero siempre que le he preguntado si no tenía remordimientos por lo que había hecho sufrir a Mercedes, la respuesta siempre ha sido la misma: «Se lo merecía. Ella me hizo mucho más daño a mí». También le hizo cosas que yo he vivido, como estar con ella de viaje en Valencia y dejarla tirada e irse sin decirle nada. En una ocasión, estábamos juntos y porque yo estuve hablando con el ex novio de una compañera del despacho «mucho rato» se fue sin decirme nada.

¿Remordimientos? Sara *ahora* sabe que esa pregunta es como pedirle a un cocodrilo que *sintiera mucho* comerse a la gacela que cruzaba el río. Se la come y punto. Y si, por azar del destino, se le escapa de las fauces, debe procurar no volverse a poner a su alcance (que fue lo que le pasó a Mercedes). Observa el dominio, el tremendo acoso de Andrés. Él está casado, ella es libre, pero tiene que estar a su merced como si le perteneciera. Repara también en el deleite con el que disfruta de su poder: él logró que su amante y su novia «parecieran dos cadáveres», gracias al juego psicológico con que las manejaba.

Yo me convertí en un expediente (que materialmente existe o existía en un cajón de su despacho): para controlarme cada hora de mi vida, guardaba y examinaba con todo cuidado las facturas telefónicas del teléfono de casa de mis padres, de mi móvil, del despacho, cuentas bancarias… No me separaba del móvil ni para ir al cuarto de baño, ni para dormir. Si llamaba y yo no se lo cogía enseguida, me montaba la de Cristo: ¿Por qué no lo coges? ¿Qué estabas haciendo? ¿Estabas hablando con alguien por el otro teléfono?...

Me recriminó una y otra vez el que, ya saliendo con él, hubiera estado con un chico de Zaragoza (Miguel) al que había conocido en un viaje (lo vi exactamente dos veces: la primera a la semana de conocer al psicópata —sí que tuve relaciones— y la segunda en febrero, tres meses después de la boda —en esta ocasión estuvimos comiendo y yo hablándole durante tres horas de Andrés). Miguel es representante y cuando venía a Madrid me llamaba. No quiero ni recordar todo lo que tuve que oír, que si ese tío pensaba que yo era una mierda, peor que una puta, que se reía de mí, que cómo después de haberlo conocido podía haber quedado con él si yo todavía no sabía que él se iba a casar [es decir, no sabía que la estaba engañando].

En muchas ocasiones me dijo que, precisamente, si continuaba conmigo era porque estaba casado. Si siendo soltero yo le hubiera hecho *eso*, me hubiera despachado el mismo día de enterarse. Así, que tenía que darle las gracias por estar casado, porque de lo contrario no continuaría con nuestra relación *[observa que ya el dominio de Andrés sobre Sara es total. Ella está a su merced]*.

Me hizo prometerle que no volvería a mentirle (lo que para él era igual a no ocultarle nada), aunque a pesar de eso, «no me garantizaba» que pudiera olvidar/superar lo sucedido.

Es característico del psicópata posesivo acelerar el maltrato cuando aprecia que su víctima ya está del todo desprotegida. Le entra una borrachera de poder, un frenesí de control. Parece que esté celoso de todo; y lo está, pero no por amor. Lo digo una vez más: *los psicópatas no pueden amar.* No son celos porque ella conozca a otro; son celos de que alguien pueda jugar con su juguete. *¿Y cuál es su mecanismo básico de actuación?* Acuérdate de Anabel en el capítulo 4, y su amigo, un reputado abogado, al que describimos como un psicópata instrumental (el caso que empleamos para explicar cómo caza un psicópata): *actúa de modo imprevisible,* mostrando dos caras. Unas veces está cariñoso, otras veces es un diablo. De este modo mantiene ansiosa a su víctima; ella sólo espera «hacerlo cada vez mejor» para que salga la cara buena. Espera, de modo absolutamente irracional, que su amor logre que venga un día en que sólo prevalezca la parte buena de él. (¡Vana esperanza!)

A partir de ahí todo fue de mal en peor. Era como si tuviera dos caras. Yo nunca sabía cuál era su estado: podía ser la persona más cariñosa, alegre, maravillosa y encantadora del mundo o por el contrario la más odiosa y terrible. Lo peor era que podía estar bien, pero a los dos minutos comenzar la pesadilla. Pasé momentos muy malos. Mi estado de ánimo dependía del suyo, si él estaba bien yo estaba fenomenal, pero cuando él comenzaba con el martirio yo me quería morir.

Desconfiaba de todo lo que yo hacía: me seguía (sin que yo me enterara, por supuesto) cuando salía del trabajo; un domingo que me fui a la piscina con una amiga envió a un amigo para que comprobara si era cierto que iba con ella; lo tenía que llamar cuando llegaba al trabajo, cuando salía, al llegar a casa…; si algún fin de semana «podía» ir a cenar con mis amigas, él tenía que saber el lugar exacto, quiénes íbamos a cenar, si venía algún hombre, etc. Un día tuve que ir a la Cámara de Comercio a mirar unos papeles, y como no es algo que yo haga habitualmente, por supuesto no se lo creía y vino a la puerta del trabajo para comprobar si era cierto. Hizo que un amigo suyo me llamara a casa cuando él sabía que yo no estaba, haciéndose pasar por Miguel, y ello para comprobar si yo luego le decía que me había llamado.

No puedo precisar cronológicamente lo sucedido en estos dos últimos años porque para mí es como si el tiempo se hubiera detenido, pero recuerdo bien un episodio doloroso, porque demuestra su capacidad para destrozarme. Fuimos a Sevilla a la Copa del Mundo de Atletismo, y en el estadio, de repente le cambió la cara porque se acordaba de lo mal que yo me había portado con él (lo de siempre: mi relación con Miguel). Ni estando allí, que era algo superexcepcional, podía comportarse. Estuve llorando un buen rato; imagino que los que tenía al lado pensaron que era por los nervios de la competición.

Cada vez que hablaba por teléfono con su mujer, yo me ponía a llorar. ¡Las lágrimas que he derramado! Para mí era morir, a pesar de que nunca se mostraba cariñoso con ella. Era magnífico mintiendo, yo siempre le decía que Hollywood no sabía lo que se había perdido. Antonio Banderas le traía a él el agua. Recuerdo especialmente una ocasión en que estábamos cenando en Aranjuez y ella lo llamó, preguntándole dónde estaba. Le dijo que estaba cenando por la zona de Huertas, en Madrid y que había dejado el coche cerca de allí. Tuvo suerte, porque precisamente ella estaba cenando en un restaurante y había visto su coche aparcado (ella nunca había estado en ese restaurante, era la primera vez que iba). Es que además de buen actor, tenía mucha suerte.

Pero eso era indiferente. Eva sabía perfectamente lo que ocurría. En una ocasión cerca de mi lugar de trabajo, la llevábamos detrás en el coche. Yo le estaba dando la merienda y cuando la vio por el retrovisor, con una sangre fría pasmosa me dijo que dejara la bolsa del horno en mis pies. Se bajó del coche, fue a hablar con ella, y le dijo que yo trabajaba en Cajamadrid, que habíamos estado viendo una operación y que iba a dejarme en la oficina. Durante esos escasos minutos, a mí no me tocaba la ropa en el cuerpo, se me disparó el corazón; él, en cambio, tan tranquilo.

Su familia también sabía lo nuestro: sus padres y sus hermanas. En una ocasión en que estábamos discutiendo (por lo de siempre), mi móvil llamó a su casa de la calle Miguel Ángel (donde vivían sus padres), no había nadie y saltó el contestador, se grabó toda la conversación. Cuando él me dijo que su madre lo había escuchado todo yo no sabía si creerlo. Pero después comprobé la factura de mi móvil y sí que era cierto.

A su padre le comentó un conocido que en los mundiales de Sevilla había visto a su hijo y qué guapa que era su mujer. Su padre supo que la que estaba con él no era su verdadera mujer, porque Eva había pasado con ellos esos días en Aranjuez. Y es que cuando él me presentaba a alguien que a ella no la conocía, siempre me presentaba como su esposa.

Lo volveré a repetir. El psicópata nos gana porque es increíblemente bueno mintiendo, además de inteligente. Sencillamente, nosotros ni soñamos en algo parecido. Se nos notaría a la legua: tendríamos tal estrés psicológico que no podríamos trabajar, y enfermaríamos. Pero para un sujeto aquejado de este trastorno, la excitación y el peligro es la vida; sintiendo que ha de estar atento, ágil, fuerte, siente vigor en las venas, está exultante de comprobar lo estúpidos que son los demás y lo brillante que es él. Cada engaño, cada exhibición de fuerza son vitaminas para su ego. Incapaz de querer, suple su carencia de sentimientos básicos de humanidad con el dominio.

Con motivo de la exposición en el Retiro, un periodista narró en su columna una cena en la que fuimos a un restaurante, y al referirse a nosotros lo hizo como «el empresario y su compañera». Su hermana, al leerlo, enseguida le dijo que cómo se pasaba, que era yo la que estaba en la cena y que al igual que ella se había enterado por la prensa, también lo haría su mujer. También su tío, el hermano de su padre, nos vio juntos en varias ocasiones.

Los dos últimos veranos fueron horribles. Él no podía coger vacaciones, porque si lo hacía no podía venir todos los días a verme. Así que él trabajaba un rato y venía a recogerme. Lo acompañaba a todos los sitios, comíamos juntos, pero siempre discutíamos porque yo quería que fuéramos juntos a algún viaje, me daba igual que fuera a Alcorcón, pero yo quería pasar unos días con él.

Los fines de semana ocurría lo mismo. De lunes a viernes todo iba fenomenal, pero cuando llegaba el viernes siempre teníamos movida. Él se ponía muy nervioso porque ya no sabía qué inventar para venir (llegó un momento que las que montaba eran increíbles); por otra parte, no quería que yo saliese, aunque por ese lado estaba ya muy tranquilo, porque yo no hacía nada a lo que él no diese el visto bueno. Una vez llegó a decirme que lo llamase «Monseñor» (así llamaba a Picasso [un artista con muchos rasgos psicopáticos, como explico en *El psicópata*] su última mujer, Jacqueline).

Sara necesitó varios días para recapitular «el principio del fin». A pesar del tiempo pasado, resulta difícil poner una secuencia lógica a una experiencia tan dolorosa.

No sé situar un principio del fin en el tiempo, quizá sería el mismo día que lo conocí: algo así como que no puede terminar bien aquello que mal comienza.

No fue debido a que ya no estuviera enamorada de él, ni que ocurriera algo especialmente significativo que me hiciera tomar esa decisión. Precisamente se acabó cuando las aguas comenzaban a estar tranquilas, ya ni siquiera discutíamos tanto y creo que él empezaba a confiar en mí.

Sencillamente estaba cansada: cansada de luchar en vano, era como si hubiera subido a un autobús de largo recorrido y que no tenía fin de trayecto. El autobús tenía más o menos comodidades, minibar, servicios, tele, vídeo… pero no había destino alguno. Reconocer que había perdido el partido, que ya no quería seguir jugando, porque en ese juego se me iba la vida, y al final reconocer que, cuando salté al campo, ya había perdido. O pensar que la posibilidad de la victoria era la que de verdad arruinaría mi vida.

Es decir, Sara empezaba a comprender que su sueño era mentira. Y que aunque lograra que «Monseñor» se fuera con ella, con un hombre así nunca sería feliz. ¡Por fin el conocimiento empieza a pesar en su juicio! A pesar de que Andrés ha ejercido el mayor control que ha podido, no puede evitar estar en una situación incómoda: al estar casado, la mentira —«algún día dejaré a mi mujer»— resulta ser cada día un recurso más tosco. Ya es sorprendente que pudiera mantener ese control tan brutal durante casi tres años.

> Puede que fuera porque cada vez que yo le preguntaba «¿Hasta cuándo vamos a continuar así?», nunca obtenía la respuesta que yo esperaba. Él me decía que tampoco podía continuar de esta forma, pero nunca apuntaba la posibilidad de dejar a su mujer por mí. Decía cosas como que era muy difícil, que le dolía hacerle daño, que si luego las cosas no salían bien…, que ya había pasado una vez por eso, etc.
>
> En varias ocasiones le dije que yo estaba llegando al límite («Andrés, ya no puedo más»). Creo que nunca pensó que eso pudiera ser cierto, *ya que a él nunca ninguna mujer lo había dejado*. Yo quería un plazo, no me importaba que fuera incluso un año o dos más, pero quería una garantía. Hasta que me di cuenta de que nunca me la iba a dar. Incluso después de hablar contigo, le llegué a decir que tomara una decisión, que yo esperaba lo que hiciera falta, pero que la tomara.
>
> Recuerdo especialmente un día en el que fui a buscar a Ana porque estaba fatal. Era domingo por la mañana. No recuerdo qué había pasado, sólo que no podía dejar de llorar. Ella me dijo (al igual que otras muchas veces) que me estaba destrozando la vida, que iba a cumplir 30 años y que lo que iba a ocurrir era precisamente que él se buscaría otra más joven, que llegaría un momento en que yo ya no le serviría ni como amante y que me dejaría.

Eso me hacía recordar que en alguna ocasión él me había dicho que se estaba dando cuenta de que comenzaba a quererme como a su mujer, como a sus hermanas *y que tendría que buscarse a otra*.

Puede que ese hecho significativo que tú apuntabas [le había preguntado por el «incidente crítico» que determinó su coraje para salir de ese infierno], se sitúe en que el año pasado yo ya cambiaba de número (30 años). Porque fue precisamente esa fecha la que yo me puse: el día de mi cumpleaños, me haría ese regalo.

Finalmente, ocurrió antes, ya que un día de abril pensé que «hoy es tan buen día como otro», ¿para qué esperar al mes que viene? Se acercaban las fiestas de Semana Santa. Yo no quería quedarme sola en Madrid esperando sus escapadas. No quería volver a pasar un verano como el anterior. No quería volver a pasar una Nochevieja sin mis amigas (la anterior había pedido como deseo que, mal o bien, terminara). No quería ser más su amante.

Aunque él me dijera que todo lo que a él de verdad le gustaba lo hacía conmigo, yo quería también hacer con él lo que le disgustaba, ir a comidas familiares y a entierros, por ejemplo.

Yo había dado todo de mí y me estaba conformando con migajas. Yo quería una familia y con él nunca la iba a tener. Yo quería tener hijos y él nunca me los iba a dar. YO LO QUERÍA. Y él no me quería a mí de la misma forma que yo a él [Sara: ¿De qué forma crees que él te quería? ¡Por todos los santos, no te quería!] Y AL FINAL LO RECONOCÍ. No podía aguantar más que viviera con otra persona, que durmiera con ella, que desayunara con ella... Cada vez que por la noche yo imaginaba que él se metía en la cama con ella, me moría del dolor.

Le pedí mil veces que me dijera qué más tenía que hacer para que me eligiera a mí: si me quería rubia, me tintaba, si me quería más delgada me operaba... lo que fuera hacía por él. Y él mil veces me contestaba que él no valía la pena, que yo era mucho mejor que él, que si al final estábamos juntos, era cuando de verdad lo iba a pasar mal, que la historia se repetiría, que entonces yo sería su mujer, la engañada, la que se quedaba en casa, la que tragaba carros y carretas y que él se iría con otra. Me decía que si yo fuera su hermana me aconsejaría inmediatamente que lo dejara. Es más, decía, «si esto le estuviera pasando a mi hermana, yo me cargaba a ese tío».

Este fragmento de la historia de Sara es muy importante. Repara en la deficiencia básica del psicópata. Por una parte, su razonamiento es correcto. Cuando no está iracundo o muy excitado, maneja bien desde el plano intelectual los argumentos. No pasa nada con su pensamiento. El problema es su mundo emocional. Él no actúa de forma coherente a lo que piensa y dice. Fíjate. Él dice a Sara que la quiere. Luego dice que su comportamiento hacia ella es inaceptable («si esto le estuviera pasando a mi hermana, yo me cargaba a ese tío»). ¿Qué se debe seguir de esto? Lógicamente, o bien él debería dejar a su mujer, o bien debería dejar a Sara para que no sufriera, puesto que reconoce que lo que le está haciendo es tan grave que «podría cargarse a un tío que tratara de ese modo a su hermana».

¿Cuál es el problema, entonces? Que su conducta no está en absoluto condicionada por la moralidad (que él sí logra comprender). Como no puede querer, no se ve impulsado a hacer eso que debería hacer. *El psicópata fracasa* —como ya dijera el gran estudioso de la psicopatía, Cleckley— *a la hora de poner en acción lo que sabe.*

Vistas así las cosas, cuando Andrés «contestaba que él no valía la pena, que yo era mucho mejor que él», no lo hace movido por el remordimiento —como quizás estás pensando— sino que es un alarde de poder. Tienes que comprender a esta gente. Fíjate cómo funciona su mente. Me voy a poner dentro de ella. En realidad lo que él está pensando y sintiendo es esto:

«Lo que hago es una canallada. Tú eres buena y me quieres. Pero qué fantástico es sentir que puedo humillarte».

Imagínate que me estás enseñando tu casa de veraneo, en la montaña, y paseando me señalas un bichito y me dices: «Es un insecto que llamamos aquí *volatinero*. Gracias a él la patata que siembro no se ve atacada por la mayoría de las plagas». Yo lo miro con atención, y digo: «¡Qué curioso! Entonces, debes cuidarlos». *Y a continuación lo piso.* ¿Por qué? Para mí se trata sólo de un insecto. Y debe de haber millones de ellos. *Simplemente, me apetece hacerlo.* Ése es el modo en el que actúa el psicópata. Comprende las normas y las reglas, pero él no se ve compelido a seguirlas, porque sus emociones de compasión, amor y empatía: *a)* son muy escasas, y *b)* están desconectadas de su razonamiento; no intervienen en su toma de decisiones.

Estaba harta de justificar lo injustificable. De sufrir, de no dormir, de llorar, de ver cómo hacía daño a mi familia, de ver cómo me alejaba de mis amigas, de cómo afectaba esta relación a mi trabajo, de NO VIVIR.

Hecho significativo: a principios de año, un domingo por la mañana (¿sería el mismo que fui a buscar a Ana?), su mujer le encontró una caja de preservativos en el coche. Estaba una amiga de ella en casa y, al entrar él, le dijo que ella estaba arriba llorando porque se había enterado de que tenía una amante. Él, por supuesto, lo negó.

Cuando me contó lo ocurrido, yo le dije que por qué no le había contado la verdad. Él me contestó que si yo estaba loca, que cómo iba a decírselo. Yo me di cuenta entonces de que NUNCA SE LO DIRÍA. Y entonces reconocí: que él no se lo iba a decir, que ella lo sabía y tampoco lo iba a dejar y que yo... *¿qué narices pintaba yo en esa historia?*

254

En efecto, es una continuación del incidente crítico de cumplir los 30 años. Ahora era la gran ocasión para habérselo dicho. ¡Su mujer tenía ahora pruebas irrefutables! ¿Por qué no aprovechar esa oportunidad? La razón es, por supuesto, *que él nunca tuvo esa idea.* Que él está muy cómodo con una mujer que le proporciona una pantalla social y que le da absoluta libertad para que haga lo que quiera. Y no iba a perder nada de eso por alguien a quien puede sustituir en cualquier momento, *como hay millones de bichitos en el campo.*

Las únicas opciones que él apuntaba eran que fuera ella la que le pidiera la separación y se marchara (NO LO IBA A HACER), o que tuviera un accidente y falleciera (MUY PELICULERO).

SOLUCIÓN = 0

Y nos dieron las diez y las once... (como en la canción de Sabina) Y pasaban los días, los meses, los años...

Luego, fui a hablar contigo. Con tu ayuda pude resistir todos los intentos que hizo por recuperarme, incluyendo nuevas promesas veladas de dejar a su mujer. *Pero yo ya estaba más allá de su alcance.* Le tengo mucha lástima a la próxima.

¿Hay mujeres que aman demasiado?

La escritora norteamericana Robin Norwood publicó un libro en los años 80 con este título: *Mujeres que aman demasiado.* Tuvo un gran éxito, y planteaba la existencia de mujeres que desarrollaban una adicción amorosa porque cuando ellas eran pequeñas no habían recibido un amor adecuado por parte de sus padres. El problema que tienen estas mujeres —entre otros— es que los hombres seleccionados son los equivocados a causa de sus propios problemas y preocupaciones. Es decir, las mujeres «que aman demasiado» intentan conseguir desesperadamente el amor de personas que exigen un gran esfuerzo, la implicación de todo su ser, porque esa misma exigencia la sintieron ellas cuando eran niñas, un tiempo en el que hicieron esfuerzos desesperados por obtener el amor de sus padres, sin que tuvieran éxito.

Entre las características que señala la autora para describir a estas mujeres están las siguientes:

* Están aterrorizadas por el miedo a que el hombre las abandone; harán lo que sea con tal de mantener la relación.
* Se sigue de lo anterior que harán todos los esfuerzos necesarios para ayudar a resolver los problemas del hombre al que aman (desde encontrarle un trabajo hasta darle dinero y apoyo emocional), al tiempo que ellas se despreocupan de sus propias cosas.
* Acostumbradas a no tener amor en su vida, esperarán con infinita paciencia a que cambien, y se esforzarán al máximo para complacerlos.
* Aceptarán, cuando las cosas no vayan bien, la mayor parte de la culpa por la situación.
* Tienen una pobre autoestima, y en el fondo creen que no merecen ser felices. En todo caso, la felicidad es algo que se deben ganar con mucho sufrimiento.
* Tienen una gran necesidad de controlar la relación con el hombre al que quieren, porque ese control férreamente ejercido las ayuda a estar lejos del caos y el temor que vivieron en sus hogares paternos. A pesar de que la relación que viven —con hombres inadecuados, que tienen ellos mismos muchos problemas— es infeliz, estas mujeres tratan de cambiar esto, y para ello hacen un enorme esfuerzo por someter todo a su control, dedicándose al cien por cien.

* Interpretan los acontecimientos de modo irreal, como si no quisieran renunciar a su sueño de amor ideal, dejando de ver las cosas tal y como son.
* Tienen tendencia a la depresión, a la que tratan de combatir implicándose en relaciones que les proporcionan mucha excitación.
* Al relacionarse con gente problemática, esas mujeres evitan tener que reflexionar sobre su propia vida; ocupándose de «ayudar» a hombres muy difíciles, evitan ocuparse de saber qué pueden hacer ellas para mejorar sus vidas.
* Se sienten atraídas por estos hombres: violentos, distantes, inestables… los hombres equilibrados no las atraen, ya que *las mujeres que aman demasiado* necesitan sufrir para sentir que están logrando un amor que de verdad merece la pena (porque de pequeñas sufrieron mucho a causa de sus padres y se esforzaron con dolor en que ellos las amaran infructuosamente; por eso ahora tratan de repetir esa experiencia e intentan tener éxito en una empresa que antes —de niñas— no lograron).

¿Qué hay de cierto en todo esto? ¿Son las mujeres que tienen relaciones con hombres agresivos «mujeres que aman demasiado»? Es verdad que muchas mujeres que viven en una relación violenta creen que van a poder cambiar esa situación, que esperan —como hemos dicho repetidas veces en este libro— que su amor va a poder cambiar a su pareja. También es cierto que prefieren echarse la culpa muchas veces antes que reconocer que son ellos los culpables de esa violencia, pero nada indica que sean las mujeres las que buscan esa relación, como apunta la autora de la teoría de las mujeres que aman demasiado. Y, por otra parte, no hay ninguna prueba de que la mayoría de esas mujeres procedan de hogares violentos.

En otras palabras, la hipótesis de la «mujer que ama demasiado» es sólo eso: una hipótesis elegante como base de un libro, pero nada más.

¿No tienen, entonces, las mujeres que sufren agresión en el hogar, una personalidad definida? La doctora Cerezo —a quien conoces por el estudio que te he presentado del homicidio entre parejas— escribe que «la personalidad de estas mujeres se acaba definiendo *con el transcurso del maltrato* por los siguientes rasgos: sometimiento al grupo y a sus normas, facilidad para conformarse, sentimiento de culpabilidad, poca fuerza del ego y baja autoestima». Observa que he destacado la expresión «con el transcurso del maltrato». Yo creo que es la vivencia de una situación opresiva durante tiempo la que hace que se devalúe su estima personal y se desarrolle un sentimiento de culpabilidad.

Porque, ¿qué ocurriría si esas mujeres vivieran en una relación feliz? Pienso que su salud psicológica sería buena, y no se sentirían culpables de nada. Ahora bien, no podemos olvidar que determinadas mujeres pueden tener una mayor probabilidad de ser víctimas de una relación violenta; sin embargo, *eso es diferente a decir que las mujeres buscan esa relación.* ¿Cuáles? Probablemente, las que dispongan de un menor conocimiento sobre la realidad de la relación y de los sentimientos amorosos, las que tengan unos mayores estereotipos sexistas, las que crean que deben soportar cualquier cosa que venga de sus maridos, las que tengan una personalidad débil, etc.

Todas esas características (y la ignorancia sobre lo que es el abuso y la personalidad del agresor) ayudan a encaminarse hacia una relación violenta y, una vez dentro de ella, a mantenerla. La prueba es que las mujeres que rompen con una situación así son capaces de echar la culpa a sus maridos, y no a ellas; son más afirmativas de sus derechos e intentan reconstruir sus vidas (véase más adelante). El coraje nace de la convicción de que algo es intolerable, pero para poder definir ese algo de ese modo, hemos de tener las ideas y actitudes adecuadas.

Eso es lo que cualifica a las mujeres que no toleran esa violencia desde el comienzo, o a las que escapan de ella después de haberla soportado un tiempo: disponen de un conocimiento adecuado de la realidad de su relación (el amor es incompatible con la violencia; yo no puedo cambiar a un hombre violento; el problema no es el alcohol, sino la personalidad del que bebe, etc.) y emplean su coraje (su voluntad, su indignación, movilizan todos sus recursos aun frente al peligro) para reivindicar su dignidad.

Ahora bien, ¿qué decir de aquellas mujeres cultas, jóvenes del mundo profesional, conocedoras de sus derechos como personas, que soportan una situación de violencia? No creo que haya que emplear la teoría del «amar demasiado» para comprenderlo. Creo que son suficientes dos factores. Primero, son mujeres muy enamoradas. Al principio, aman con naturalidad, con normalidad; desean ser amadas de modo completamente sincero y leal. Sus amantes, al principio, les dan eso: son seductores, interesantes, les prometen ese amor. O al menos, permiten a la mujer hacerse la ilusión de *que es algo que está a su alcance,* que si ellas son lo suficientemente entregadas podrán conseguir que sean tal y como ellas sueñan.

Cuando vienen los avisos de la intuición, o el hecho cierto y franco de que su personalidad es violenta (o controladora, obsesiva, hipercelosa, etc.) la mujer ha hecho la apuesta íntima de que ese desafío vale la pena, o bien ha calculado mal las fuerzas y cree que podrá «desengancharse» cuando quiera. Pero es muy difícil, porque entra el mecanismo que ya expliqué de la recompensa intermitente: unas veces el hombre es encantador, otras es odioso. Pero la mujer confía en que pronto volverá el seductor, el amante maravilloso. Y llega a creer firmemente que si persevera, si es lo suficientemente entregada y paciente, podrá lograr que el personaje odioso desaparezca para siempre. En toda esta etapa su amor ya es enfermizo, porque no procede de la felicidad, del sentimiento de la dicha, sino del miedo ante el sufrimiento que espera detener.

Desgraciadamente esto no sucede: el personaje real no es el amante maravilloso, sino el ser que las hace sufrir. La mujer sólo decide marcharse cuando comprueba, desolada, que detrás de la máscara está el sujeto infame con un corazón lleno de odio.

Frente al asesinato

Sabemos por la investigación que la mayoría de los asesinatos ocurren cuando la mujer trata de escapar del control de su pareja, y no —como muchas veces se cree erróneamente— en el fragor de una discusión. Esto es importante, porque revela de modo muy claro que los asesinatos de mujeres a manos de ex maridos o ex amantes no son «crímenes de pasión»: matar a una mujer es un acto voluntario, una decisión consciente, no una pérdida de control. Esto es especialmente cierto para los hombres más violentos, los psicópatas, los cuales no actúan movidos por una furia incontenible; su corazón más bien late menos rápido y se ponen menos nerviosos a medida que actúan de manera más violenta. El psicópata actúa focalizando su atención; su emotividad disminuye, ya que ha de poner cuidado en lo que hace. Un exceso de furia y excitación le impediría disfrutar de lo que hace.

Como vimos en el capítulo 3, la expresión «crimen pasional» no hace sino describir una excusa. ¿Cómo puede ser otra cosa, dado que entre el 50 y el 75% de los asesinatos de mujeres acontecen después de que ella se marcha o decide hacerlo? La conclusión es obvia: es la separación, la pérdida de control, no la discusión, lo que provoca la violencia del hombre.

De todas las formas de violencia, el homicidio conyugal es la que mejor se puede predecir; sin embargo, la gente es reacia a ello. ¿Por qué? Hay una repuesta muy sencilla: no queremos pensarlo, no queremos imaginarlo. Y si algo no queremos imaginarlo, no podemos predecirlo.

Quizás sea una cuestión de confianza: confiamos en que alguien no será capaz de matar a su mujer, o —todavía menos— que no habrá nadie capaz de matar a su mujer y a sus hijos. Pero por supuesto, esa gente existe de verdad.

O quizás preferimos confiar en el poder omnímodo del sistema de justicia, de la policía y de los tribunales. Ponemos nuestra esperanza en que un trozo de papel (una orden de alejamiento, por ejemplo) será capaz de detener a un hombre violento, a una persona que, por encima de todo, ansía dominar absolutamente a su víctima. Pero lo cierto es que recibimos siempre el siguiente mensaje por parte de las autoridades: «Denuncia, busca la protección de la ley». ¿Por qué? El sistema de justicia necesita la denuncia para actuar. La cuestión es, sin embargo, si tu denuncia te sirve a ti para evitar ser una víctima de un asalto grave o de un asesinato.

Si hacemos un somero repaso del número de mujeres asesinadas que había interpuesto denuncias ante la justicia, llegaremos a una conclusión inquietante: denunciar al marido violento muchas veces no les sirvió para salvar su vida.

¿Qué hacer, entonces?

Los asesinos de sus mujeres son alérgicos al rechazo. Cuando la mujer denuncia, ese rechazo trasciende el ámbito de lo privado, y se hace ahora un asunto público. Para un hombre así, el acto de denunciarlo es una amenaza a su identidad, a su yo más consolidado. Cuando asesina lo hace —así lo cree él— «en defensa propia». El hecho de que muchos de los asesinos cometan posteriormente suicidio es un ejemplo claro de que la posible condena es un asunto menor: si van a morir por haber matado, ¿les va a detener la acción de los tribunales?

En un estudio realizado por el Departamento de Justicia de los Estados Unidos se concluyó que «las órdenes de alejamiento fueron inefectivas para detener la violencia física». Los investigadores dijeron, no obstante, que sí lograron su objetivo en aquellos casos en los que no existía una historia previa de abuso. Dicho de otro modo: si la relación ya había sido testigo de actos repetidos de violencia en el pasado —lo cual es, con frecuencia, el caso— una denuncia que supusiera el alejamiento del hombre no era útil para prevenir la violencia futura. Por otra parte, algunos investigadores se dejan impresionar por el hecho de que, en efecto, poco después de dictarse una orden de alejamiento parece que la mujer está a salvo. Sin embargo, los datos revelan que pasados unos seis meses regresa el acoso y la violencia hacia la mujer.

Ahora bien, no estoy diciendo que no se denuncie; no digo que no se dicten órdenes de alejamiento. Sólo estoy diciendo que no es una buena idea recomendar esa actuación de modo indiscriminado, ya que hay casos en los que la orden de alejamiento empeorará las cosas. ¿Cuáles son esos casos?

Aunque sea descorazonador, las órdenes de alejamiento serán más útiles cuando los agresores sean —dentro de lo que cabe— hombres «razonables», es decir, cuando no están dominados por un poderoso sentimiento de posesión hacia la víctima. Dicho de otro modo: ¡en aquellos hombres que tienen una menor probabilidad de ser violentos!

De este modo, no es lo mismo emplear una orden de alejamiento contra alguien con el que te has citado tres o cuatro veces, que hacerlo con la persona que ha vivido contigo cinco, diez o quince años. Para el primer caso, abandonar la posesión que tú representas no es algo muy costoso —hay excepciones, pero hablo en general—, para el segundo, es algo muy difícil, porque la justicia le está pidiendo algo como lo siguiente: «Usted, que no ama a su mujer, sino que vive para humillarla y controlarla; usted, que pone su autoestima en ser dueño y señor de su esposa; usted, que no ve nada malo en explotarla y golpearla, ahora ¡váyase!, o de lo contrario sufrirá las consecuencias».

Si así están las cosas, si estos hombres matarán aunque reciban una orden de alejamiento, ¿la alternativa es quedarse y esperar que al final ocurra lo inevitable, o bien que haya suerte y la sumisión absoluta de la mujer le evite ser asesinada?

No. Vayamos despacio. Se trata de que comprendas bien mi línea de razonamiento. Lo que trato de decir aquí es, en primer lugar, que un consejo indiscriminado (del estilo de «¡denuncia!») puede suponer un *peligro extraordinario* para aquellas mujeres que, precisamente, *más están en peligro*. Lo diré de otra manera: es una decisión muy peligrosa aconsejar estrategias generales. Imagínate que supiéramos que consumir un determinado producto sirviera para detener la progresión del cáncer de mama, pero que en determinados casos, precisamente en aquéllos donde el riesgo de crecimiento del cáncer fuera mayor, ese mismo producto, de hecho, *acelerara* su desarrollo. ¿Tendría sentido una campaña pública que dijera *a toda mujer* que tomara tal producto? ¡Pues eso es justamente lo que estamos haciendo con las mujeres agredidas por sus parejas!

Como ha dicho la directora del Consejo de Violencia Doméstica de Los Ángeles: «Cualquiera que diga a una mujer lo que debe hacer sin considerar el juicio y la intuición de la mujer en particular, puede estar poniéndola en peligro». De hecho, la investigación confirma este consejo: la opinión de la mujer es muy importante cuando se trata de valorar el riesgo de ser atacada.

Se sigue de lo anterior que lo que yo te pido es que reflexiones qué es lo que más te interesa, que valores la denuncia como una opción, que utilices tu prudencia (recuerda: ¡coraje más prudencia!).

En segundo lugar, lo que quiero señalar es que si el sistema de justicia va a intervenir, *es preferible que lo haga de manera contundente:* una acción drástica por parte de los tribunales pone sobre la mesa, por una parte, al Estado, a la ley, y por otra, al agresor; en cierto sentido, tú quedas al margen. Es una cosa entre la ley y el delincuente. Sin embargo, si el mensaje que recibe tu agresor es algo así como «tu mujer dice que eres alguien violento, ándate con ojo y no causes más problemas» (lo que se desprende — ¡como mucho!— de las denuncias que una y otra vez interpone la mujer), el juego queda entre la mujer y el violento, entre alguien —la víctima— que desafía la autoridad de su «amo» y éste mismo. Éste es un juego en el que la mujer tiene pocas probabilidades de ganar si su contrincante es alguien que ha mostrado ser abusivo y violento de modo sistemático.

La conclusión de mi segundo razonamiento es la siguiente: busca el amparo de la justicia si crees que es tu mejor opción, pero no te confíes si él queda en libertad y tú sabes que es alguien peligroso. Toma precauciones.

Justicia no equivale a seguridad.

¿Cuáles? Si crees que tu pareja puede hacerte un serio daño a ti o a tus hijos, impide que él tenga acceso a ti o a tus hijos. Las casas de acogida son una buena opción, temporalmente. Sé que es un gran inconveniente abandonar tu casa y buscar refugio en un sitio extraño, pero allí trabajan profesionales competentes que saben que la justicia (la acción de la ley) no equivale a seguridad. También te lo aconsejo aunque el juez determinara que fuera el agresor quien se marchara de casa; la cuestión es que si tú temes por tu vida (o por la seguridad de tus hijos) nadie salvo tú puede tomar la mejor opción. ¡Emplea tu intuición!

La respuesta al acoso cuando no vives con el acosador

Hay dos tipos generales de acoso: el que realiza una persona extraña, a la que no conocemos en absoluto o sólo hemos visto de modo casual (un camarero en el bar donde desayunamos, por ejemplo), y el que tiene como autor alguien con el que hemos salido, alguien que nos ha gustado en mayor o menor medida. En este apartado debemos incluir también los ex maridos o ex parejas. Son estos casos los que encierran una mayor violencia.

El glamour del acoso

No sé si has visto la película *El graduado*. En ella, Dustin Hoffman corteja a una chica (Katharine Ross) y le pide que se case con él. Ella dice que no, pero él no desiste. De hecho, la película muestra como Hoffman emplea diferentes técnicas de acoso (la espera después de las clases en la universidad, la sigue, se hace pasar por otras personas), hasta que al final, en medio de la boda de la protagonista con *otro* hombre, él irrumpe violentamente y... se la lleva. ¡Y ella entonces, comprende que lo ama!

Aquí puedes ver el premio a la persistencia. Éste es el núcleo del acoso: *el acosador persigue, está detrás de su víctima*. No es una buena idea que la literatura y el cine consideren que perseguir a una mujer es algo deseable y romántico. No digo que en algún caso no lo sea; digo que transmitir el mensaje de que perseguir es querer mucho es erróneo y peligroso.

¿Por qué? La mayoría de los que acosan no son Dustin Hoffman (ni Robert Redford en *Una proposición indecente*); pero ni aunque lo fueran. Quizás la idea de que alguien al que tú no quieres ver esté detrás de ti, irrumpiendo en tu vida, causándote temor, no te haga especialmente feliz. Además, está el hecho de que la cultura en la que vivimos enseña al hombre que cuando una mujer dice «no», eso puede significar muchas cosas. Por ejemplo: «quizás», «no estoy segura», «no, todavía», «dame tiempo», «inténtalo otra vez»…

Así, muchos hombres no se toman en serio la negativa de una mujer, y responden ante el «no» mediante el acoso. Como en el caso de los malos tratos, el acoso es también una conducta de búsqueda de poder y dominación; en cierto sentido podría entenderse *como una violación continuada*. Violación de la vida y de la intimidad de la mujer, ya que al margen de que el acoso se concrete o no en un ataque físico, se trata siempre de un proceso continuado de agresión que produce miedo, incertidumbre y en determinados casos una alteración sustancial en el equilibrio emocional y estilo de vida de la mujer. Ya sea obra de un ex marido o un ex novio, o de alguien con el que sólo hayamos salido durante un tiempo breve, el acosador desprecia la opinión y libertad de su víctima.

No negociar

Las cosas, entonces, están así. Tú tienes detrás de ti a alguien que te persigue, que se mete en tu vida sin tu permiso, que te amenaza en ocasiones y sobresalta casi siempre. Además, él se siente legitimado porque en nuestra sociedad «a las mujeres hay que probarles que uno realmente está interesado en ellas», y no importa lo que digan.

¿Qué puedes hacer? Hay una regla de oro: no negocies. Una vez que has dicho «no» de manera explícita, no tienes que buscar una nueva oportunidad para repetirlo. Escribe Gavin de Becker:

> Casi cualquier contacto después de ese rechazo será visto por el acosador como una negociación. Si una mujer dice a un hombre una y otra vez que no quiere volver a hablar con él, *en realidad está hablando con él una y otra vez,* y cada vez que lo hace, ella se está traicionando.
>
> Si tú le dices a alguien diez veces que no quieres hablar con él, *tú estás hablando* con él nueve veces más de lo que querías.
>
> Cuando una mujer recibe treinta mensajes de un perseguidor y no los devuelve, pero finalmente contesta en el treinta y uno, el acosador no presta atención a lo que ella dice; sólo repara en el hecho de que para hablar con ella tiene que hacer treinta intentos. Para él, cualquier contacto será contemplado como un progreso.

Entiendo que algunas mujeres crean que el no contestar puede ser peor, porque tienen miedo de provocar a su acosador, de modo tal que intentan que él reflexione, que al fin sea «razonable». Pero esto no es verdad. Más bien ocurre que el acosador cree que ella está confundida, que sólo necesita tiempo, que él la atrae pero todavía no está segura.

Tu «no» debe ser claro, contundente, sin fisuras. Si dices: «Ahora no quiero saber nada de ti», él sólo oye «ahora», no el resto, y tiene un fundamento para pensar que, si insiste, luego puede que tenga una oportunidad. Es mucho mejor decir: «No quiero nada contigo, nunca».

Voy a insistir en este punto porque es muy importante: no temas parecer ruda o descortés. Decir a una persona que te desagrada o te atemoriza, que no quieres saber nada de él, no es ser grosera, *sino un acto de defensa personal*. Precisamente el acosador quiere manipularte haciendo que te sientas culpable por actuar de ese modo.

Otro error que debes evitar es explicar la razón por la que no te interesa como pareja. Es una pérdida de tiempo: cualquier razón no lo va a convencer. La mejor razón no será suficientemente buena. Si explicas, das lugar a una discusión. Y tú debes intentar mantener al mínimo la relación con el acosador. Hay una escena de la película *Tootsie* que ilustra maravillosamente lo difícil que es dar una «buena razón» a alguien que quiere algo de manera muy intensa. En la película, Dustin Hoffman interpreta a un actor que hace una prueba para un papel:

> Voz: La prueba ha ido bien; sólo que usted tiene una altura que no le va al personaje.
> Hoffman: ¡Oh! Puedo ser más alto.
> Voz: No, no comprende. Estamos buscando a alguien más bajo.
> Hoffman: Bueno, mire, no tengo por qué ser tan alto. Llevo alzas, ¿ve?, me las puedo quitar…
> Voz: Ya veo, pero… mire, en realidad buscamos a alguien diferente.
> Hoffman: ¡Pero yo puedo ser diferente!
> Voz: ¡Ya vale! ¡Estamos buscando a *otra* persona! ¿De acuerdo?

Esto último es mucho más claro. Ya sé que en nuestra cultura se espera que las mujeres sean consideradas con los hombres, pero esto no debería incluir dar negativas que pudieran ser entendidas de forma ambigua por personas *obsesionadas en conquistarlas*. Para la mujer puede que sea suficiente decir «no; es muy amable, pero por ahora no quiero salir con nadie». Eso debería bastar… pero no basta. Es mucho mejor: «Le ruego que me escuche: no importa lo que usted haya pensado o lo que crea ahora, no tengo ningún deseo de verlo, ni de salir con usted bajo ninguna circunstancia». Suena duro, ¿verdad? Pero es el mejor modo de actuar para prevenir el acoso. Esta es la primera regla básica:

Los hombres que no aceptan un no por respuesta buscan a mujeres que no saben decir no.

Los acosadores toman cualquier respuesta que no sea como la anterior (o equivalente, no tienen por qué ser las mismas palabras) como una posibilidad, como un agujero en el que se pueden colar. Bien. Asumamos que tú has dado una respuesta firme. Eso debería bastar. ¿Qué ocurre, sin embargo, si el hombre al que va dirigido ese mensaje no lo acepta? En tal caso has de tener claro que tu decisión es, ahora más que nunca, ciertamente correcta. No te interesa de ningún modo una persona que no te escucha y que no reconoce tus sentimientos.

La escalada

Pero pongámonos en lo peor. Imagina que utiliza varias de las estrategias que antes he mostrado en la relación de conductas de acoso. En tal caso, es vital que no des ninguna respuesta a tu acosador. *Toda respuesta será considerada una mejora sobre la situación anterior.* Sus mensajes serán más exigentes; sus peticiones —por carta, en el buzón del móvil o en el contestador automático de casa— tendrán más urgencia. Ante tu desesperación, ¡querrá que te decidas para darle una oportunidad de una vez!

Piensa que un acosador, aunque parece infatigable, necesita algo a lo que agarrarse. Si tú evitas esa posibilidad aceleras el fin del proceso de acoso. En ese tiempo, él estará atento a otras «señales» que revelen que alguien está deseando que *él la ame,* y te dejará por una nueva víctima...

Ahora bien, si tú has tenido una relación sentimental con la persona que te acosa (no necesariamente sexual, es más importante que haya sido emocional) las cosas suelen ser más difíciles, ya que él estará desesperado, y necesitará cualquier tipo de contacto. Por ejemplo, se conformará con ser «tu amigo». Pero no aceptes. He aquí una segunda regla básica:

La única forma de parar el contacto
es parar el contacto.

Es muy sencillo. Después del rechazo explícito no debe haber nada más. Ningún contacto. No quedes con él en una cafetería para explicarle por qué no puede ser lo vuestro. No lo llames, enojada, para echarle en cara lo impertinente que es. No lo veas. No lo llames. No le escribas. Y tampoco busques a otra persona para que lo haga (amigo, familiar o nueva pareja), ya que el acosador pensará que debes de estar muy confusa, o de lo contrario se lo dirías tú personalmente.

La policía y la justicia

Si estás pensando en que lo mejor será llamar a la policía, ve, siéntate y prepárate un Martini (como hace Woody Allen cuando recibe malas noticias en *Manhattan*). Aunque podría ser entendido como una falta de amenazas o de coacciones, el acoso rara vez llega a algún sitio. ¿Qué le vas a decir a la policía? ¿Que cada vez que sales de trabajar te está esperando, te sigue y te pide que vuelvas con él? ¿Que crees que es él quien te llama tres o cuatro veces a la semana a las 3 de la mañana? ¿Que te escribe una carta cada día y te ha roto el buzón de correos? ¿Que el otro día te dio un susto de muerte esperándote en tu zaguán cuando volvías del cine? Olvídalo. En España el acoso no es un delito. No quiero aburrirte con disquisiciones legales. Quizás podría perseguirse con la Ley de 1999,[4] pero el asunto está difícil. Lo único realmente efectivo es que aprendas a prevenir el acoso.

Por otra parte, es mejor que cuando intervenga la policía lo haga por algo que lo ponga en serios apuros (algo que lo pueda llevar a una fuerte multa o, mejor aún, a la cárcel), ya que si simplemente va a advertirle («será mejor que no moleste a la señorita Vidal», o «se meterá en un buen lío si no deja de molestar a su ex mujer»), el acosador recibe en verdad el siguiente mensaje, es decir, lo que él piensa que significa la visita de la policía: «Ella no puede hacer en realidad nada. ¡Viene la policía y no me pasa nada!».

Por consiguiente, lo que yo te recomiendo es no pelear en esa guerra. El acosador, como ya viste, comparte con el agresor de mujeres su adicción al control y al poder: si tú interactúas con él, le ofreces pequeñas dosis de su droga, le haces sentir que, de alguna manera, él tiene cierta capacidad de influencia sobre ti. Si puedes evitar que él te persiga eso es mucho mejor que entregarte a una lucha sin cuartel.

En todo caso, si tú crees que una persona en particular amenaza tu seguridad y piensas que la policía puede ayudarte, has de tener presente una máxima que sirve también para los agresores domésticos: cuanto menos implicación emocional tenga el acosador, más efectiva será la acción de la justicia. Si inicias un proceso, si presentas una denuncia (porque cree tu abogado que él ha hecho algo por lo que puede ser arrestado) hazlo cuanto antes. No esperes un año o dos. Si el que

---

4. Ley Orgánica 14/1999, de 9 de junio, de modificación del Código Penal de 1995.

te persigue es tu ex pareja, alguien con el que has vivido durante años, ten en cuenta todo lo que señalo en relación con la lucha contra el agresor de mujeres.

La respuesta a la agresión en la convivencia

Ya he comentado en este libro alguna vez la investigación de dos psicólogos, Jacobson y Gottman, quienes evaluaron a 63 parejas en las que la mujer estaba sufriendo un abuso físico y emocional grave. Se trata de una investigación muy importante, por varias razones, pero destacaré dos. En primer lugar, observaron mediante grabaciones de vídeo la dinámica de la interacción de la pareja en situaciones de discusión propiciadas en el laboratorio; de este modo, fueron capaces de averiguar qué pautas de relación y de dominio se establecían entre marido y mujer. En segundo lugar, tomaron buena nota de toda la historia de maltrato existente entre ambos y, lo que es más importante, siguieron dos años después la evolución de la pareja, pudiendo así estudiar qué ocurría entre ellos, por ejemplo, viendo si se habían separado o no. Con tal fin, contactaban de nuevo con ellos y se realizaba una segunda entrevista.

Las conclusiones de este apartado resumen las principales conclusiones de esta investigación, junto con otras consideraciones.

¿Cuándo abandonan las mujeres una relación de abuso?

En primer lugar, es bueno señalar que muchas mujeres que sufren malos tratos sí que se van, se divorcian; y lo hacen mucho más que las mujeres que no son golpeadas.

Luego, recordemos que hay muchas mujeres que, desde el inicio, no toleran esa situación.

Ahora bien, lo que a nosotros nos interesa es averiguar cómo son las mujeres que logran marcharse, que no toleran el abuso. Sin lugar a dudas, estas mujeres «habían sufrido una gran transformación psicológica al tiempo que habían tenido que superar muchos obstáculos. Y el primer paso en esa transformación fue abandonar el sueño de que tenían que ser leales a un hombre que era capaz de golpearlas».

Aquí tienes una primera clave: se produce una toma de conciencia, un cambio en la psicología de la mujer, un clic mental, absolutamente necesario para romper una relación destructiva. En esa transformación psicológica, el miedo y la tristeza —sin dejar de desaparecer— pierden intensidad ante el nacimiento de un fuerte sentimiento de desprecio. La mujer llega a despreciar al marido. No se te debe escapar aquí que, en efecto, se trata de la aparición del coraje: esa fuerza interior de valor, indignación y rabia de la que te hablé en el capítulo 7 como uno de los «fundamentos de la liberación», junto con el conocimiento.

¿Por qué llega esa toma de conciencia? ¿Cómo surge esa actitud de coraje? Lo que sabemos actualmente apoya la teoría del «incidente crítico»: algo sucede que colma el vaso, que lleva a la mujer a decirse «¡Me da lo mismo lo que me pase; ya no lo soporto más!». Junto a ello, la mujer, ¡al fin!, se quita la venda, deja de justificar y racionalizar su situación y comprende que no va a poder cambiar a su marido o pareja, que tiene que aceptar que es una mujer agredida cuya única salida es abandonarlo. Los investigadores apreciaron esto claramente cuando observaron a las mujeres dos años después de haber escuchado sus lamentaciones y sufrimientos, y escriben:

«Este cambio desde el miedo al desprecio con frecuencia viene porque la mujer reconoce que su pareja es, realmente, un tigre de papel. Sí, desde luego, él tiene mayor fuerza. Puede golpearla y matarla si se lo propone. Pero también es (...) un cobarde y un perdedor, no un genio desconocido por los demás (...). Este cambio desde el miedo al desprecio, combinado con la percepción de peligro que tienen para con ellas o en relación con sus hijos, es lo que lleva a la mujer a hacer un despliegue de coraje y escapar».

Ahora bien, normalmente no se trata de una fuga impulsiva. Generalmente se tomaron su tiempo, se prepararon. Por ejemplo, buscaron tener una seguridad económica mínima, al menos para los primeros momentos. Las mujeres saben, cuando adoptan esta decisión, que se enfrentan a un peligro importante. Pero han llegado a comprender que no hay futuro para ellas ni para sus hijos con un hombre así. De ahí que empleen la prudencia (recuerda: ¡coraje más prudencia!); se trata de conseguir marcharse minimizando los riesgos. Y esa prudencia aconseja que recurran a las instituciones, a profesionales que las puedan aconsejar. Entre otras razones, porque es bastante probable que, de entrada, sus parejas intenten ahogarlas económicamente.

Jacobson y Gottman fueron capaces de identificar certeramente, con los datos que recogieron, al 90% de las mujeres que supieron acabar con la relación. De ahí que sea tan importante que reflexionemos detalladamente sobre sus hallazgos.

¿Quiénes son las mujeres que tienen las cualidades necesarias para escapar? Ya hemos visto cómo la aparición del coraje —y la ruptura del sueño «me ama y lo voy a cambiar para que me trate bien»— era un elemento necesario. Sin embargo, no es suficiente: hay que tener una serie de cualidades. La intención de acabar con los golpes no es igual que lograrlo.

Sintieron en mayor medida que el abuso emocional que acompañaba al físico era particularmente intolerable. El abuso emocional, como sabemos, pretende intimidar y controlar. Es una extraordinaria estrategia junto con el abuso físico para paralizar a la mujer: con la amenaza y el terror le recuerda que puede ser golpeada en cualquier momento. El abuso emocional en esas parejas era muy importante, y las mujeres lo percibieron como algo que no podían soportar. ¿Qué no podían soportar? Pues que fueran obligadas a hacer el amor sin que lo quisieran (violación marital, en otras palabras), que las aislaran de sus familias y amigos, que les rompieran cosas, que dañaran a su perro o gato... Todo lo que vimos en el capítulo 5 («la agresión psicológica»), puedes incluirlo aquí.

¿Por qué un mayor abuso emocional ayudó a la decisión de salida de la relación?

El abuso emocional las ayudó a darse cuenta de que sus maridos no podían cambiar. Paradójicamente, entonces, una gran opresión psíquica puede movilizar el instinto de supervivencia de la mujer, en vez de producir su destrucción anímica. Sin embargo, es posible que la personalidad de las mujeres tenga un papel importante en ello.

Las mujeres tienen una personalidad asertiva. Por ejemplo, los investigadores han descubierto que las mujeres que se rebelan, que devuelven el golpe, tienen mayor probabilidad de irse. Los hombres describen a sus mujeres como «violentas», y temen en mayor medida que se vayan. Este temor lo transmiten a sus parejas: ellas perciben ese miedo en sus hombres, y aprenden que escaparse es una posibilidad real, de lo contrario, ¡los agresores no estarían asustados! Se trata de mujeres «asertivas», lo que significa que reivindican sus derechos a ser tratadas de una manera justa. Son mujeres que, antes incluso de decidir marcharse, procuran siempre —sin beligerancia pero con ira— protestar por sus abusos, plantear que no admiten ese trato.

Una mayor insatisfacción en el matrimonio. Las mujeres que se iban con mayor frecuencia tendían a valorar de modo más negativo su relación de pareja. Eran sumamente desgraciadas. Otras mujeres eran capaces de decir que no eran infelices, a pesar de los golpes. Por supuesto, éstos no les gustaban, pero a pesar de todo querían permanecer casadas; veían otras virtudes en sus maridos que las compensaban.

Puedes concluir, tú misma, qué era lo que se oponía a que una mujer decidiera marcharse: el miedo, la dependencia económica, la pervivencia del sueño del amor y del cambio de su pareja. Quizá la respuesta más sensata que tengamos ahora para explicar el hecho de que una mujer quiera permanecer en una relación de abuso sea la suma de estos factores: una personalidad subyugada, la creencia extrema en el amor y redención de su pareja, y una falta de apoyos externos. En este último grupo podemos incluir la escasez de recursos de asistencia (de todo tipo) y una justicia lenta y timorata en la defensa de la mujer.

Decidir marcharse

Un aspecto de la investigación de estos autores que considero muy interesante fue el de los pasos que dieron las mujeres para marcharse, y su correspondiente psicología. Todas las mujeres entrevistadas declararon que, si hubieran sabido las cosas que sabían cuando ya eran libres, se hubieran marchado mucho antes. Las mujeres estaban eufóricas, a pesar de que muchas de ellas habían pasado por situaciones de acoso y violencia graves después de que decidieron marcharse.

Pero vayamos por partes. Veamos los diferentes pasos que realizaron y por qué tuvieron la oportunidad de detener el abuso coronado por el éxito.

La decisión de marcharse

¿Qué aspectos deben influir para ayudarte a determinar si ha llegado el momento de marcharte? Ya sabes que muchas mujeres esperan hasta que desaparece la más mínima esperanza de que «todo se vaya a arreglar». Yo no soy partidario de que esperes tanto: *creo que el primer incidente de violencia debería ser el último, porque casi con seguridad habrá muchos más.* No obstante, te presento algunos puntos que pueden ayudarte en este sentido.

Una decisión sólida. Los profesionales de la justicia y de los servicios de atención a la mujer pueden ayudarte a ver la realidad de otra manera, pero no pueden saber si, en este momento de tu vida, tú tienes la fuerza y la decisión suficientes para marcharte. Debes sentirte plenamente convencida. Muchas veces ello es el resultado de un último «incidente crítico», un hecho que acabó de convencer a la mujer de que ya no debía aguantar más la relación (como el maltrato de un hijo).

Tu pareja no reconoce el abuso ni busca ayuda terapéutica. Como sabes, muchos agresores ni siquiera están dispuestos a aceptar que son autores de un abuso. Si ése es el caso, tu situación de violencia no terminará.

Continúa el abuso emocional. Si el abuso psicológico o emocional está habitualmente presente, aunque los golpes no sean muy frecuentes, es muy probable que la violencia continúe indefinidamente. El abuso psíquico es una estrategia de dominación, y sirve como recordatorio a la mujer —cuando coexiste con el físico— de que la paliza es siempre una opción si no actúa con cuidado.

¿Está tu identidad absolutamente anulada? Cuanto menos oportunidad tengas de dar tu opinión, o de realizar cosas que apuntalen tu identidad (estudiar, trabajar, estar con tus familiares y amigos), más probable es que se mantenga el maltrato.

Las mujeres que detienen su abuso toman una decisión irrevocable: comprenden que no deben tolerar más esa situación, y que su pareja no va a cambiar. Pero esto es sólo el comienzo. Deben tomar las precauciones necesarias para la marcha.

¿Cuál es el riesgo de marcharse?

Determinadas circunstancias se asocian con un riesgo de sufrir nuevos ataques si la mujer decide marcharse.

¿Eres el centro de la vida de tu pareja? Si él está obsesionado contigo, si todo en su vida tiene que ver contigo, entonces es más probable que «se vuelva loco» si te vas.

La violencia que ha empleado. Si tu pareja te ha dado palizas, te ha amenazado con un arma (cuchillo, por ejemplo, o una escopeta) o la ha empleado de algún modo, entonces el riesgo de violencia es muy elevado. Si ha hecho esto con alguna frecuencia es muy probable que lo repita cuando quieras romper la relación.

¿Te ha amenazado con matarte? Todas las amenazas de muerte deberían ser tomadas muy seriamente. La investigación revela que cuando el marido amenaza de muerte a su mujer es mucho más probable que la acose y la agreda después de la separación.

Te ha agredido sexualmente. No importa que te hayas acostado con él durante años. Si te ha obligado a hacer el amor, si ha sido violento exigiendo «lo que le pertenece», entonces puede ser más brutal cuando quieras irte.

Su violencia va en aumento. Si empezó con empujones y bofetadas, y luego siguió con puñetazos, patadas y palizas, o más allá, entonces tu situación es delicada. Él es alguien que no se quedará de brazos cruzados si intentas marcharte.

El acoso. Si te ha acosado previamente, o ha espiado y seguido a antiguos novios o parejas tuyos, hará lo mismo si te vas: te acosará y te amenazará.

¿Consume alcohol o drogas? Los agresores adictos al alcohol o las drogas son más imprevisibles, menos sujetos a las normas o a la moral y, por ello mismo, más dignos de temer.

Historia de depresión o intentos de suicidio. Muchos agresores tienen en poca estima la vida ajena. Si están deprimidos pueden decidir la «solución final»: acabar con su vida y con la tuya.

¿Es un psicópata posesivo? Los psicópatas posesivos son los agresores más peligrosos, especialmente si tienen relación frecuente con el mundo de las drogas y la violencia. Luis Patricio, el asesino de Mar Herrero, es un ejemplo meridiano. Ten cuidado.

Obtener ayuda

Lo más importante que debes hacer si decides marcharte es obtener ayuda de los profesionales de los servicios de atención a la mujer. Contacta con tu ayuntamiento, con el Instituto de la Mujer, con los servicios de atención a las víctimas de los delitos que puedan existir en tu lugar de residencia. Estudia tus opciones, busca gente que tenga experiencia en el trato con estas situaciones.

Hacer un plan de seguridad

Estos profesionales te ayudarán a hacer un plan de seguridad, el cual, en un momento u otro, habrá de incluir a la justicia, buscando generalmente una orden de alejamiento u otras medidas que le impidan amenazarte o agredirte.

El plan de seguridad debe minimizar las situaciones de riesgo: el momento en que te vayas, adónde ir, cómo preservar dinero u otros objetos necesarios, el aviso a tus familiares y amigos que quizá hayan de colaborar... todo ha de ser previsto y pensado cuidadosamente.

Por otra parte, piensa que puede haber muchos intentos, forcejeos, movimientos hacia atrás y hacia delante. Todo eso es normal. Pero es muy útil que haya una persona —un profesional— en quien confíes y que te acompañe en todo ese largo y tortuoso camino.

La vida después de la fuga

Es el momento para un nuevo comienzo. Es normal que toda esa situación por la que has vivido (en ocasiones durante muchos años) te deje unas secuelas que, sin embargo, no tienen por qué ser permanentes. La investigación asegura que es normal tener periodos de depresión, ansiedad, recuerdos recurrentes de momentos de miedo y violencia, temor por la seguridad de tus hijos, y otros síntomas. Pero la sensación de euforia de la que hablaba antes, de haber peleado por una vida digna, compensa todos los esfuerzos.

En el caso que te presento a continuación vemos la lucha en solitario de una chica joven contra su marido y su cuñado.

Un rato con Lola

Lola Ramírez trabaja en el SAVA (Servicio de Atención a las Víctimas de Andalucía), en Córdoba, y es una de las colaboradoras de mi investigación. Estamos tomando un vino en el barrio de Santa Cruz de Sevilla, hablando de nuestro trabajo. Y me cuenta las enormes dificultades, el *via crucis* particular que tienen que pasar tantas mujeres para escapar de hombres que parecen actuar como seres del todo irracionales. Ésta es una de las mujeres a la que ella ha atendido, Rocío, que nos cuenta su historia ella misma.

Conocí a Mohamed hace siete años, en Melilla. Vine a Córdoba a estudiar derecho, y él me siguió. Estuvimos un tiempo saliendo y después nos casamos. Yo tenía 20 años.
Al principio no se veía venir [cómo era él de verdad]. Él me decía que teníamos que trabajar porque no tenía-

280

mos dinero, así *que me puso a trabajar* mientras él estaba a escondidas en un gimnasio haciendo pesas, que yo le pagaba sin saberlo. Mi trabajo era en la cocina de un restaurante, pero él se quedaba con el dinero, porque tenía que pagar las facturas, ya que yo no tenía tiempo para nada.

Un día me lesioné y tuve que dejar de trabajar. Él estaba todo el día en la calle, según él, buscando trabajo. Pero siempre que le reclamaba algo me pegaba, y luego me pedía perdón. Primero empezó con una bofetada, luego con dos, después otras dos; siempre me decía que yo no valía nada.

Lo peor llegó cuando tuvo el permiso de residencia, al año: fue entonces cuando empezaron las palizas. Tenía que ir a casa de mi tío a que me curara, ¡y después llegaba él llorando a pedirme perdón! Pero eso no le impedía echarme a mí la culpa, diciendo que era yo quien lo ponía nervioso. Sé que parece algo increíble, pero yo me lo creía. Decía que estaba en mi mano irme a vivir con él, que «si quería estar bien tenía que portarme bien».

Fíjate en que su violencia aumentó cuando él se sintió seguro, con el permiso de residencia en el bolsillo. *El agresor puede controlar la violencia; está en su capacidad el esforzarse para tener control personal.* Pero, lejos de esto, los agresores pronto descubren el bienestar y la fuerza que se obtiene estando en el atalaya del poder. Observa además cómo, desde el principio, Mohamed decide explotar a su mujer, y cuando ella le pide alguna cosa, él la golpea. No puede tolerar que lo desafíe, que no sea una mujer totalmente sumisa, que no renuncie a su autonomía como ser humano. *Y, desde luego, nota la cobardía de este sujeto.*

Él llegaba habitualmente muy tarde a casa, a las cinco de la mañana. Conseguí que nos cambiáramos de piso porque tenía miedo donde vivía, y yo estaba sola todo el tiempo. Esa decisión me animó a desear tener un hijo, pero ese fue el comienzo de todo lo peor. Él no quería saber nada de niños; incluso llegó a pegarme una infección [venérea].

Yo le cogí miedo, no quería tener relaciones con él. Además, había veces que desaparecía por espacio de tres días, y cuando volvía quería acostarse conmigo. Como yo me negaba, él me pegaba, y me exigía realizar ciertas cosas que me daban un asco profundo.

A veces estaba tan desesperada que le decía: «¡Pégame, pégame, ya te cansarás!».

Al fin me quedé embarazada. Un día terrible me pegó y me dio un fuerte empujón en la barriga. Me puse tan mala que tuvieron que llevarme a urgencias. Fueron muchos los empujones que me dio mientras estuve encinta.

Cuando me pegaba, me decía que era «porque yo quería». Si yo le pedía algo, por ejemplo dinero, me llevaba una paliza. *Me pegaba mucho en la cabeza.*

Cuando nació el niño hubo un tiempo en el que estuvo bien, los primeros meses. Pero todo se complicó cuando empezó a crecer. Por ejemplo, si una noche mi hijo le dificultaba dormir, al día siguiente era un infierno. Yo decía para mí: «Dios mío, ¡que hoy no vuelva!». No te lo vas a creer, *pero he llegado a hacer cosas que sabía que lo iban a molestar para que me pegara y se fuera de casa.*

Luego todo se volvió a complicar. Me quedé otra vez embarazada y, como era una niña, me pidió que abortase. Había pasado un año y pico entre los dos embarazos. Me dijo que si no abortaba «me atuviera a las consecuencias». Ahora era todo mucho peor. Vino un hermano suyo a trabajar con él en una tienda de muebles, y mientras mi marido me daba palizas, mi cuñado me amenazaba y me insultaba.

No me dejaba ver a mis amigas. Opinaba que todas eran unas putas, y que me tenían envidia porque estaba casada con él.

Sé que has hecho un gesto de estupefacción. Yo también. Pero, sencillamente, es así. La imagen que tiene el agresor de sí mismo y de muchas personas está claramente distorsionada. Su narcisismo es bufonesco.

Antes no me daba cuenta, pero ahora, después de hablar con la gente que me rodea, creo que quería volverme loca. Una vez llegué a verlo con otra, pero como él me lo negó, llegué a creerlo. Parece mentira, pero para mí era más importante lo que él me decía que lo que yo veía con mis propios ojos.

Cuando él desaparecía varios días me dejaba sin dinero, sin leche, sin pañales, y lo tenía que pedir todo a la Cruz Roja. Y cuando regresaba me montaba tal escándalo, era tan violento, que al final acababa yo por pedirle perdón. Creo que yo empecé a cambiar cuando nació la niña. Él entonces desaparecía durante mucho tiempo. Me hablaron del Instituto de la Mujer, *y yo decidí que no iba a aguantar más*. Lo denuncié y decidí separarme.

Su respuesta fue: «Olvídate de esa idea. Tú eres mía y siempre lo serás. Los niños también son míos, y son musulmanes, y aquí no los voy a dejar. Tú eres una pecadora y una mala influencia para los niños». Dejó el hogar y la policía me dijo que cambiara la cerradura.

Sin embargo, ahora lo veo más que cuando vivíamos juntos. Salgo de casa y me lo encuentro enfrente. Muchas veces me sigue andando por la calle, o en coche, y me asusta cuando voy a cruzar. Al principio, cuando me ve, me habla bien, me suplica, pero, cuando digo que no, se pone agresivo, me insulta y me amenaza. También ha amenazado con matar a mi padre y a una amiga. Me ha llamado tanto por teléfono que ha habido días en que he tenido que desconectarlo. Cuando me llama empieza a reírse, y dice: «¡Tienes los días contados!».

Por ahora yo sigo aquí, y Dios quiera que no pase otra cosa…

Creo que es un buen ejemplo de todo este proceso de lucha contra el acoso y la violencia que he intentado reflejar en este capítulo. La mujer encontró una nueva perspectiva sobre su situación cuando empezó a hablar con otras personas, cuando su marido se ausentó y le dejó tiempo para reflexionar. En ese punto, *Rocío saca su coraje y decide que no va a aguantar más*. La ayuda aquí del Servicio de Atención a las Víctimas de Córdoba cobra toda su importancia. También su familia, que le cede un piso para que se vaya a vivir con sus hijos.

El abuso emocional y físico era tremendo. Cuenta Rocío en otra parte de la entrevista que Mohamed la insultaba no sólo en privado («puta», «perra», «no vales nada», «me das pena», «loca») sino también en público («eres una mierda pisada»), y le prohibía hablar si él no le daba permiso expreso. Sin duda esa enorme humillación la incitó a buscar la libertad, aprovechando que su marido la dejaba durante mucho tiempo. Esos dos factores, humillación *y espacio para darse cuenta de que la vida podía ser mucho mejor si él no estaba*, fueron factores decisivos en su ruptura con Mohamed.

Pero Rocío, ahora mismo, está corriendo el riesgo inherente a recobrar su libertad: él la acosa y la amenaza, en persona y por teléfono. En el cuestionario que le administró Lola, a la pregunta «¿Ha terminado el acoso?», Rocío contesta: «Aún no lo sé. Esta semana ha estado tranquilo».

Me alegro de verdad, valiente muchacha.

¿Están cambiando las cosas?

Como vimos en un capítulo anterior (capítulo 3, «Acoso y violencia hacia la mujer»), Isabel estuvo padeciendo durante diez años un acoso muy intenso (te lo recuerdo: una chica de 36 años, auxiliar de guardería, que estuvo casada cuatro años con su marido, de 40 años, que trabajaba en el sector de la construcción). Felizmente, en su caso

las instituciones públicas y la justicia han actuado eficaz-
mente. En sus propias palabras:

> La Guardia Civil ha sido rápida y efectiva, lo mismo
> que el juzgado. El acoso ha parado desde las denuncias.
> El Servicio de Asistencia Social me ha solicitado una ayuda
> económica a corto plazo, y me ha proporcionado trata-
> miento psicológico. También se brindaron a acompañar-
> me a los juicios, dándome su apoyo. Finalmente, me han
> concedido dos abogados de oficio: uno para las denun-
> cias por acoso y otro para el divorcio.

Además, ha contado con el apoyo —siempre inestimable— de sus amigos y familia.

En este caso, la acción de la justicia, combinada con la
ayuda de servicios especializados, ha sido eficaz: el acoso,
por ahora, ha terminado. Isabel sigue teniendo miedo (escribió: «Me juego la vida»), pero después de diez años de
acoso decidió que era la mejor opción. No estoy valoran-
do si debió hacerlo antes. Lo que es importante es señalar
que ella actuó empleando su coraje y su prudencia. Valoró
la situación y pensó que no podía, que no debía seguir así,
por su bien y por el de su hijo. El acosador sigue siendo
una amenaza latente. Isabel no se puede fiar. Pero cree que
ha tomado ahora el camino más adecuado. ¿Quién podría
decir cuál hubiera sido el resultado de haberlo denunciado hace diez años? Isabel es consciente de que su munici-
pio presta mucho apoyo en casos de violencia contra las
mujeres. Pero hace diez años, por todas las cosas que ya
hemos comentado en este libro, me temo que las cosas eran
muy diferentes.

Pero quizás las cosas están cambiando, y los jueces están empezando a ver la importancia del acoso, y su vínculo feroz con la violencia. Así, en una sentencia de enero del
año 2000, el Tribunal Superior de Justicia de Valencia con-

denó a Juan José G. L. a un año y dos meses de prisión por ser autor de un delito de obstrucción a la justicia y a ocho meses más de prisión por amenazas y lesiones:

> La sentencia considera probado que el 15 de agosto de 1998 el acusado atacó a su compañera sentimental tras negarse a abandonar el domicilio que ocupaban en Valencia. La mujer fue atendida de urgencia. Según consta en la sentencia, «a raíz de estos hechos, y unos meses después de haberse roto la convivencia, el acusado *inició un acoso sistemático* contra la denunciante con la finalidad de atemorizarla para que no acudiera al juicio de faltas que se llevaba en el Juzgado de Instrucción número 2». A consecuencia de diversas denuncias de la mujer, el juez obligó al acusado a que se abstuviera de presentarse en el domicilio de su ex compañera, e incluso en los lugares que ésta pudiera frecuentar. No obstante, en abril de 1999, Juan José G. L. pasó con su coche por la puerta del lugar donde trabajaba la mujer y mirándola fijamente «se llevó la mano al cuello moviéndola transversalmente, dándole a entender que la iba a matar». Amenaza que volvió a repetir ese mismo día.

Y en otra sentencia sin precedente, también de enero de 2000, un juez de Barcelona condenó a un año de cárcel a un hombre que infligió un trato degradante a su pareja al introducir su cabeza en el retrete.

> Los hechos ocurrieron el 19 de junio de 1998, cuando la pareja, que convivía desde hacía ocho meses, discutió. Según la sentencia, la disputa derivó en un intercambio de insultos hasta que, sin provocación previa por parte de la mujer, el acusado «pasó de las palabras a la agresión física, golpeándola de forma reiterada a puñetazos y patadas en la cara, los brazos y otras partes del cuerpo».
> «Lejos de amainar su ira», señala la sentencia, «el procesado cogió un martillo y amenazó de muerte a su com-

pañera, al tiempo que la cogió por el pelo y la arrastró hasta el lavabo de la vivienda». A continuación, Sergio Peregrín metió la cabeza de su compañera en la taza del retrete y empezó a tirar de la cadena para «causarle una sensación de angustia y ahogo».

Lo novedoso de esta sentencia es que aplicó a un caso de violencia contra la mujer un artículo del Código Penal incluido en el título (o apartado) dedicado a las torturas y otros delitos contra la integridad moral. Y esto no se había hecho nunca.

Sin embargo, la justicia no puede ser la gran respuesta a la mujer agredida. Mi tesis es que en el futuro próximo, al menos en las próximas dos generaciones, el peso de la lucha recae en que la mujer aprenda a reconocer quiénes son estos hombres. Lo veremos en el capítulo siguiente.

10. ¿POR QUÉ NO SON SUFICIENTES LA EDUCACIÓN Y LA JUSTICIA PARA ACABAR CON LA VIOLENCIA HACIA LA MUJER?

Antes de nada, déjame que te diga que *sí creo* en la educación como estrategia fundamental que debemos aplicar ahora para luchar contra el maltrato. Pero no se trata de la educación «no sexista», que es generalmente la referida en estos casos. Me parece bien que se impulse una educación que no fomente los estereotipos, pero creo que la más urgente es *la educación que enseñe a las chicas jóvenes la dinámica de la relación violenta y cómo detectar a los hombres potencialmente peligrosos*.

Por supuesto, las jóvenes han de aprender a afirmarse en sus derechos de persona, a ser (como decimos los psicólogos) «asertivas», porque evitar a hombres agresivos requiere que la mujer esté convencida de que nadie tiene derecho a menospreciarla y esclavizarla.

¿Por qué la educación no sexista es una respuesta ineficaz en el presente?

A cualquiera le es fácil verlo. Educar para la no violencia es todavía un arcano, un profundo misterio para la sociedad. No es tanto una incógnita teórica, cuanto un profundo desafío práctico. No estamos seguros de que *la educación sola baste* para reducir sensiblemente la violencia. Sabemos el enorme peso que tiene la sociedad consumista, la competencia en el amor y en el mundo laboral, y la confusión e incertidumbre que generan los cambios en los papeles sociales asignados al hombre y a la mujer (y, por extensión, a la familia).

La psicóloga Paz del Corral reconoció este hecho cuando destacó, entre la causas de la violencia en el hogar contra la mujer, «la mayor competitividad de la sociedad actual, el nuevo rol de la mujer y la desaparición de los factores inhibitorios para la conducta violenta de tipo religioso y moral».

Y no podemos olvidar tampoco el peso de la influencia biológica. Esto último es siempre algo que hay que «coger con pinzas», pero que no podemos ignorar. Hay hombres violentos; personas que tienen una predisposición heredada (¡no determinación!) que son difíciles de tratar. Un psicólogo de la genética, William Wright, escribió lo difícil que resulta aceptar la importancia de lo heredado:

> Cuando los científicos celebran una rueda de prensa para mostrar sobre una pantalla el gen causante del alcoholismo o de la depresión o la violencia (...) seguro que el impacto sobre el público es mucho mayor que el del psicólogo que, habiendo quizá examinado miles de pares de gemelos, alza unas gráficas y dice: «Vean, mi estadística demuestra una influencia genética». Por muy convincentes que sean los números, éste es todavía un caso abstracto, circunstancial; los jurados prefieren siempre casos concretos como testigos.

Sin embargo, en el caso concreto de los psicópatas, parece fuera de toda duda que su tendencia a dominar y humillar tiene componentes biológicos. Su personalidad no se generó únicamente en el medio en el que se criaron. La influencia de la genética en la personalidad es algo que se sabe desde siempre, pero que ha sido considerado políticamente incorrecto, hasta hace bien poco (y me temo que todavía hoy lo sigue siendo en muchos sitios).

Lo anterior no significa en modo alguno que «el ambiente no cuenta». Como dice de nuevo Wright: «Ninguno de los datos que los genetistas conductuales [los que estudian las influencias heredadas en el comportamiento] han sacado a la luz demuestra que los genes sean órdenes tiránicas, sino más bien codazos, a veces fuertes, pero con más frecuencia suaves. La investigación no ha encontrado una sola influencia genética sobre la conducta que pudiera llamarse "todopoderosa", aun cuando los críticos imputen esta creencia a estos científicos y los marquen con la espantosa etiqueta de "deterministas genéticos"».

Una psicóloga, Judith Harris, ha resumido la cuestión del siguiente modo:

> Hasta el momento se ha estudiado un gran número de características humanas mediante los métodos de la genética conductista. Los resultados son claros y contundentes: en general, la herencia es responsable aproximadamente de un 50% de las variaciones en las personas que han sido analizadas; el entorno influye en el otro 50%. Las personas se distinguen unas de otras de muchas maneras: algunas son más impulsivas, otras son más cautas, algunas son más agradables, otras son más discutidoras. Casi la mitad de la variación relativa al carácter impulsivo es atribuible a los genes; la otra mitad, a sus experiencias. Y lo mismo vale para el carácter agradable y para la mayoría de los rasgos psicológicos.

Ésa es la razón por la que digo que la educación no sexista o la educación para la no violencia son objetivos valiosos a los que no debemos renunciar. Pero también es la razón por la que mantengo que son objetivos muy costosos y largos, y que nuestras hijas y nuestras nietas (al menos) necesitan herramientas más prácticas, algo más concreto para sus vidas, como es aprender a reaccionar frente a un hombre que les gusta pero que es peligroso.

Diferencias entre los sexos

Por otra parte, piensa en términos de diferencias evolutivas entre hombres y mujeres. Olvídate ahora de que unos hombres tengan una mayor predisposición que otros para ser violentos. En este punto quiero señalar las diferencias que hay entre hombres y mujeres como géneros distintos en la especie humana.

Y sobre este punto —acerca del cual no me puedo extender, porque éste no es el lugar para ello— hay pocas dudas de que la mujer es mucho menos violenta que el hombre, tanto por razones biológicas, como psicológicas y culturales. La mujer dispone de una mayor capacidad para la implicación afectiva, para la preocupación y el cuidado del otro (lo cual no tiene ninguna relación con su capacidad para el trabajo profesional fuera de casa o su autonomía como persona). El hombre parece disponer de una psicología más orientada a los resultados, y menos implicada con los sentimientos.

Una de las consecuencias de lo anterior es su mayor potencial agresivo, evidente en todo el mundo y en todas las épocas. Se mire por donde se mire, la mujer es siempre mucho menos violenta que el hombre. El hecho cierto, entonces, es que hombre y mujer acuden al encuentro de una relación amorosa con un bagaje psicológico diferente. El uno con una tendencia mayor a dominar y a obtener resultados; la otra con una mayor predisposición a creer en la implicación afectiva como estrategia de realización personal. El uno tiene una biología que le facilita la cólera y la agresión. La otra tiene una biología que le facilita la preocupación y el cuidado.

En fin, es una cuestión fascinante, que excede con mucho lo que puedo escribir aquí. Sólo unas palabras más de Harris, para reflejar lo difícil que es este camino de la investigación, pero que al mismo tiempo nos va dando claves que no podemos desoír:

> ¿Por qué la depresión es más común entre las mujeres que entre los hombres? Nadie lo sabe a ciencia cierta. Mi suposición es que se debe a sutiles diferencias en el cerebro, diferencias en el delicado equilibrio entre los mecanismos que impulsan a la acción y los que inhiben de ella. Cuando algo va mal en el cerebro, es más probable que los hombres se inclinen por el exceso de acción, y el resultado es la violencia. Las mujeres, en cambio, es más probable que se inclinen en la otra dirección, y el resultado es la ansiedad o la depresión.

Pero, ¡sí!, la cultura marca una gran diferencia. Y nuestra sociedad puede decir que ha logrado un trato más igualitario y justo entre ambos géneros. Pero el camino es largo, porque *el patrón de comportamiento violento de los hombres hacia las mujeres tiene fundamentos sociales, culturales y evolutivos.* De nuevo Harris:

> La naturaleza es eficiente, no amable. Por término medio, las hembras son más débiles y menos agresivas que los machos, y en todas las sociedades humanas —sin exceptuar las compuestas por cazadores o recolectores— tienen el riesgo de ser golpeadas. También las hembras chimpancé son a menudo golpeadas por los machos. Las cosas son hoy mucho mejores para las mujeres de lo que han sido durante los pasados seis millones de años.

La insuficiencia de las medidas de la justicia

Poner muchas esperanzas en la justicia puede ser un error. En parte, porque quizás confiemos en exceso en ella, y tomemos decisiones que nos lleven a correr riesgos que, pensábamos, no íbamos a correr. Por ejemplo, en 1999 se modificó el Código Penal para introducir los malos tratos psíquicos, y para facilitar que se aplicara con más facilidad la figura penal del «maltrato habitual». Actualmente —aunque quizás las cosas empiezan a cambiar, como señalé en el capítulo pasado— tal cambio ha tenido poca repercusión en la práctica, debido a la renuencia de los jueces a aplicarlo y a otras dificultades de índole de técnica jurídica.

Un caso espectacular ocurrió en 1989, cuando un juez de la Audiencia Provincial de Madrid golpeó a su mujer en el cuello y ésta falleció. Previamente, de acuerdo con la sentencia del Tribunal Supremo —que lo condenó años después por imprudencia temeraria con resultado de muerte— «el procesado (...) trató de manera hiriente a su esposa, a la que humilló delante de sus propios padres, originándole un estado de altísima tensión emocional, cuyas consecuencias nada convenientes debió haber previsto». En otro momento, la sentencia también recoge algo de la peculiar psicología de agresor, ya que revela que éste, en la noche en que mató a su mujer, decía iracundo que «a pesar de ser magistrado y haber ganado unas oposiciones no se le respetaba».

José Bono (el presidente de Castilla-La Mancha cuando escribo estas líneas) escribió un magnífico artículo contestando a otro magistrado que había intentado aligerar de culpa, en un artículo previo, la conducta del agresor. En él, con muy buen criterio, se lamentaba no sólo de que el magistrado no hubiera ido a la cárcel, sino de que hubiera seguido dictando sentencias desde su tribunal como si nada.

Hechos como éste (y, créeme, podría presentar una antología de sentencias sonrojantes) son desmoralizadores.

Un estudio encargado por el Consejo de la Mujer de Madrid y realizado por la Asociación de Mujeres Juristas Themis, en el que se analizaron 2.430 procedimientos judiciales iniciados entre 1992 y 1996, y se actualizaron con otros posteriores, concluyó lo siguiente: el 51% de los casos terminó con la absolución del acusado; el 29% se desestimó porque se consideraba que no había base para proceder, y sólo el 18% terminó con la condena del agresor. También se observó que en un 56% de los casos las víctimas desistían de la denuncia, no comparecían a juicio o perdonaban al agresor en la vista oral.

Pero no son sólo las circunstancias desalentadoras de la aplicación de la ley lo que me hace ser cauto a la hora de valorar la contribución de la justicia en la solución de la violencia contra la mujer. Se trata de un asunto más complejo, que se relaciona con la capacidad de la policía y los tribunales para acabar con los delitos (o, al menos, para un buen número de ellos).

Entiéndeme bien; estoy a favor de sanciones penales adecuadas para actos tan detestables. Creo, sin dudar, que las mujeres en España todavía no están adecuadamente protegidas por la justicia. *Lo que afirmo es que no debemos confiar en exceso en que la justicia y la policía resuelvan el problema.* Deja que te diga una única razón: pocas veces lo hacen.

Observa lo que ocurre en el caso de los malos tratos a los niños. Ahora tenemos todas las leyes del mundo, servicios sociales en cada ayuntamiento y en la comunidad autónoma correspondiente. Toda esta labor es necesaria y muy urgente, pero no tenemos noticia de que los malos tratos a los niños estén disminuyendo. Quizás sin estas leyes y servicios habría más niños desatendidos, es muy probable. Pero parece obvio que, por sí solos, son incapaces de solucionar esta lamentable situación.

Otro ejemplo, fuera de nuestras fronteras. En Nueva York, el único delito violento que no ha descendido en los últimos cinco años es la agresión a las mujeres en el hogar, a pesar de la enorme dureza de las sanciones existentes, y de la «tolerancia cero» que preside la actuación policial (en la práctica esto significa que la policía arresta de inmediato cuando observa un delito, sin ejercer una toma de decisiones discrecional). Determinadas investigaciones anteriores, que evaluaban la capacidad intimidatoria de arrestar de inmediato al agresor (buscando evitar que reincidiera en una ocasión posterior), tampoco dieron resultados concluyentes.

En todo caso, no quiero pecar de pesimista. Estoy dispuesto a aceptar que un funcionamiento más eficaz de la ley puede reducir la violencia contra las mujeres. Ahora bien, ello será insuficiente, como han reconocido muchas personas del mundo social y jurídico entrevistadas. En la práctica será muy difícil evitar que un hombre encolerizado golpee a una mujer, o bien que la mate. Podemos prevenir que ciertas personas reincidan, si estamos prestos a apresarlas y a enviarlas por un tiempo a la cárcel. Pero las generaciones se irán sucediendo, *y un número determinado de los hombres que las componen no se sentirán intimidados por la amenaza penal*.

La especialista Paz del Corral ha calificado de creencia falsa considerar que «si se arrestase a los maltratadores y se les metiera en la cárcel, la violencia familiar terminaría». Para ella, un agresor de mujeres precisa, *si quiere dejar de serlo*, «someterse a un tratamiento psicológico (y médico en los casos precisos) especializado». Ahora bien, si en la práctica son muy pocos los agresores *que quieren dejar de serlo* y, por otra parte, las tasas de éxito de estos tratamientos son modestas, ¿qué podemos hacer?

Por otra parte, está el problema de la dificultad que tienen las reformas sociales para atacar de modo directo las raíces de la violencia familiar. El caso de la violencia hacia los niños que hemos comentado más arriba es igualmente pertinente aquí. No hay una relación directa entre conseguir una serie de mejoras en la sociedad del bienestar y la disminución de una determinada lacra social.

Más aún, podemos tener éxito en disminuir la violencia en general en un país, pero la investigación actual no nos autoriza a pensar que una disminución de la violencia en general en una sociedad dada *tenga que repercutir necesariamente en una menor violencia en la familia*. No digo que las reformas sociales no puedan ayudar a que disminuya el número de mujeres agredidas; digo que no parece sencillo averiguar cuáles de tales reformas serían verdaderamente eficaces en conseguir ese objetivo.

Te voy a poner un ejemplo muy significativo de lo que acabo de decir. Sabes que Finlandia es uno de los países con mejores índices de calidad de vida del mundo, y sin duda uno de los más igualitarios. Pues bien, según se puso de manifiesto en el congreso de juristas europeas celebrado en Calvià (Mallorca) en abril del año 2000, «de la envergadura de este problema [la agresión a la mujer] ni siquiera se salvan los países escandinavos. Finlandia, por ejemplo, registra, con una población muy inferior a la española, una media de una mujer muerta a manos de su marido o su pareja cada dos semanas». En concreto, Finlandia tiene alrededor de 5.000.000 de habitantes, es decir, ocho veces menos población que España. Le correspondería, por consiguiente, un número de víctimas ocho veces menor. Pero sus víctimas son únicamente la mitad de las que se registran en España (que registra aproximadamente una mujer muerta a la semana). Dicho de otro modo: *Finlandia, a pesar de ser un país líder en la sociedad del bienestar en el mundo y mucho más igualitario en el trato a la mujer que nuestro país, tiene muchas más mujeres asesinadas por sus maridos que España.*

Al margen de lo anterior, hay un problema particularmente enojoso en confiar excesivamente en la justicia; y esta vez hablo desde la perspectiva de las víctimas. Me estoy refiriendo al argumento de la decepción, de la desolación.

Concedamos que las medidas solicitadas por buena parte de la sociedad (entre ellas, una ley integral sobre la violencia doméstica, que sirva para unir todos los esfuerzos en el ámbito social y legal para una mejor protección a las víctimas) son al fin aceptadas por el gobierno y puestas en práctica. Concedamos, igualmente, que surten el efecto deseado (el cual, recuerda, difícilmente servirá para eliminar de modo sustancial la agresión, aunque es probable que sí lo haga de un modo en que merezca la pena hacerlo, actuación que ya he dicho que apoyo sin reservas). Pues bien, aun así será muy difícil que la mujer agredida obtenga «lo justo» de esa transacción, aunque obtenga «justicia». Y la conclusión en su espíritu será la de una decepción, la desolación.

Me explicaré. Cuando hace algún tiempo tuve el placer de ver la fina película de David Mamet *El caso Winslow*, producida en 1998, me impresionó una línea particular de los diálogos. Para ponerte en antecedentes en el caso de que no la hayas visto, te resumiré brevemente el argumento. El cadete Winslow es expulsado de la academia militar en la que estudia al ser acusado (y considerado culpable) de un delito de robo por el almirantazgo. El chico dice que es inocente, y su familia lo apoya. Gracias a la habilidad y entrega personal en el caso de un brillante abogado, el caso se reabre al conceder el Parlamento la medida de gracia consistente en que el condenado tenga una nueva vista, para que «se haga lo justo», en la fórmula empleada cuando el rey (el Parlamento en su nombre) cree que alguien fue objeto de un juicio sin todas las garantías posibles. Al final de la película, cuando la hermana mayor del cadete Winslow agradece al abogado su dedicación y concluye que gracias a él se ha hecho justicia, él replica: «hacer justicia es fácil; lo difícil es lograr que se haga lo justo».

Es decir, la justicia deviene de la aplicación de las leyes, y aquélla será mejor cuanto más sensibles sean éstas a las necesidades humanas. Sin embargo, «lo justo» va más allá de la justicia; lo justo es lo que permite reparar una afrenta, volver a compensar una vida desequilibrada por la acción del injusto, del que obra aviesamente. No se te puede escapar que difícilmente se puede llegar a «lo justo» en el problema que estamos examinando en este libro. ¿Compensará dos o cuatro años de cárcel para el agresor años de tortura psicológica y crueldad? «Lo justo» sería que la mujer agredida tuviera la oportunidad de librar su memoria de la angustia vivida, que tuviera la opción de que su vida «se reparara» por la sentencia del juez.

Pero, desafortunadamente, pocas veces —si alguna— sucede esto. En los casos en que la agresión ha sido prolongada o bien ha sido particularmente intensa, el final de la batalla —al cual has llegado con tu coraje y, en el mejor de los casos, con la ayuda de otras personas— supone constatar todo el enorme trabajo que queda por hacer: reconstituir tu vida, y recuperar la fe en el futuro.

Esto no es nada fácil, ya que lo que ha matado en gran medida la convivencia con un agresor ha sido tu capacidad para ilusionarte con las «metáforas de la vida». ¿Qué son estas metáforas? Lo ha escrito maravillosamente bien ese profundo conocedor del alma humana que es Félix de Azúa:

> El verso de Hölderlin que viene a decir «poéticamente habita el humano la tierra», no debe aplicarse a los poetas que escriben versos, ni a los filósofos que comentan

esos versos, ni a los científicos que los analizan, sino a la gente común que quizás nunca ha leído un poema (...), la anciana que mira imágenes siniestras o admirables en la TV y las comenta en soledad con risas breves, la muchacha que compra lotería y consulta el horóscopo o el oficinista que cuelga una foto de la novia en el ordenador y la contempla arrobado, éstos viven poéticamente.

Es imposible vivir la vida cotidiana sin segregar poesía como la araña el hilo que la sostiene en el aire (...). El gran Giorgo Manganelli, otro de los inmensos olvidados, lo resumía con la siguiente metáfora: «Los humanos redactan sus sueños mojándose, como plumillas de sí mismos, en el tintero de la noche. En ese líquido negro que nos permite escribir el sueño de nuestra vida, brilla, enigmática, la luz del día, incluso en el corazón de las tinieblas».

Sí, es verdad, aun «en el corazón de las tinieblas» se puede tener encendida la llama de la esperanza y de nuestro deseo por vivir como personas libres y plenas. Pero esto no nos lo puede devolver la justicia; «lo justo» es aquí inalcanzable.

¿Qué quiero concluir de todo esto? Dos cosas. En primer lugar, que la gran tarea para luchar contra la agresión, en cuanto a ti te afecta como persona individual, consiste en que puedas evitar enamorarte de una persona que presenta indicios importantes de que pueda agredir psíquicamente o físicamente; *de que hagas caso de tu intuición reforzada por el conocimiento adquirido* de lo que la criminología sabe acerca de los acosadores y violentos. En segundo lugar, que comprendas que la justicia nunca solucionará «tu problema», aunque te ayude a manejarlo. Porque tu problema esencial, una vez finalizada la relación agresiva, es volver a recuperar «la vida cotidiana impregnada de poesía». *No es justo,* porque —como sucede en tantas víctimas directas o indirectas de delitos violentos— *tú no merecías ese trato*. Sin embargo, a medida que se concretaba tu relación con el agresor, tu libertad iba mermando, y con ello tu disfrute de una vida con sentido. Ahora debes de nuevo «volver a escribir tus sueños». Te espero en el epílogo.

EPÍLOGO
(REGRESO DE LAS TINIEBLAS)

Vamos a volver por un momento al estudio que el Instituto de Criminología de Sevilla realizó en una muestra representativa de mujeres maltratadas de España (470 mujeres de las 2.000 estudiadas). Al final se les hacía una entrevista, y se les preguntaba cuál era, en su opinión, el mejor modo de abordar la solución de la violencia del hombre en la pareja.

Del total de las mujeres entrevistadas, 92 de ellas (el 20%) señalaron «hay que castigar a los maltratadores», como expresión de su opinión más relevante acerca del problema. Esto tiene sentido, dada la habitual brutalidad y angustia que vive la mujer en las situaciones que hemos visto en este libro.

Pero espero haberte demostrado que esta medida —necesaria, sin duda— no es ninguna solución para muchas mujeres que, ahora y en el futuro, pueden enamorarse de hombres violentos. Por eso resulta decepcionante que en la investigación mencionada, sólo 8 de las mujeres (¡menos del 2%!) escribiera que «hay que prevenir los malos tratos, cortarlos cuanto antes».

Sin embargo, ésa es precisamente la llave para abrir la puerta de la esperanza en la lucha contra el acoso y la violencia contra las mujeres: enseñar a las chicas, a las adolescentes, cuáles son los indicadores de riesgo, las señales, que se asocian a los hombres que tienen una mayor probabilidad de agredirlas. Tenemos que hacerles comprender la importancia del conocimiento, la infinita ventaja que da saber cómo surge la violencia, sus razones, así como la dinámica perversa con la que se instala dentro de una relación amorosa patológica.

El conocimiento, como ya sabes, no será suficiente. Se precisa igualmente del coraje, de la capacidad para actuar motivada por la asunción irrenunciable de que «no voy a aceptar a mi lado a alguien que no me respete, que no sea capaz de tratarme como una persona valiosa y capaz de tomar sus propias decisiones». Esa actitud debe resultar especialmente eficaz en la fase inicial de la relación con el chico, actuando a modo de «radar» de lo que puede ser una experiencia de violencia y acoso.

Observa cómo esa actitud de no permitir el trato indigno requiere que comprendas no sólo dónde está el riesgo asociado a la violencia, sino también cómo se desarrolla el proceso amoroso y cuál es la psicología básica que posibilita que dos personas puedan ser compatibles en una relación cordial o razonablemente feliz. Ello puede lograrse si aprendes a conocer tus «círculos concéntricos», si sabes definir tus valores esenciales y ponerlos junto a tus hábitos y preferencias. Y juntamente con ello, si eres capaz de separar lo deslumbrante del chico que te gusta de lo que realmente sustenta su personalidad, esto es, si puedes averiguar sus valores o principios esenciales.

Sé lo que estás pensando. «Cuando uno se enamora, no mira nada, está ciego.» De acuerdo, lo sé muy bien. Sin embargo, una vez que alguien te gusta mucho o te seduce no ha acabado todo. *No tienes por qué arrojar tu neocórtex* (la parte más evolucionada de tu cerebro) *por la ventana.* Lo que trato de decirte es que, aun cuando te hayas enamorado de alguien, puedes decidir, si tienes coraje, que esa relación tiene muchas probabilidades de destruirte y, por ello, acabarla. Cuanto antes tomes esa decisión menos sufrirás.

Junto a ello, debes conocer que, como persona, tienes unas limitaciones. Y una de las más consolidadas es que tú

302

no puedes cambiar a nadie, tú no puedes hacer que el mundo se adapte a tus necesidades. Si tu pareja es alguien celoso, dominante, si opina que has de vivir para hacerle gozar y no ve con buenos ojos que tomes las decisiones que te corresponden, tus opciones vitales con esa persona van a ser muy limitadas.

Otra cosa importante es que reconozcas la gran capacidad que tienen muchos acosadores y agresores para aparentar que no lo son y para fascinarte. Especialmente si se trata de un psicópata puro o primario, este ejercicio de atracción y manipulación es particularmente temible. Él sabe cuáles son tus puntos más débiles, y tratará de sacar la máxima ventaja de ello. *A medida que vayas tratándole notarás que tu personalidad se irá anulando*, que tus círculos de hábitos y de valores esenciales empiezan a borrarse, que te odias a ti misma porque comprendes que estás dejando tu responsabilidad de vivir en sus manos. La intuición habrá disparado todas las alarmas, pero probablemente ya habrás aprendido a despreciarla.

Es absolutamente vital que aprendas a detectar a los psicópatas antes que se te lleven el corazón. Si no lo haces, la lucha posterior para recuperarlo (y con él, tu cabeza) es terrible, en tiempo, en coste psicológico y social, y muchas veces financiero.

Si ya has establecido una relación con un hombre violento, el coraje será todavía mucho más necesario que si se trata de evitar que una relación se consolide. Ahora, como sabes, hay múltiples obstáculos que salvar, y debes recordar que junto a tu disposición para actuar con decisión *hay que emplear la prudencia*. Como ya hemos visto anteriormente, debes tomar aquellas opciones que, siendo útiles para acabar con la relación, disminuyan el riesgo para ti y tus seres queridos (si fuera el caso) de sufrir represalias o acoso. Si no puedes evitar que tu ex pareja te persiga, actúa como te expliqué para que sea lo menos violenta y duradera posible.

Piensa, por otra parte, que el resultado de tu lucha puede suponer también unos beneficios añadidos:

> El coraje desplegado por una mujer para reconstruir su vida y volver a tomar todas aquellas cosas que la definen como persona establece un nuevo modelo para los niños de ambos sexos. Los niños comenzarán a ver a las mujeres como seres humanos valiosos y dignos de respeto, mientras que las niñas aprenderán que ellas también merecen un trato digno y respetuoso. Los hijos son notablemente resistentes y flexibles. Ver a sus madres de nuevo felices y con confianza ayudará a que aumente su bienestar personal. Por consiguiente, el profesor más efectivo para tus hijos es tu nueva actitud.

Estas palabras de la psicóloga Susan Forward nos recuerdan que incluso los niños que han vivido situaciones de violencia pueden beneficiarse de modo extraordinario de tu capacidad para construir un mundo sin violencia a tu alrededor.

Estoy seguro de que si vives una relación en la que sufres agresión física o psicológica (o ambas), tu capacidad de sufrimiento está siendo puesta a prueba. Si ya la has vivido, es tu fuerza para abrirte de nuevo camino la que te ayuda a crear tu nuevo presente *para regresar de las tinieblas*. Tanto en un caso como en otro, tu conocimiento de la realidad y de tus derechos como persona deben ponerse al servicio de tu coraje. Los demás sólo podemos ayudarte. Un afamado neurocirujano dijo una vez que «la única forma de resistir los embates de la vida es teniendo siempre un deber que cumplir». *Tú tienes ese deber* hacia tus hijos, hacia tu familia, hacia tus amigos, pero sobre todo hacia ti misma: por todo aquello en lo que crees, por todos los sueños que atesoraste desde niña y todas las ilusiones a las que nunca has querido renunciar.

Estoy en una popular cervecería de mi ciudad, Valencia. Me tomo una «pinta» con Mari Cruz, ojos grandes, 32 años, y unas ganas increíbles de reír y disfrutar de la vida. Su caso no es muy diferente al de muchos que tú conoces o que has leído en estas páginas. La traigo a colación aquí porque mi amiga Paola González me pidió que acabara mostrando «la realidad positiva de muchas mujeres que logran salir adelante». Y lo hago con mucho gusto.

Ya hace tres años que dejó a un marido psicópata, el cual no era físicamente violento («sólo» la golpeó una vez) pero era terriblemente destructivo. Ahora, entre bromas, lo llama *psychokiller* (es el nombre que se da en el cine al asesino psicópata; probablemente yo se lo enseñé, pero ahora no lo recuerdo).

Mari Cruz necesitó mucho coraje para salir adelante. Debido al control que ejerció su compañero sobre ella, su voluntad ya no le pertenecía. Lo cuenta ella misma:

Recuerdo ahora todo lo que viví y me parece que todo eso le sucedió a otra persona. Él era visitador médico y yo, como sabes, soy enfermera. Desde que lo conocí él ponía las condiciones: pensaba que las mujeres eran todas perversas, y me decía que yo tenía que demostrarle que era una excepción. Me dejó sin dinero, sin amigos, sin familia. Me hizo creer que era fea y gorda, que tenía los pechos caídos hasta el suelo, que mi conversación era estúpida. Ya te lo he contado muchas veces. Yo tenía la idea irracional (como tú la llamas) de que era una persona que había sufrido mucho. Pensaba que si yo conseguía «convencerlo», «probarle» que de verdad lo amaba, él sería entonces la persona maravillosa que, algunas veces, me había dejado ver.

Pero, sí, era un psicópata, de los que tú llamas «posesivo». Vivíamos en un piso desde hacía dos años, y yo tenía una depresión, una ansiedad permanente. Controlaba toda mi vida. Un día estaba yo en la cama, deprimida y con gripe, y él entró con una chica; dijo que era una amiga que venía a hacerle un trabajo en el ordenador. Fue su última humillación. Al día siguiente algo sucedió. Recordé imágenes de la infancia; con mis padres. Yo era feliz. Y ahora estaba muerta.

Si estaba muerta, ¿por qué debía sufrir? ¡Los muertos no sufren! Me levanté, aún con fiebre, y le dejé una nota (¡ya sé que ésta es la parte que más te gusta oír!): «Gracias por enseñarme el infierno. ¡Pero quémate solo!».

Me fui a casa de una amiga, que es policía local. Sabes que me acosó durante seis meses, pero mi amiga lo intimidaba, ¡y un día le puso una multa por estar en doble fila más de una hora esperando que saliera de mi trabajo!

Fueron meses de agonía (ya sabes, alguna parte de mí todavía lo quería de modo enfermizo), pero luego todo pasó. Mi rabia me liberó y, créeme, he aprendido mucho de esa relación. No temo a los hombres, pero he aprendido que la vida puede disfrutarse de manera más plena cuando sé a quién concedo mi tiempo y mis sentimientos. Estoy feliz.

Algunas personas opinan que soy un pesimista acerca del amor y de la gente. Alguien me ha dicho: «Si no pensáramos que la gente puede cambiar, ¿qué nos quedaría de nuestra capacidad de aprender y de superarnos?».

Yo no niego que las personas aprendamos a superarnos, de hecho lo hacemos continuamente durante toda la vida (¡qué remedio!). Pero es un proceso que, generalmente, lleva mucho tiempo. Y cuando ya hemos conformado nuestra personalidad, al fin de la primera juventud, esos cambios son muy lentos y difícilmente afectan a su núcleo. Creo, sencillamente, que una mujer no puede esperar que los hombres violentos cambien su comportamiento hacia ellas, porque todo el tiempo que ellas aguantan no hacen sino afirmar su poder. Si algunos de ellos cambian «de verdad», tienen que aprender a hacerlo solos. Y si la mujer quiere estar a su lado, es con el riesgo de un gran sacrificio estéril.

Pero yo valoro mucho el espíritu honesto. Y han sido los psicópatas, con su terrible y extraviada mirada, los que más me han hecho apreciar cada gesto verdaderamente humano.

No subestimes la fuerza del odio. Los agresores de mujeres las odian. «El odio persiste, es incurable», ha escrito el prestigioso psiquiatra Castilla del Pino. Si una persona te odia, si quiere destruirte, lo primero que has de hacer es reconocerte como alguien que le puede hacer frente. No te veas como una pobre víctima, porque si no nunca levantarás los ojos del suelo. Me gustaría que educáramos a las jóvenes españolas para mirar con ojos llenos de coraje al hombre que ose agredirlas.

Creo firmemente en el coraje de los inocentes. En el poder de la indignación por encima de la violencia del injusto. Confío en la «obstinación de la mente» como salvaguarda de que no está todo perdido, como escribió el psiquiatra Victor Frankl. Éste dio una hermosa lección al mundo cuando, después de haber pasado por las peores condiciones imaginables (*muerto viviente* en el campo de exterminio de Auschwitz), fue capaz de llevar una vida llena de sentido durante muchos años.

Hay pocas personas con mayor autoridad que él para decir que el poder de la obstinación de la mente puede hacer frente a las peores condiciones imaginables. Y también dijo esto:

> Todo lo que hagamos, creamos, vivamos y suframos, con coraje y honestidad, lo habremos hecho de una vez para siempre.

Recuerda: tu lucha será una victoria *para siempre*.

Jávea, enero de 2001

REFERENCIAS BIBLIOGRÁFICAS

CAPÍTULO 1: INTRODUCCIÓN

El caso de Dario Palenga apareció en *El País*, el 15 de febrero de 1996.

La publicidad «Acabemos con la violencia» salió en varios periódicos; por ejemplo, *El País*, 25 de noviembre de 2000.

La historia de Roseta Covadonga aparece en *El País* de fecha 9 de diciembre de 2000.

La investigación dice que entre un 20 y un 40% de los agresores físicos de las mujeres son psicópatas: D.G. DUTTON (1995), *The batterer, a psychological profile*, Nueva York, Basic books, págs. 26 y siguientes.

La mayoría de los agresores de mujeres más crueles y sistemáticos serán psicópatas: R. HARE (1993), *Without conscience*, Nueva York, Simon & Schuster; N. JACOBSON y J. GOTTMAN (1998), *When men batter women*, Nueva York, Simon & Schuster, capítulo 2.

CAPÍTULO 2: EL ACOSO

La definición del acoso de Meloy aparece en el capítulo «The psychology of stalking» dentro del libro dirigido por J. REID MELOY (1998), *The psychology of stalking. Clinical and forensic perspectives*, San Diego, CA, Academic Press, pág. 2.

«En general, los elementos que se dan en el acoso son tres», aparece en MELOY, *The psychology of stalking*. Véase también R. L. Snow (1998), *Stopping a stalker,* Nueva York, Plenum Press.

«Un estudio de 8.000 mujeres y 8.000 hombres, representativo de Estados Unidos», aparece en Meloy, *The psychology of stalking.*

El acoso en Internet se estudia en el capítulo escrito por Robert Lloyd-Goldstein «De Clérambault On-Line», dentro del libro *The psychology of stalking. Clinical and forensic perspectives.* Y véase también el propio capítulo de Meloy «The psychology of stalking», en el mismo libro.

El enamorado obsesivo se estudia en profundidad en el capítulo escrito por Michael A. Zona y colaboradores, «Psychiatric diagnostic of stalking», en el libro *The psychology of stalking. Clinical and forensic perspectives.*

Para la erotomanía véase el capítulo de G. S. Lipson y M. J. Mills «Stalking, erotomanía and the Tarasoff Cases», en el libro *The psychology of stalking. Clinical and forensic perspectives.* Un libro clásico sobre erotomanía es el de De Clérambault (1921/1942), *Les psychosis passionelles,* París.

Las probabilidades de violencia son grandes si aparece un patrón de escalada en el acoso. Véase «The psychology of stalking», en el libro *The psychology of stalking. Clinical and forensic perspectives.*

La historia de Mar Herrero apareció en *Interviú,* primera semana de noviembre de 1999, en un reportaje de Manuel Marlasca. Las declaraciones de los amigos de Luis Patricio, del portavoz de la Asociación Profesional de la Magistratura y del Fiscal Jefe se recogieron en el artículo de J. M. Ahrens publicado en *El País,* el 15 de octubre de 1999.

El texto de Antonio Muñoz Molina apareció en el suplemento del periódico *El País,* el 5 de noviembre de 2000, pág. 146, con el título «Otro terrorismo».

Sobre el «apasionamiento mórbido» véase P. MULLEN y M. PATHÉ (1994), «Stalking and the pathologies of love», *British Journal of Psychiatry, 165,* 614-623.

Algunos datos que se conocen actualmente sobre el acoso en su relación con la violencia. La información aparece en el libro dirigido por J. REID MELOY (1998), *The psychology of stalking. Clinical and forensic perspectives.* San Diego, CA, Academic Press.

El estudio de la hostilidad como fundamento de la motivación del acosador lo ha realizado J. R. MELOY en su obra *Violent attachments,* Northvale, NJ, Aronson.

El análisis de las amenazas aparece en el capítulo de MELOY «The psychology of stalking», dentro del libro *The psychology of stalking. Clinical and forensic perspectives.*

Los mecanismos de justificación aparecen en «The psychology of stalking».

La violencia del acoso suele ser afectiva y no planificada o bien instrumental. Véase «The psychology of stalking».

El acoso y los malos tratos domésticos. Se consultó el capítulo de Leonore E. WALKER y J. R. MELOY «Stalking and domestic violence», en el libro *The psychology of stalking. Clinical and forensic perspectives.*

Estudio empírico de la violencia doméstica, realizado por el Instituto de Criminología de la Universidad de Sevilla, mayo de 2000. Borja MAPELLI CAFFARENA, investigador principal. Equipo colaborador compuesto por Rosemary BARBERET, Juan José MEDINA, María José LAGO, María José AGUADO, Jeannette GORDON y Margarita MARTÍNEZ-PAÍS.

«Yo creo que la agresión contra la mujer y el asesinato existen en un continuo». Cita en D. G. DUTTON (1995), *The batterer,* Nueva York, Basic Books, págs. 18-19.

El caso de Isabel fue recogido por el Dr. Óscar Strada.

Definición de la violencia, en «Stalking and domestic violence», pág. 140.

El acoso como preludio de violencia, en «Stalking and domestic violence», pág. 158.

«El equilibrio de poder queda descompensado», en «Stalking and domestic violence», pág. 140.

Acoso y asesinato. Véase Ana Isabel Cerezo (2000), *El homicidio en la pareja: tratamiento criminológico*, Valencia, Tirant lo Blanch.

Mayor riesgo de asesinato después de abandonar la mujer la relación: «Stalking and domestic violence», *El homicidio en la pareja: tratamiento criminológico*, entre otros muchos.

Otros estudios extranjeros señalan que las mujeres tienen un mayor riesgo de ser asesinadas: «Stalking and domestic violence», pág. 143.

La «guía letal» de Leonore Walker: «Stalking and domestic violence», pág. 146.

Los crímenes pasionales, tomado de Cerezo y su libro *El homicidio en la pareja: tratamiento criminológico*, págs. 354 y siguientes. La cita de Fernández Villanueva también es de este libro.

Capítulo 4: El agresor psicópata

Los programas de Echeburúa y su equipo se describen en E. Echeburúa y Paz del Corral (1998), *Manual de violencia familiar*, Madrid, Siglo XXI.

«Quizá todo hubiera sido diferente si hubiera sabido antes todas estas cosas». En D. G. Dutton (1995), *The batterer*, Nueva York, Basic Books, págs. 25 y siguientes.

La motivación básica de la personalidad del psicópata posesivo. Cita de Erich Fromm (1993; original de 1964), *El corazón del hombre*, Madrid, Fondo de Cultura Económica, págs. 29-30.

La necrofilia según FROMM, en *El corazón del hombre*, pág. 39.

La gran amenaza para el necrófilo, en *El corazón del hombre*, pág. 41.

El caso de María S., por Felipe PINAZO para *El País*, 4 de diciembre de 1999.

El caso de María Lisa, por Leonor GARCÍA para *El País*, 17 de noviembre de 2000.

El caso de Richard Klinkhamer apareció en *El País* del 12 de febrero de 2000, escrito por Vivianne SCHNITZER.

El caso de Carmen Domingo apareció en *El País*, el 9 de diciembre de 2000.

No es extraño hallar que uno o los dos padres de este personaje comparten rasgos narcisistas y psicopáticos. Véase M. S. PECK (1983), *People of the lie*, Nueva York, Touchstone, págs. 62 y siguientes.

El caso de María Barrero fue recogido por Mabel GALAZ para *El País*, 16 de octubre de 2000.

El «proceso de caza del psicópata» se describe en V. GARRIDO (2000), *El psicópata. Un camaleón en la sociedad actual*, Alzira, Algar.

El libro de Alessandro BARICCO (1995) *Seda*, ha sido publicado por Anagrama, Barcelona.

El agresor psicópata es el más peligroso de todos. Véase *The batterer; El psicópata;* R. HARE (1993), *Without conscience*, Nueva York, Simon & Schuster; y N. JACOBSON y J. GOTTMAN (1998), *When men batter women*, Nueva York, Simon & Schuster, capítulo 2.

REFERENCIAS CAPÍTULO 5: LA AGRESIÓN PSICOLÓGICA

El caso de Laura aparece en el libro de Ana Isabel CEREZO (2000), *El homicidio en la pareja: tratamiento criminológico*, Valencia, Tirant lo Blanch, pág. 257.

La cita de Mary MILLER pertenece a su libro de 1995 *No visible wounds,* Nueva York, Ballantine Books, pág. 35.

Estadísticas norteamericanas señalan que las mujeres agredidas... en *No visible wounds,* pág. 43.

«Ella nunca está segura si lo que hace estará bien...», en *No visible wounds,* pág. 46.

El protocolo del abuso psicológico se elaboró a partir de *No visible wounds;* G. de BECKER (1997), *The gift of fear,* Nueva York, Random House; y Leonore E. WALKER y J. R. MELOY «Stalking and domestic violence», en el libro *The psychology of stalking. Clinical and forensic perspectives,* pág. 145.

El caso de Josefa apareció escrito por Daniel GIL para *El País,* el 21 de octubre de 2000.

REFERENCIAS CAPÍTULO 6: EL AGRESOR DEPENDIENTE

La cita de Ana Isabel CEREZO pertenece a su obra del año 2000, *El homicidio en la pareja: tratamiento criminológico,* Valencia, Tirant lo Blanch, pág. 248.

«Por este motivo muchas veces el primer acto de violencia...» en *El homicidio en la pareja: tratamiento criminológico,* pág. 249.

La cita de FROMM proviene de (1993; original de 1964), *El corazón del hombre,* Madrid, Fondo de Cultura Económica, pág. 29.

La novela de Julian BARNES (1995/1982), *Antes de conocernos,* Barcelona, Anagrama.

Miedo a la intimidad. Tomado de D. G. DUTTON (1995), *The batterer,* Nueva York, Basic Books, págs. 34 y siguientes.

«Estos hombres tienen la necesidad...», en *The batterer,* pág. 35.

Diferencias con el psicópata. Aparece en N. JACOBSON

y J. Gottman (1998), *When men batter women,* Nueva York, Simon & Schuster, págs. 108 y siguientes.

El ciclo del abuso aparece en Leonore Walker (1979), *The battered women,* Nueva York, Harper & Row.

«Algunos autores piensan que el riesgo de homicidio es mayor...», se recoge en *The batterer,* pág. 46.

Sobre la disputa acerca de si el agresor vive o no un estado disociativo. A favor, D. G. Dutton en *The batterer;* en contra N. Jacobson y J. Gottman en *When men batter women.*

El suicidio en la relación: *The batterer,* págs. 48-49.

El comentario de Celia Villalobos apareció en *El País,* el 14 de noviembre de 2000.

«La personalidad de uno se forma mucho antes de que aprenda a beber o a golpear», cita en *The batterer,* pág. 54.

Capítulo 7: Los fundamentos de la liberación: conocimiento y coraje

Las citas entrecomilladas pertenecen al libro de Erich Fromm (1964-1993), *El corazón del hombre,* Madrid, Fondo de Cultura Económica.

«Una contradicción inherente a la existencia humana», pág. 135.

«El pleno desarrollo de todas las fuerzas humanas, de la humanidad, dentro de uno», pág. 138.

«Sólo el completamente "bueno" y el completamente "malo" no tienen ya que elegir», pág. 144.

Cita de Freud y Marx en pág. 149.

«Nuestro conflicto moral sobre el problema de la elección aparece...» en pág. 151.

«El problema de la libertad contra el determinismo...», pág. 151.

La cita de Spinoza está en la pág. 154.

«El acto es resultado de la fuerza...», en pág. 156.

«El argumento a favor de la opinión de que el hombre...», págs. 159-160.

El caso de Lola Aguilar apareció en *El País,* el 26 de febrero de 2000, escrito por Juan G. Bedoya.

«Cada paso en la vida que aumente la confianza que tengo en mí mismo...», pág. 162.

El caso de Antonia es una entrevista de Lali Cambra para *El País,* 9 de junio de 2000

«El razonamiento nos dice lo que hay que hacer y si es necesario hacerlo, pero no nos dice que haya que hacerlo», pertenece a André Comte-Sponville (1996), *Pequeño tratado de las grandes virtudes,* Madrid, Espasa Calpe, pág. 67.

El epígrafe «la virtud del coraje» recoge las ideas de este libro, págs. 61 y siguientes.

«Valor para persistir y soportar, valor para vivir y morir...», pág. 68.

El caso de Mary Gómez apareció en *El País,* el 26 de febrero de 2000, escrito por Juan G. Bedoya.

Obras que me inspiraron la teoría de los círculos concéntricos del amor: William Glasser (1998), *Choice Theory,* y (2000), *The Practice of the Reality Therapy,* ambas editadas en Nueva York, Harper Collins; Erich Fromm, *El arte de amar* (1956/1991), y *El corazón del hombre* (1964/1993), Madrid, Fondo Cultura Económica; Julián Marias, *Mapa del mundo personal,* Madrid, Alianza.

«Mirándolo desde un punto de vista de los valores...», en *El corazón del hombre,* pág. 100.

«Para el individuo narcisista...», en *El corazón del hombre,* págs. 100-101.

La investigación con 63 hombres violentos: N. Jacobson y J. Gottman (1998), *When men batter women,* Nueva York, Simon & Schuster, capítulo 7, págs. 173 y siguientes.

La sentencia del «estupendo juez» apareció en *El País,* el 29 de enero de 2000.

El caso de Mohamed E., apareció en *El País*, el 10 de enero de 2001.

«La mayoría de los maltratadores, por ejemplo, no consumen drogas», en *El estudio empírico de la violencia doméstica*, realizado por el Instituto de Criminología de la Universidad de Sevilla, mayo de 2000, pág. 75.

«La intuición nos conecta al mundo natural...», en G. de BECKER (1998), *The gift of fear*, Nueva York, Random House, pág. 11.

La cita de Emily SPENCE-DIEHL pertenece a la pág. 15 de su libro de 1999 *Stalking: a handbook for victims*, Holmes Beach, Florida, Learning Publications.

La cita de James BURKE aparece en *The gift of fear*, pág. 32.

«Dentro de cada individuo está la información necesaria...», en *The gift of fear*, pág. 12.

«La intuición es algo muy valorado...», en *The gift of fear*, pág. 27.

Contestar a las grandes preguntas. Citado en N. JACOBSON y J. GOTTMAN (1998), *When men batter women*, Nueva York, Simon & Schuster, pág.217.

Detectar a extraños peligrosos. Tomado de *The gift of fear*, págs. 55 y siguientes.

«Si eres capaz de pensar acerca de estas señales con una mente abierta...», en *The gift of fear*, pág. 73.

Detectar una posible relación agresiva. Tomado de *The gift of fear*, págs. 81 y siguientes. También se consultó el artículo de A. WEISZ, R. TOLMAN y D. SAUNDERS (2000), «Assesing the risk of severe domestic violence», *Journal of Interpersonal Violence*, vol. 15, págs. 75-90.

Considerar cómo percibe la posible persona agresiva la violencia. Tomado de *The gift of fear*, págs. 92 y siguientes.

El caso de Josefa Días fue escrito por Marifé ZAMA para *El País,* el 2 de enero de 1998.

El caso de Noelia apareció en *El País,* el 22 de diciembre de 2000.

Los predictores de la violencia y el asesinato, en *The gift of fear,* pág. 183.

«Razones» para asesinar en España a la mujer, en Ana Isabel CEREZO (2000), *El homicidio en la pareja: tratamiento criminológico,* Valencia, Tirant lo Blanch, págs. 366 y siguientes. Cita un texto de Fernández VILLANUEVA *et al.,* (1988), *La mujer ante la administración de justicia,* Madrid, Instituto de la Mujer. pág. 101.

«Aproximadamente veinte de cada cien mujeres...», en el *Estudio empírico de la violencia doméstica,* pág. 77.

«¿Qué harías tú si tu hija saliera con un chico que la maltratara?», en *The gift of fear,* pág. 187.

La cita de STEINER apareció en *El País,* el 17 de enero de 2001.

«Hay estudios que revelan que el modo en que la mujer reacciona a los primeros intentos de abuso físico...», en *When men batter women,* pág. 196.

CAPÍTULO 9: LA RESPUESTA AL ACOSO Y LA VIOLENCIA

«Aunque marcharse no parece ser una opción disponible...», en G. de BECKER (1998), *The gift of fear,* Nueva York, Random House, pág. 188.

El psicópata fracasa —como ya dijera el gran estudioso de la psicopatía, Cleckley— a la hora de poner en acción lo que sabe. Véase H. CLECKLEY (1976), *The mask of sanity,* St. Louis, Mosby.

«Mujeres que aman demasiado». Véase Robin NORWOOD (1985/1997), *Women who love too much,* Nueva York, Pocket Books, págs. 14 y siguientes.

¿No tienen, entonces, las mujeres que sufren agresión en el hogar una personalidad definida? Véase Ana Isabel CEREZO (2000), *El homicidio en la pareja: tratamiento criminológico,* Valencia, Tirant lo Blanch, pág. 364.

Los psicópatas no actúan movidos por una furia incontenible. Véase V. GARRIDO, *El psicópata,* Alzira, Algar, capítulo 3; N. Jacobson y J. Gottman (1998), *When men batter women,* Nueva York, Simon & Schuster, capítulo 4.

Entre el 50 y el 75% de los asesinatos de mujeres acontecen después de que ella se marcha o decide hacerlo. Véase *The gift of fear,* pág. 198; *El homicidio en la pareja,* pág. 350. Leonore WALKER y J. R. MELOY, «Stalking and domestic violence», pág. 143, en en el libro dirigido por J. REID MELOY (1998), *The psychology of stalking. Clinical and forensic perspectives,* San Diego, CA, Academic Press.

De todas las formas de violencia, el homicidio conyugal es la que mejor se puede predecir. En *The gift of fear,* pág. 193.

El estudio realizado por el Departamento de Justicia de los Estados Unidos, en *The gift of fear,* pág. 197.

La opinión de la directora del Consejo de Violencia Doméstica de Los Ángeles, aparece en *The gift of fear,* pág 199.

La investigación confirma la predicción de la mujer. Véase A. WEISZ, R. TOLMAN y D. SAUNDERS (2000), «Assesing the risk of severe domestic violence», *Journal of Interpersonal Violence,* vol. 15, págs. 75-90.

La respuesta al acoso cuando no vives con el acosador. Hemos consutado *The gift of fear,* págs. 204 y siguientes.; Emily SPENCE-DIEHL (1999), *Stalking, a handbook for victims,* Holmes Beach, Fl., Learning Publications, en particular el capítulo 2. También el capítulo de S. WHITE y J. S. CAWOOD «Threat management of stalking cases», en el libro dirigido por J. REID MELOY (1998), *The psychology of stalking. Clinical and forensic perspectives,* San Diego, CA,

Academic Press. Y el libro de Robert Snow (1998), *Stopping a stalker,* Nueva York, Plenum Press, capítulos 3 y 14.

El acosador manipula para que la víctima se sienta culpable: *Stalking: a handbook for victims,* pág. 16.

Casi cualquier contacto después de ese rechazo será visto por el acosador como una negociación. En *The gift of fear,* pág. 209.

El diálogo de *Tootsie* aparece en *The gift of fear,* pág. 210.

Un estupendo estudio de la Ley 14/1999 aparece en *El homicidio en la pareja: tratamiento criminológico,* págs. 524 y siguientes.

«Habían sufrido una gran transformación psicológica...», en *When men batter women,* pág. 137.

«Este cambio desde el miedo al desprecio...», en *When men batter women,* pág. 139.

La sentencia de enero de 2000 apareció en *El País,* el 3 de enero de 2001.

La sentencia que sienta un precedente apareció en *El País,* el 29 de enero de 2000.

CAPÍTULO 10: ¿POR QUÉ NO SON SUFICIENTES LA EDUCACIÓN Y LA JUSTICIA PARA ACABAR CON LA VIOLENCIA HACIA LA MUJER?

La cita de Paz del Corral pertenece a su artículo «Violencia contra la mujer», en *Debats,* otoño-invierno 2000, números 70-71, pág. 94.

«Cuando los científicos celebran una rueda de prensa...». Véase William Wright (2000), *Así nacemos,* Madrid, Taurus, pág. 25.

La influencia de la biología en la violencia y la psicopatía: V. Garrido (2000), *El psicópata,* Alzira, Algar; A. Raine y S. Sanmartín (2000), *Violencia y psicopatía,* Barcelona, Ariel; y D. Niehoff (2000), *Biología de la violencia,* Barcelona, Ariel.

«Ninguno de los datos que los genetistas conductuales...», en *Así nacemos,* pág. 31.

La cita de Judith HARRIS proviene de su obra *El mito de la educación (2000),* Barcelona, Grijalbo, pág. 46.

Las diferencias entre hombres y mujeres y la violencia aparecen bien resumidas en Joycelin M. POLLOK (1999), *Criminal women,* Cincinnati, OH., Anderson. Véase también *Biología de la violencia,* capítulo 6.

«La naturaleza es eficiente, no amable». Cita en *El mito de la educación,* pág. 301.

El artículo de José BONO («Los errores de un juez pluscuamperfecto») apareció en *El País,* el 18 de enero de 1998.

El estudio encargado por el Consejo de la Mujer de Madrid apareció en *El País,* el 7 de mayo de 1999.

La agresión a mujeres en Nueva York, tomado de *El País,* 8 de diciembre de 2000.

La falsa creencia en la justicia, en el artículo «Violencia contra la mujer», págs. 96-97.

La referencia al congreso de juristas en Calvià, en el artículo de Gabriela CAÑAS para *El País,* 1 de mayo de 2000.

El texto de Félix de AZÚA apareció en *El País,* el 6 de diciembre de 2000.

EPÍLOGO

«Hay que prevenir los malos tratos, cortarlos cuanto antes», pág. 86 del *Estudio empírico de la violencia doméstica* (2000), Instituto de Criminología de la Universidad de Sevilla.

La cita de Susan FORWARD pertenece a su libro de 1987, *Men who hate women and the women who love them,* Nueva York, Bantham Books, pág. 282.

La cita del neurocirujano aparece en el libro de Victor FRANKL (2000), *En el principio era el sentido,* Barcelona, Paidós, pág. 97.

La cita de la obstinación de la mente, en *El principio era el sentido,* págs. 90, 92 y 77.

La cita de Castilla del Pino está tomada de su libro *Teoría de los sentimientos,* Barcelona, Tusquets, pág. 295.

ÍNDICE